本书由
中央高校建设世界一流大学（学科）
和特色发展引导专项资金
资助

中南财经政法大学"双一流"建设文库

生|态|文|明|系|列

生态脆弱地区生态资本运营式扶贫机制与政策研究

邓远建 著

中国财经出版传媒集团
经济科学出版社

图书在版编目（CIP）数据

生态脆弱地区生态资本运营式扶贫机制与政策研究/邓远建著.—北京：经济科学出版社，2019.12
（中南财经政法大学"双一流"建设文库）
ISBN 978-7-5218-1163-6

Ⅰ.①生… Ⅱ.①邓… Ⅲ.①不发达地区-生态型-经济发展战略-研究-中国 Ⅳ.①F124.7

中国版本图书馆CIP数据核字（2019）第291122号

责任编辑：孙丽丽　胡蔚婷
责任校对：王肖楠
版式设计：陈宇琰
责任印制：李　鹏　范　艳

生态脆弱地区生态资本运营式扶贫机制与政策研究
邓远建　著
经济科学出版社出版、发行　新华书店经销
社址：北京市海淀区阜成路甲28号　邮编：100142
总编部电话：010-88191217　发行部电话：010-88191522
网址：www.esp.com.cn
电子邮箱：esp@esp.com.cn
天猫网店：经济科学出版社旗舰店
网址：http://jjkxcbs.tmall.com
北京季蜂印刷有限公司印装
787×1092　16开　16.5印张　270000字
2019年12月第1版　2019年12月第1次印刷
ISBN 978-7-5218-1163-6　定价：66.00元
（图书出现印装问题，本社负责调换。电话：010-88191510）
（版权所有　侵权必究　打击盗版　举报热线：010-88191661
QQ：2242791300　营销中心电话：010-88191537
电子邮箱：dbts@esp.com.cn）

总 序

"中南财经政法大学'双一流'建设文库"是中南财经政法大学组织出版的系列学术丛书,是学校"双一流"建设的特色项目和重要学术成果的展现。

中南财经政法大学源起于1948年以邓小平为第一书记的中共中央中原局在挺进中原、解放全中国的革命烽烟中创建的中原大学。1953年,以中原大学财经学院、政法学院为基础,荟萃中南地区多所高等院校的财经、政法系科与学术精英,成立中南财经学院和中南政法学院。之后学校历经湖北大学、湖北财经专科学校、湖北财经学院、复建中南政法学院、中南财经大学的发展时期。2000年5月26日,同根同源的中南财经大学与中南政法学院合并组建"中南财经政法大学",成为一所财经、政法"强强联合"的人文社科类高校。2005年,学校入选国家"211工程"重点建设高校;2011年,学校入选国家"985工程优势学科创新平台"项目重点建设高校;2017年,学校入选世界一流大学和一流学科(简称"双一流")建设高校。70年来,中南财经政法大学与新中国同呼吸、共命运,奋勇投身于中华民族从自强独立走向民主富强的复兴征程,参与缔造了新中国高等财经、政法教育从创立到繁荣的学科历史。

"板凳要坐十年冷,文章不写一句空",作为一所传承红色基因的人文社科大学,中南财经政法大学将范文澜和潘梓年等前贤们坚守的马克思主义革命学风和严谨务实的学术品格内化为学术文化基因。学校继承优良学术传统,深入推进师德师风建设,改革完善人才引育机制,营造风清气正的学术氛围,为人才辈出提供良好的学术环境。入选"双一流"建设高校,是党和国家对学校70年办学历史、办学成就和办学特色的充分认可。"中南大"人不忘初心,牢记使命,以立德树人为根本,以"中国特色、世界一流"为核心,坚持内涵发展,"双一流"建设取得显著进步:学科体系不断健全,人才体系初步成型,师资队伍不断壮大,研究水平和创新能力不断提高,现代大学治理体系不断完善,国际交流合作优化升级,综合实力和核心竞争力显著提升,为在 2048 年建校百年时,实现主干学科跻身世界一流学科行列的发展愿景打下了坚实根基。

"当代中国正经历着我国历史上最为广泛而深刻的社会变革,也正在进行着人类历史上最为宏大而独特的实践创新","这是一个需要理论而且一定能够产生理论的时代,这是一个需要思想而且一定能够产生思想的时代"①。坚持和发展中国特色社会主义,统筹推进"五位一体"总体布局和协调推进"四个全面"战略布局,实现"两个一百年"奋斗目标、实现中华民族伟大复兴的中国梦,需要构建中国特色哲学社会科学体系。市场经济就是法治经济,法学和经济学是哲学社会科学的重要支撑学科,是新时代构建中国特色哲学社会科学体系的着力点、着重点。法学与经济学交叉融合成为哲学社会科学创新发展的重要动力,也为塑造中国学术自主性提供了重大机遇。学校坚持财经政法融通的办学定位和学科学术发展战略,"双一流"建设以来,以"法与经济学科群"为引领,以构建中国特色法学和经济学学科、学术、话语体系为己任,立足新时代中国特色社会主义伟大实践,发掘中国传统经济思想、法律文化智慧,提炼中国经济发展与法治实践经验,推动马克思主义法学和经济学中国化、现代化、国际化,产出了一批高质量的研究成果,"中南财经政法大学'双一流'建设文库"即为其中部分学术成果的展现。

文库首批遴选、出版二百余册专著,以区域发展、长江经济带、"一带一路"、创新治理、中国经济发展、贸易冲突、全球治理、数字经济、文化传承、生态文明等十个主题系列呈现,通过问题导向、概念共享,探寻中华文明生生不息的内在复杂性与合理性,阐释新时代中国经济、法治成就与自信,展望人类命运共同体构建过程中所呈现的新生态体系,为解决全球经济、法治问题提供创新性思路和方案,进一步促进财经政法融合发展、范式更新。本文库的著者有德高望重的学科开拓者、奠基人,有风华正茂的学术带头人和领军人物,亦有崭露头角的青年一代,老中青学者秉持家国情怀,述学立论、建言献策,彰显"中南大"经世济民的学术底蕴和薪火相传的人才体系。放眼未来、走向世界,我们以习近平新时代中国特色社会主义思想为指导,砥砺前行,凝心聚

---

① 习近平:《在哲学社会科学工作座谈会上的讲话》,2016 年 5 月 17 日。

力推进"双一流"加快建设、特色建设、高质量建设，开创"中南学派"，以中国理论、中国实践引领法学和经济学研究的国际前沿，为世界经济发展、法治建设做出卓越贡献。为此，我们将积极回应社会发展出现的新问题、新趋势，不断推出新的主题系列，以增强文库的开放性和丰富性。

"中南财经政法大学'双一流'建设文库"的出版工作是一个系统工程，它的推进得到相关学院和出版单位的鼎力支持，学者们精益求精、数易其稿，付出极大辛劳。在此，我们向所有作者以及参与编纂工作的同志们致以诚挚的谢意！

因时间所囿，不妥之处还恳请广大读者和同行包涵、指正！

中南财经政法大学校长

目 录

第一章　绪论
　　第一节　生态脆弱地区的内涵与生态脆弱地区贫困的形成原因　　2
　　第二节　生态资本与贫困的关系　　8
　　第三节　生态脆弱地区生态资本运营与扶贫的关联性　　19

第二章　生态脆弱地区生态资本运营式扶贫机制与政策研究的理论基础
　　第一节　生态经济理论　　28
　　第二节　生态文明理论　　35
　　第三节　区域经济理论　　43
　　第四节　贫困与反贫困理论　　51

第三章　生态脆弱地区生态资本运营式扶贫的模式构建
　　第一节　生态脆弱地区扶贫模式转型　　60
　　第二节　生态脆弱地区生态资本运营式扶贫模式的构建原则与思路　　66
　　第三节　生态脆弱地区生态资本运营式扶贫基本模式　　71
　　第四节　生态脆弱地区生态资本运营式扶贫模式构建的支持系统　　79

第四章　生态脆弱地区生态资本投资机制与积累政策
　　第一节　脆弱生态环境的综合整治与生态资本投资　　84
　　第二节　生态脆弱地区生态资本投资主体协同机制　　91
　　第三节　生态脆弱地区生态资本积累途径与政策创新　　102

第五章　生态脆弱地区生态资本运营收益形成机理与政策

第一节　生态脆弱地区生态资本运营收益的形成机理　　112

第二节　生态脆弱地区生态资本运营收益形成的影响因素　　127

第三节　生态脆弱地区生态资本投资收益形成的政策创新　　139

第六章　生态脆弱地区生态资本运营补偿式扶贫机制与政策

第一节　生态脆弱地区生态资本运营的溢出效应分析　　146

第二节　生态脆弱地区生态资本运营补偿式扶贫满意度评价及其影响因素　　150

第三节　生态脆弱地区生态资本运营补偿式扶贫政策需求调查分析　　161

第四节　生态脆弱地区生态资本运营补偿式扶贫政策创新　　167

第七章　生态脆弱地区生态资本运营安全调控机理与产业发展政策

第一节　生态脆弱地区生态资本运营安全调控机理分析　　176

第二节　生态脆弱地区农村生态产业融合发展路径　　187

第三节　生态脆弱地区生态产品供给体系建设　　194

第八章　生态脆弱地区生态资本运营式扶贫的保障政策与措施

第一节　生态脆弱地区生态资本运营式扶贫的生态文化保障　　204

第二节　生态脆弱地区生态资本运营式扶贫的生态制度保障　　209

第三节　生态脆弱地区生态资本运营式扶贫的生态技术保障　　218

第四节　生态脆弱地区生态资本运营式扶贫的生态治理保障　　224

参考文献　　235

后记　　250

第一章
绪　论

生态脆弱地区基于生态环境属性和人类活动干扰性有不同的定义，通常是将两个因素结合进行理解。生态脆弱地区具有边缘效应显著、抗干扰能力弱、矛盾多元化等特点，并且和中国贫困地区分布有较多的地理耦合性。基于生态脆弱地区大多是贫困区的基本现实，本章首先对生态脆弱地区的内涵与生态脆弱地区贫困的形成原因进行了分析，然后对生态资本与贫困的关系进行了梳理，最后针对生态脆弱地区生态资本运营与扶贫的关联性进行了探讨。

第一节　生态脆弱地区的内涵与生态脆弱地区贫困的形成原因

一、生态脆弱地区的内涵

生态脆弱地区的研究在20世纪60年代就开始得到全球性关注，其中比较有代表性的研究分别是60年代的国际生物学计划、70年代的人与生物圈计划、80年代的地圈——生物圈计划。通过这些计划的实施，逐步推进了有关生态脆弱地区的相关研究。1988年，随着布达佩斯第七届（Scientific Committee on Problems of the Environment，SCOPE）大会的召开，基于1987年巴黎工作组提出的ECOTONE新概念——将生态系统界面和非稳定性脆弱特征结合起来作为辨识全球变化的基本指标，会议首次确认了生态脆弱地区的概念，即在生态系统中，两个或两个以上相邻生态系统之间的物质、能量、结构、功能体系之间形成的过渡带，包含时间、空间和生态系统之间作用力三重含义。其中，时间范畴包括生态脆弱地区的变化速率和过程演替等，空间范畴包括生态脆弱地区的形状、面积和结构等，生态系统之间作用力包括生态脆弱地区的脆弱程度和发生频率等。因此，生态脆弱地区也称为生态交错区，主要是指两种不同类型生态系统交界的过渡区域。从广义上讲，生态交错区是指特定尺度下生态实体之间的过渡带，它最主要的空间特性就是异质性，表现为界面上的突变性和对比度。① 在这些过渡区域内的生态环境与两个不同生态系统核心区域之间存在明显区别，生态环境变化最为显著。目前，基于对生态脆弱地区的生态环境脆弱性理解角度不同，生态脆弱地区的概念主要分为三类：第一类是基于生态环境自身属性的纯自然的理解；第二类是基于人类活动干扰性的人为作用的理解；第三类是结合生态环境自身属性和人类活动干扰性两方面结合进行的理解。

（一）基于生态环境自身属性的理解

从脆弱带发生、发展的基础来看，在生态系统中凡处于两种或两种以上的物质体系、能量体系、结构体系、功能体系之间所形成的"界面"，以及围绕该界面向外延伸的"过渡带"的空间域就构成生态脆弱带。② 由于生态过渡带处于两个生态系统的边缘，附近的生态环境尤为脆弱，其气候、土壤、生物和人类生产活动都处于频繁波动之中，生态系统内部的反馈调节以及系统边缘的反馈控制能力弱，不能及时有效地对人为干扰和环境变化作出自身反馈调控，从而导致生态系统容易受损，形成生态脆弱区域。③

（二）基于人类活动干扰性的理解

在20世纪末期，生态环境压力急剧增大，人类活动对生态环境造成直接的或间接的、潜在的或非潜在的干预越来越大，尤其是在生态环境脆弱带上掠夺性的开发活动，是可持续发展的大害。1991年，剑桥大学出版社出版的 *Land Degradation* 一文中指出，任何生态环境经过长期演化发展之后，人地关系都会逐渐趋于稳定，而打破生态环境的平衡状态并致使其不断恶化的原因有两种：一是严重的自然灾害，二是人类大规模的经济开发活动。④ 基于对前者观点的理解，早期就有学者从四个方面对中国生态脆弱地区进行了探讨：一是生态环境的脆弱性只针对人类活动；二是不能承载任何人类经济开发行为的地带不存在生态脆弱性；三是生态脆弱地区有一定的区域范围，应是考虑到相邻生态区域

---

① 肖笃宁、布仁仓、李秀珍：《生态空间理论与景观异质性》，载于《生态学报》1997年第5期。
② 牛文元：《生态环境脆弱带（ECOTONE）的基础判定》，载于《生态学报》1989年第2期。
③ 张佳华、姚凤梅：《从科尔沁沙地分析不同生态水平因子对脆弱生态环境景观扰动的响应》，载于《地理科学进展》1998年第17期。
④ Barrow: *Land Degradation* [M]. New York: Cambridge University Press, 1991: 96–105.

的互补作用之后仍脆弱的地区；四是生态脆弱是一个宏观概念，不论区域环境的类型、内部结构、外部表现以及生态脆弱成因及程度等，只要受外界干扰易导致环境恶化即为生态脆弱地区。因此，定义生态脆弱地区为对环境因素的改变反应敏感、生态稳定性较差、生态环境易于向不利于人类利用的方向发展，并且在现有的经济水平和技术条件下，这种负发展的趋势不能得到有效遏止的连续区域。[①]

（三）结合生态环境自然属性和人类活动干扰性的理解

土地荒漠化是生态脆弱地区最明显的外在表现形式之一，它既是生态脆弱地区内环境自身退化的结果，也是人为生态环境治理中的一个重要问题，其荒漠化进程会使生态脆弱地区内的生态平衡失调情况更为严峻。从这个角度来看，生态脆弱地区就是自然与人为活动相结合而且能造成环境退化、景观变化、土地生产力下降、土地资源丧失再生能力的地带或区域，它并不包括那些原生自然条件很差，但目前对人们生活环境和国民经济并不产生危害的沙质荒漠、砾质或石质荒漠和高寒荒漠。[②]

二、生态脆弱地区的特点

生态脆弱地区是生态环境变化明显的区域，也是生态保护的重要领域。生态脆弱地区处于两种不同类型的生态系统交界过渡区域，这些交界过渡区域的生态环境条件与两种不同类型的生态系统核心区域有明显的区别，因此，生态脆弱地区有其自身的特征。

（一）边缘效应显著

从全球范围来看，生态脆弱地区处在一个更大的生态交错带上，其中包含多个更小尺度的生态交错带。生态脆弱地区的空间范围易扩展，其形状、边界、

---

① 冉圣宏、金建君：《脆弱生态区评价的理论与方法》，载于《自然资源学报》2002年第1期。
② 朱震达：《中国的脆弱生态带与土地荒漠化》，载于《中国沙漠》1991年第4期。

地貌特征可以根据生态系统间的自然界限或人为依据行政区域划定出任意形状，致使生态脆弱地区内可能包含盆地、平原、丘陵、山地、高地等多种地貌形态。加上中国生态脆弱地区的类型多样，农牧交错区、荒漠绿洲交接区、岩溶山地石漠化区等多种类型交错分布，其内容结构单元在空间范畴、时间范畴和功能方面呈现出明显的差异。① 不同生态系统之间相互交叉与重叠，生态环境相互渗透与梯度变化显著，系统内气候多样化引发生态环境梯度多变，导致环境异质化特征显著。生态脆弱地区在复杂的自然生态条件以及多重生态环境因子的影响下，能够引起系统某些组分及行为（如种群密度、生产力和多样性等）的较大变化，因而具有非常明显的边缘效应。

（二）抗干扰能力弱

处于生态脆弱地区内的生态系统，其环境因素多变，生物因子稳定性常处于临界值，对外界环境变化的反应敏感，生态系统稳定性不高，时空上的位移波动大。从时间上来看，气候要素、生产力要素等随季节的变化而变化；从空间上来看，生态脆弱地区的种类和状态会随系统内地形地貌、生态界面的变化而出现相应变化。一般来说，生态脆弱地区生态系统对自然环境和人类活动的扰动做出响应的过程越短，即生态系统对环境变化的反应越敏感，则其时空波动越大，环境因子退化趋势越明显，系统抗干扰能力越弱。尤其在人类主动干扰、高强度多重胁迫的条件下，区域生态结构和功能加速退化，主要表现为景观、植被、生物群落等相互渗透，生物数量、结构复杂化，生物多样性指数下降，生态自净能力、承载力下降，自我恢复和维持现状的能力弱，生态系统退化明显，并且导致地表水土流失、草场载畜能力降低、自然灾害频发等现象，系统抗干扰能力——生态环境——社会经济发展之间形成恶性循环。②

（三）矛盾多元化

生态脆弱地区不仅生态环境问题突出，而且经济发展相对落后，人们生活相对贫困，是贫困人口集中区域。这就使生态脆弱地区集聚了环境与经济、经

---

① 黄成敏、艾南山、姚建等：《西南生态脆弱区类型及其特征分析》，载于《长江流域资源与环境》2003年第5期。
② 米玛顿珠：《西藏生态脆弱区绿色矿业经济发展模式研究》，中国地质大学博士学位论文，2017年。

济与人口、人口与环境等多重矛盾。首先，环境与经济的关系十分紧张。工业经济时代"先污染、后治理"的发展模式曾给地球带来巨大影响，引起了世界性的反思，但是以"绿水青山"换取"金山银山"的做法仍然存在。尤其是在生态脆弱地区，经济发展相对落后，传统的生产方式和生活方式使人们对自然依旧有很强的依赖性。人们为了生计或是为了摆脱贫困，有着发展经济的强烈需求和利用自然资源的冲动。基于生存需要的资源开采通常只顾当前，这种开采冲动容易演变成过度的开垦、放牧、砍伐等扩大边际产量的行为，进而造成生态系统破坏、自然灾害和环境污染等问题。而生态脆弱地区的生存质量低，生态系统的承载能力有限，导致区域内生态环境不断恶化，形成生态资源型贫困，进一步造成贫困加深的局面。其次，经济与人口的关系密切。生态脆弱地区内的经济发展落后，"靠山吃山"的传统生产方式效率低下。在生产方式一定的情况下，增加劳动力是最直接的选择，因此生态脆弱区域内人口增长使人们陷入"越穷越生，越生越穷"的恶性循环当中。最后，人口与环境的冲突激烈。不难发现，由于贫困落后的原因，高出生率与高死亡率并存，区域内人口增长对自然资源的依赖性增强，生存发展的需要高于保护和发展环境的需要，区域内的利益冲突激烈，生态环境更加恶化，使人口增长和脆弱的生态环境之间的矛盾加剧。

三、生态脆弱地区与贫困地区分布的地理耦合

（一）生态脆弱地区的分布

中国是世界上生态脆弱地区分布面积最大、脆弱生态类型最多、生态脆弱性表现最明显的国家之一。2008年，中国生态环境部（原环境保护部）首次下发的《全国生态脆弱区保护规划纲要》指出，生态脆弱地区是中国生态问题突出、经济相对落后和人民生活贫困区，同时，也是中国环境监管的薄弱地区。中国的生态脆弱地区大多位于生态过渡区和植被交错区，处于农牧、林牧、农林等复合交错带，主要集中在北方干旱半干旱区、南方丘陵区、西南山区、青海高原区以及东部沿海陆交接区，行政区域涉及黑龙江、内蒙古、吉林、辽宁、

山西、陕西、新疆、四川、西藏、湖南等21个省（市、区），形成比较独特的脆弱地区形态。

《全国生态脆弱区保护规划纲要》基于中国生态交错带，大致划分确定了8个生态脆弱地区。分别是东北林草交错生态脆弱地区、北方农牧交错生态脆弱地区、西北荒漠绿洲交接生态脆弱地区、南方红壤丘陵山地生态脆弱地区、西南岩山地石漠化生态脆弱地区、西南山地农牧交错生态脆弱地区、青藏高原复合侵蚀生态脆弱地区、沿海水陆交接带生态脆弱地区。

（二）贫困地区的分布

《中国农村扶贫开发纲要（2011～2020年）》明确了新时期扶贫攻坚的主战场包括：六盘山区、秦巴山区、武陵山区、乌蒙山区、滇桂黔石漠化区、滇西边境山区、大兴安岭南麓山区、燕山——太行山区、吕梁山区、大别山区、罗霄山区等区域的连片特困地区和已明确实施特殊政策的西藏、四川省藏区、新疆南疆三地州。集中连片特困地区即特别贫穷的地区，农民人均纯收入仅相当于全国平均水平的一半。全国综合排名最末的600个县，有521个在这些片区内，比例为86.8%。[1]

与此同时，有学者计算出了全国贫困村贫困程度的空间分布差异[2]。中国贫困村贫困程度属于中度贫困的居多，比例为48.81%，整体为西高东低。在连片特困区范围内，集中分布在中部和西南地区，其中贫困最为严重的是西北（甘肃、新疆）、西南（云南、贵州、四川、青海）、南方（广西、湖南）等地区。

（三）生态脆弱地区与贫困地区分布的地理耦合

从地理位置分布来看，中国生态脆弱地区和贫困地区分布具有非良性的耦合。也就是说，由于贫困地区受到生态脆弱性的束缚，生态脆弱区内居民的生产生活活动没有得到有效施展的空间，从而难以发展经济来实现摆脱贫困的愿望。同样，生态脆弱区内由于贫困现状致使当地居民为了摆脱贫困从而过度利

---

[1] 熊天慧、黄玥：《全国14个集中连片特困地区，习近平都去了》[EB/OL]. http://www.xinhuanet.com//politics/2017-08/15/c_1121487037.htm，2017-05-15。
[2] 陈烨烽、王艳慧、赵文吉：《中国贫困村致贫因素分析及贫困类型划分》，载于《地理学报》2017年第10期。

用生态环境，因此，造成了生态脆弱区内生态环境的进一步恶化。从而使得中国生态脆弱区内扶贫问题与生态环境保护和建设问题存在高度重叠。因此，基于可持续性发展的视角，生态脆弱区内农村贫困问题是研究中国贫困不可回避的重大问题。基于《中国农村扶贫开发纲要（2011~2020年）》和其他相关研究来看，中国生态脆弱地区的区域分布与其贫困人口的区域分布具有高度的一致性。近年来，不同程度的自然灾害在全球范围内不断发生，中国也不例外。归根到底，人与自然之间的矛盾、人类活动对自然生态环境的肆意破坏是造成这些灾害的根本原因。然而，这些自然灾害的发生使得贫困地区愈发贫困，更难以摆脱当前的贫困局面。因此，能够有效治理生态环境是贫困地区实现脱贫的有效途径。

第二节　生态资本与贫困的关系

一、生态资本的内涵与外延

从国内来看，最初是刘思华（2009）教授创设性地将"生态资本"分为生态资源和生态环境两个部分，柳杨青（2004）结合经济学含义进行理解，提出"生态资本"是存在于自然界中能够给人类带来持续利益的自然资产，史培军等（2005）考虑到生态的功能性，将"生态资本"界定为生态系统具有提供生物资源与生态服务的一种功能。通俗地说，生态资本就是生态的资本化，即把生态资源和生态环境当作一种能运营的具体资本。人们提出生态资本的概念，一方面是区别于传统的物质资本、人力资本和社会资本，另一方面是为了突出生态资源和生态环境对经济社会发展的重要性，正是在生态恶化与资源枯竭交互作用、持续加剧的情况下，人们越来越清晰地认识到了生态资源和生态环境具有明显的资本属性，实践中生态的资本化与资本的生态化现象开始出现，生态经济学家借用资本概念来暗喻生态资源和生态环境的功能和价值，由此产生了生态资本的概念。

从广义角度讲，生态资本是指在人类生存、生产和生活领域中，一切能够创造财富与增进福利的生态因素的总和，包括生态资源、生态环境、生态技术、生态制度和生态文化等。根据不同的划分标准，可以将生态资本分成若干种类：从功能作用范围划分，可分为支撑生命系统的生态资本和支持生产系统的生态资本；从价值实现形式划分，表现为产品流型生态资本和服务流型生态资本；从可再生性程度划分，包括可再生生态资本和不可再生生态资本；从存在形态划分，可分为有形生态资本和无形生态资本；从是否有人类劳动投入划分，可分为自然生态资本和人造生态资本；从人类对生态资本的依赖程度划分，大致包括生态环境质量、自然资源禀赋、生态系统整体服务功能等；从生态资本服务于人类社会经济系统的贡献角度划分，包括为人类生存提供服务的生态环境系统、为人类生产提供服务的自然资源系统、为人类生活提供精神文化享受的生态服务系统；从生态资本存量形式来看，不仅包括物质存量的生态资本，还包括服务存量的生态资本。总之，凡是存在于生物圈中，以生态系统为载体，直接或间接地服务于人类生存、生产与生活各个领域的全部生态因素，均属广义生态资本的范畴，随着人类对生态经济复合系统认识的进一步深入，广义生态资本的内涵必然会越来越丰富，外延也会越来越宽泛。

从狭义角度讲，生态资本是指直接进入人类社会经济生产系统，以生产要素形式投入经济生产与再生产过程，利用生态技术进行形态变化，通过生态产品或生态服务体现价值转换，依靠生态市场实现保值增殖，与其他资本一道创造财富和价值的生态因素的总和，具体包括生态资源存量、生态环境质量和生态系统服务，其实物形态表现为生态资源的存量、生态环境的质量要素、生态系统作为整体的有用性。本书所称生态资本系指狭义生态资本。因为从资本运营的角度来看，作为具体运营对象的生态资本必然要求具有实体性和可控性，并且是在现有条件下能够实际进行运营的资本。换言之，生态资本一定是基于现阶段社会生产力发展水平、人类认知能力和技术水平的客观条件下，能够直接进入社会经济生产系统并且能够为人们实际管理和控制的生态型生产要素，作为具体的生产要素当然应具备可视性、可感性和可控性，否则无法将其作为资本进行运营。

根据狭义生态资本具有客观实体性这一判断标准，可将生态资本的存在形式概括为三类（见图 1-1）：一是生态资源的质量和数量。如光、热、水、土、气、能源、矿产等,每种生态资源都包括数量、质量、存量、增量及其组合变化,各种生态资源间又存在着结构、配比、丰度及其融合共生与耗用竞争关系,在特定生态环境中形成网络状的生态资源系统,这类生态资本直观地表现为"资源性资本"①,其价值主要体现为使用价值,其功能主要表现在支持生产系统方面。二是生态环境质量要素。如清新的空气、洁净的水质、宜人的气候等,每种生态环境质量要素内部的品质、流量、变换速度与各种生态环境质量要素之间的结构与组合共同构成生态环境质量要素系统,这类生态资本综合地表现为"环境性资本"②,其价值主要体现为存在价值,其功能主要表现在支撑生命系统方面。三是生态系统整体服务。如栖息休闲、观光旅游、生活调节、生态体验教育、生态文化服务等,各种服务功能单独地或与其他功能一起形成服务流,这种服务流能够提供人们需求的高端生态消费,满足人们在精神伦理层面的享受,提高人们生活的愉悦程度和幸福指数,这类生态资本形象地称之为"生态服务性资本"③,其价值主要体现为服务价值,其功能主要表现在满足人们精神文化层面的需求。④

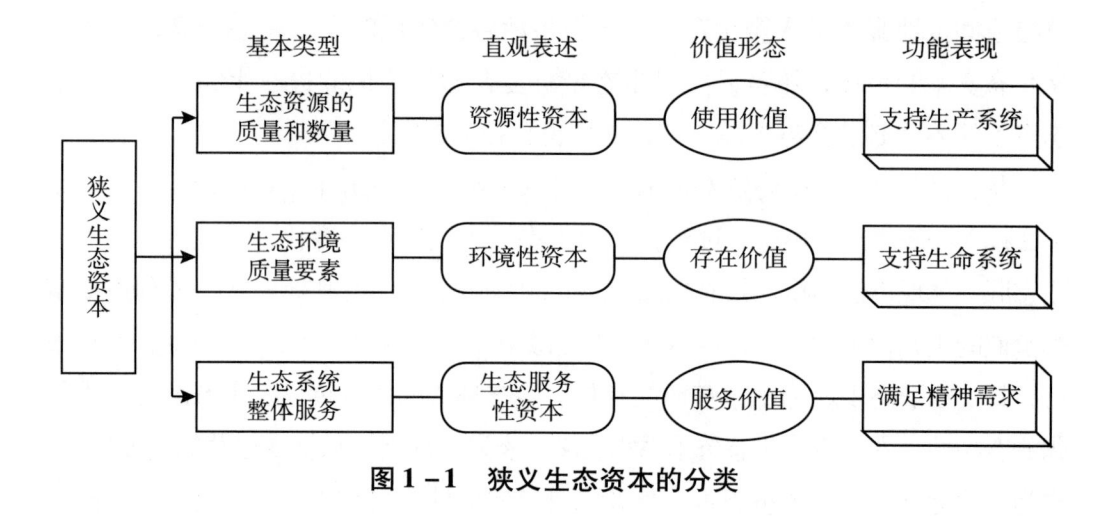

图 1-1　狭义生态资本的分类

---

① 这是一种直观性的特征概括提法,指的是生态资本的一种存在形式,即以生产资源状态而存在的一类生态资本,与资源经济学中的资源资本存在区别,后者一般是指矿产资源等具体有形资源,前者则包括了有形资源和大量无形资源。
② 这是一种描述性提法,指的是生态资本的一种存在形式,即具备环境特征并以客观环境状态而存在的一类生态资本,与环境经济学中的环境资本有着明显区别,相比之下,前者内涵更具体,外延更小。
③ 这是一种形象性的功能归纳提法,指的是生态资本的一种存在形式,即以生态服务流状态而存在的一类生态资本,与第三产业中的服务资本存在范围上的区别,前者仅限于生态系统,后者则涉及经济系统和社会系统,包括金融资本、物质资本、人力资本和社会资本。
④ 邓远建:《区域生态资本运营机制研究》,中国社会科学出版社 2014 年版,第 41~44 页。

与"生态资本"相关的概念还包括"环境资本"和"自然资本"等，这些提法折射出人们对经济社会发展与生态环境保护之间关系的反思。恩格斯曾在《自然辩证法》中强调："我们不要过分陶醉于我们对自然界的胜利，对于每一次这样的胜利，自然界都对我们进行报复。每一次胜利，起初确实取得了我们预期的结果，但是往后和再往后却发生完全不同的、出乎预料的影响，常常把最初的结果又消除了。"[1] 随着环境问题逐渐严重，恩格斯的警醒得已印证，社会开始关注环境与经济社会发展之间的关系，"环境资本"的概念开始得到重视。哈特威克（Hartwick）意识到环境具有资本属性，通过在企业会计核算中运用指标建立一个环境资本的资源理论模型，发现环境资本可被浪费，而过度使用会造成它的浪费[2][3]。有学者基于产出和环境资本的关系，建立绿色 GNP 模型，关注持续增长[4]。正式将环境资本概念引入企业层面的是爱泼斯坦（Epstein）和罗伊（Roy），他们发现将环境作为资本进行综合考虑，投资决策将和以往只考虑财务资本的情况不同[5]，而有些学者通过对自然环境估价，发现环境资本价值不稳定对企业发展具有重要影响[6]。与此同时，"自然资本"是国外学者研究生态资本的一般性提法，由皮尔斯（Pearce）首先提出[7][8]，凯瑞（Kerry）对资源环境体系所提供的服务进行分类，认为生态系统服务具备生态资本生态价值功能的雏形[9]。学界较为公认的关于"自然资本"的说法是 Daly 的定义，即自然资本是指能够在现在或未来提供有用的产品流或服务流的自然资源及环境资产的存量[10]。

---

[1] 《马克思恩格斯全集》第 20 卷，人民出版社 1972 年版，第 519 页。
[2] Hartwuck, J. M. Natural Resources, National Accounting and Economic Depreciation [J]. *Journal of Public Economics*, 1990 (43).
[3] Hartwuck, J. M., Degradation of Environmental Capital and National Accounting Procedure [J]. *European Economic Review*, 1991 (35).
[4] Chol, Y. A Green GNP Model and Sustainable Growth [J]. *Journal of Economic Studies*, 1994 (21).
[5] Epstein, M. J. and Roy, M. – J. Integrating Environmental Impacts into Capital Investment Decisions [J]. *Greener Management International*, 1997 (17).
[6] Azqueta D., Sotelsek D. Valuing Nature: From Environmental Impacts to Natural Capital [J]. *Ecological Economics*, 2007 63 (01).
[7] Pearce, D. Economics, Equity and Sustainable Development [J]. *Futures*, 1998, 20 (06).
[8] Pearce, D. W., Turner, R K. Economics of Natural Resources and the Environment, Baltimore: Johns Hopkins University Press, 1990: 51 – 53.
[9] Smith. V. Kreey. Resource Evaluation at the Crossroads. Baltimore: Research of Future, 1988.
[10] Daly, H. E. Beyond Growth the Economics of Sustainable Development. Boston: Beacon Press, 1996: 25 – 76.

二、贫困问题的类型与发展

(一) 贫困问题的类型

1. 绝对贫困与相对贫困

根据不同的标准,可以将贫困问题划分为不同的类型。如以社会生活生存临界点可以将贫困划分为绝对贫困和相对贫困,以不同的因素导致的贫困可以划分为地理生态贫困和人为生态贫困等类型。

(1) 绝对贫困。基于贫困程度划分贫困类型最为常见,如以社会生活生存临界点可以将贫困分为绝对贫困和相对贫困。其中,绝对贫困也即生存贫困,主要关注贫困人口的基本生存权,是指在一定社会时期,依靠当时的生产和生活方式,家庭或个人依靠劳动所得等合法收入并不能让其维持基本生存所需消费,从而成为贫困户或贫困人口。

绝对贫困有两种表现形式:一种是从生产方面来看,劳动力由于缺乏进行生产的相关物资,所以不能继续进行简单再生产活动,只能减少再生产。另一种是从消费方面来看,由于消费者没有足够的收入用于购买维持生理效能基本需要的产品,无法满足最低的生存需要。

学术机构或学者们研究制定了绝对贫困线的计算方法,主要有三种:一是基本需求法。首先确定生活消费的必需项目和最小需求量,再计算实现这一最小需求量所需货币支出之和,得到以最低收入标准显示的贫困线。二是恩格尔系数法。先确定一个最低食物支出标准,用这一标准除以贫困家庭的恩格尔系数,从而得到绝对贫困线。三是马丁法。这种方法被世界银行所推荐,在中国被广泛使用。先确定最低营养需求,然后估计食物贫困线,再估计非食物贫困线,最后估计出贫困线(贫困线=食物贫困线+非食物贫困线)。

(2) 相对贫困。不同的社会发展阶段对相对贫困的解释不同,一般是与社会平均水平相比,其收入水平少到一定程度时维持的那种社会生活状况,各个社会阶层之间和各阶层内部的收入差异。通常是把人口的一定比例确定生活在相对贫困之中。比如,有些国家把低于平均收入40%的人口归于相对贫困组别;

世界银行的看法是收入只有（或少于）平均收入的 1/3 的社会成员便可以视为相对贫困。

相对贫困通常是把人口的一定比例确定生活在贫困之中。美国经济学家加尔布雷斯最早开始研究此问题，他认为相对贫困是"一部分人的收入可以满足生存需要，但是明显低于当地其他人的收入"。

相对贫困线一般使用消费或收入的平均水平或中值，主要有两种计算方法：一是比例法。把全体居民按收入从低到高排序后，规定其中某一比例的最低收入群体为贫困群体，他们当中的最高收入即为贫困线。二是平均收入法。以全体居民人均收入的 1/2 或 1/3 作为贫困线，中国一般是以人均收入的 1/2 作为贫困线。

2. 地理生态贫困与人为生态贫困

（1）地理生态贫困。即主要由地理因素导致的生态贫困问题。一是荒漠干旱区的生态贫困。以新疆维吾尔自治区为例，几乎新疆所有贫困县都面临荒漠化问题，尤其是南疆地区。全疆 30 个贫困县的 222 个重点贫困乡和 2 836 个重点贫困村主要分布在南疆塔克拉玛干沙漠干旱贫困区，这些地区年均降水量仅为 10～100 毫米。荒漠化面积达 79.6 万平方千米，沙漠化面积居全国之首。森林覆盖率为 0.79%，大大低于全国和自治区平均水平。据气象部门记载，由于生态环境极为脆弱，常年春旱、夏洪、风沙等自然灾害交替发生，南疆干旱少雨，每年沙尘暴多达 100 天。在和田地区，经常听到这样一首打油诗："和田人民很辛苦，一年要吃三斤土，白天不够晚上补"。南疆三地州大风日数，平原地区每年在 40 天左右，山区在 70～100 天，强度高达 40 米/每秒，摧毁力很大。其中，和田地区每年都有 5～6 次大风，风力最大可达 10 级。由于恶劣的地理和自然条件，还存在已经摆脱贫困的大批农牧民重新返回贫困的情况。据有关部门估计，目前在南疆贫困地区返贫率高达 15%，远远超过国家规定 5% 的标准。[①]

二是喀斯特地貌区的生态贫困。典型的喀斯特岩溶地貌分布在广西、云南、贵州、四川等西南地区的少数民族聚居区，山高沟深，耕地极少，土质极差，生活条件相当艰难。这些地区旱、水、雪、风、雹、沙尘暴等自然灾害频繁，

---

① 《新疆统计年鉴》（2018），《新疆调查统计年鉴》（2018）。

生态环境十分脆弱，对农业生产、矿产开发、交通、水利水电建设、城镇建设和人民生活及社会发展都产生不同程度的负效应。加之人口增长、不合理的耕作方式、毁林毁草开荒等不合理开发，原本脆弱的生态环境进一步遭受破坏，水土流失日益严重，有的地方已无地可耕、无牧可放，连最基本的生存条件都难以保障，形成人口、资源、环境的尖锐矛盾，陷入资源破坏、环境退化、贫困加深的恶性循环中。其中，贵州喀斯特地貌最为典型，分布广泛，形态复杂，不仅个体形态各异，如石芽、石沟、峰丛、峰林、跌水、瀑布、漏斗、落水洞、暗河等到处可见，而且组合形态奇特，如峰林溶原、峰林谷地、峰丛洼地和峰丛谷地等分布较为普遍，与广西、云南的喀斯特地貌连成一片。贵州喀斯特环境容量特别低、质量差，在人口失控条件下，为了生存求得维持最低水平，不得不超量向大自然索取，从而又导致毁林开荒、水土流失、土地质量下降，其结果又需要更多的土地，加速垦殖以维系不断增长的人口生存，这样就陷入了越垦越穷、越穷越垦的恶性循环之中。另外，喀斯特环境还存在特殊的旱涝灾害，这进一步加剧了这里的生态贫困。[①]

（2）人为生态贫困。一是毁林开荒导致的生态贫困。盲目开发，不仅欲速则不达，而且势必得不偿失。如据史料记载，过去吉林的白城有茂密的森林、广袤的草原，河流如织，土地肥沃，是各种野生动植物繁衍生息、游牧民族安居乐业的地方。自从1875年光绪皇帝设置官吏机构允许拓荒垦殖开始，白城经过一个多世纪的毁林开荒、毁草种田，加上夏秋割烧柴、冬春搂大耙、农闲挖药草等生活习惯，使原来大片的森林草原等天然植被遭到严重破坏，由此也导致许多野生动植物生存空间狭小，珍稀物种逐渐减少甚至绝迹。特别是近几十年来在发展工农业生产上，受经济目标驱使，没有处理好生态资源保护与利用的关系，对自然环境也造成了很多污染，水、空气、土壤的质量逐年下降。这就使得原已遭受严重破坏的生态环境更趋恶化，反过来对经济的制约表现得越来越明显。频繁的自然灾害，对农业生产破坏极大。仅以2001年白城遭遇的严重旱灾和雹灾为例，就很能说明这个问题。不仅如此，不良的生态环境还严重限制着资源优势的发挥，有优势得不到充分的开发和利用，资源优势没有转化为经济优势。更加值得注意的是，越是经济贫困落后的地方，其生态环境就越

[①] 魏媛、张再杰、吴长勇、周赟、李儒童、王晓颖：《喀斯特生态脆弱区经济发展与生态环境保护研究》，科学出版社2019年版。

是恶劣，生态环境越是恶劣，人的思想观念就越保守僵化，经济发展就越上不去，由此形成了恶性循环。[①]

二是资源枯竭导致的生态贫困。随着中国经济发展与资源开发的进一步推进，部分地区出现了资源枯竭现象，而且成为导致产业衰败，失业扩大，贫困恶化的一个新因素。

（二）贫困问题的演进阶段

1. 新中国成立至改革开放初期

新中国成立后，国家综合经济实力有待提升，计划经济体制下经济质量和效率较低，超过50%的国民处于贫困状态，且在农村地区尤为明显。改革开放后，1982年开始实施"三西"[②] 农业建设，开始实行农村的扶贫规划，计划拨款20亿元，通过10年时间，发展"三西"农业。1984年，国务院出台《关于帮助贫困地区尽快改变面貌的通知》指出，特殊照顾贫困地区在农业税费、农产品流通、产业发展等方面的发展。次年颁布的《国民经济和社会发展的第七个五年规划》就"老、少、边、穷"地区进行经济发展战略规划。到1993年为止，这两个文件一直是中国农村扶贫开发的指导性文件，其主要目的是调动国民生产积极性，增加农民收入，解决经济贫困问题。

2. 20世纪90年代至21世纪初期

经过改革开放，中国农村经济体制改革取得了重大进展，但同时边际效益不断下降，贫富分化问题和不平等现象日趋严重。同时，贫困地区经济实力有限，基础设施水平较低，建设资源被浪费的现象较为突出。1994年，国务院制定《国家八七扶贫攻坚计划（1994~2000年）》，动员社会各界，集中人力、物力、财力，实现2000年底基本解决8 000万农村贫困人口温饱问题。1996年，国务院为进一步落实"八七计划"，制定了《关于尽快解决农村贫困人口温饱问题的决定》。这两个文件致力于提高扶贫瞄准精准度，奠定了改革开放后的中国减贫政策体系。

[①] 《吉林省白城市改革开放40年生态建设调研报告》网址：http://hb.jlbc.gov.cn/zxdt_1/201903/t20190319_695156.html。

[②] 即河西、定西、西海固。

3. 21世纪初期以来

2000年，随着《国家八七扶贫攻坚计划（1994~2000年）》规定的任务基本完成，中国贫困人口虽大幅减少，但农村贫困人口依然相对较多。2001年，随着《中国农村扶贫开发纲要（2001~2010年）》发布，中国农村进入了21世纪前10年扶贫开发进程，迎来解决温饱和巩固温饱齐头并进的阶段。2011年，《中国农村扶贫开发纲要（2011~2020）》出台，明确了2020年扶贫开发的总体目标。2013年，提出了"精准扶贫"战略；2015年，进一步提出"六个精准"[①]和"五个一批"[②]，并颁布《中共中央、国务院关于打赢脱贫攻坚战的决定》；2016年，国务院出台《"十三五"脱贫攻坚规划》，成为"十三五"时期扶贫的指导性规划。党的十九大明确把精准脱贫作为决胜全面建成小康社会必须打好的三大攻坚战之一，作出了新的部署。按照党的十九大关于打赢脱贫攻坚战总体部署，根据各地区各部门贯彻落实《中共中央、国务院关于打赢脱贫攻坚战的决定》的进展和实践中存在的突出问题，2018年6月，颁布了《中共中央、国务院关于打赢脱贫攻坚战三年行动的指导意见》，就完善顶层设计、强化政策措施、加强统筹协调提出了指导性意见，以推动脱贫攻坚工作更加有效开展。总体而言，该阶段的扶贫目标从经济、社会、文化等方面向全方位达到小康水平而努力，从关注温饱到关注人口素质和生态环境，开启了新时期扶贫开发工作的新航程。

三、生态资本与贫困的相互关系

（一）生态资本贬值与贫困

中国生态脆弱地区的经济发展水平相对比较落后，生产方式多以传统的农业为主，这也加大了对脆弱生态环境的破坏。西部大开发和中部地区崛起以来，中国生态脆弱地区发展大型工业项目都得到了不同程度的政策优惠，但是这些

[①] 即扶贫对象精准、项目安排精准、资金使用精准、措施到户精准、因村派人精准、脱贫成效精准。
[②] 即通过扶持生产和就业发展一批，通过易地搬迁安置一批，通过生态保护补偿脱贫一批，通过教育扶贫脱贫一批，通过低保政策兜底一批。

工业发展项目主要以资源开发为主，并且接受了东部的资源消耗和环境污染型产业转移，在短期内带来了经济收入。由于产业链条短，产品附加值低，资源消耗量大，这些地区难以从中获得更大的比较收益，加上本身生产技术水平较低，必将造成资源浪费和生态环境破坏。不仅如此，接受东部转移出来的产业多数是高耗能、高污染的企业，这些企业在带动经济增长的同时也带来了严重的环境污染和资源浪费。这种追求经济短期增长的发展方式，使生态资本贬值速度更快。

（二）生态资本贬值与怪圈

生态资本的状况与人口密切相关，过多的人口会给生态资本带来巨大压力，导致生态经济系统失衡，易造成生态贫困。因为人口增长使生态资本系统面临更大的人口承载压力，人口不断扩张其数量及其影响力，当人口的扩张速度超过生态资本的聚集速度时，人口就会逐步突破生态资本所能承受的范围，即自然资源和生态环境被过度开发利用。生态资本具有主体适应性，面对这种刺激，生态环境会退化，自然资源会枯竭，生态环境趋向脆弱，生态资本贬值。另外，生态脆弱地区人口的过度增长，且没有和劳动力素质的提高相结合，大量的文盲、半文盲人口构成了生态脆弱地区农村牧区的劳动力主体，这些人口由于自身条件的限制，为了生存他们必然加大对生态资本的破坏。因此，生态脆弱地区过度的人口增长造成对生态资本的巨大压力，人口与环境、资源的矛盾突出，经济贫困和生态贫困问题相交织。

生态资本贬值的一个重要原因是生态资源产权模糊，生态资源成为纯公共资源。公共资源的市场价格偏离了它的相对价格——将生态外部性内生化以后的价格，这种生态资源的价格扭曲机制正是家庭多育行为产生的动力，即生态资源的低价甚至免费。由于生态资源稀缺，人类所使用的生态资源的价格是相对的，是不断变化的。而且，随着人口的不断增加，生态资源的稀缺程度将会不断上升，其相对价格不断提高，这时，假如生态资源依然被作为纯公共财产无偿使用，必然导致生态资源的市场价格与其相对价格之间存在巨大偏差。这种偏差也就表现为生态资源价格偏低，生态资本贬值，结果将进一步推动家庭的多育选择，随着人口增长，对环境不合理使用会加剧生态贫困程度。

（三）生态资本与绿色减贫

习近平总书记多次强调：欠发达地区尤其是贫困地区最大的资源优势是生态资源。如何立足于农村自然环境的资源禀赋优势，发挥当地比较优势，进而实现竞争优势，是农村减贫和发展需要共同考虑的问题，尤其是生态脆弱地区减贫的推进更应如此。[①]

一直以来，贫困问题与生态环境恶化相关性较强。要使贫困地区彻底摆脱贫困，就要首先以缓解生态恶化为出发点。从导致贫困的生态环境因素来看，"绿色减贫"源于对"生态贫困"的深刻理解。绿色减贫方式作为一种低碳、可持续、多维度的扶贫新理念，是新时代中国扶贫方式的进一步提升。绿色减贫方式以人为本，以生态保护为出发点，基于绿色发展理论，立足于贫困区域自然环境资源，因地制宜谋求环境友好型发展，实现减贫目标，从而获得可持续扶贫的目标。绿色减贫方式就是发展经济的同时保护生态环境，减少资源浪费，实现经济、生态、文化等多维减贫效应，有利于推动经济发展与生态保护形成良性循环，统一经济、社会和生态三大目标，实现农村经济发展、贫困农民增收、生态环境改善的多赢局面。

生态资本运营就是对自然生态资源和生态服务利用在绿色化和可持续性的基础上，实现其经济价值的现实路径。具体是指在生态资源开发利用和生态产业中，拥有或经营生态资源环境者将"生态资本"作为一种生产的投入要素，进行生产和再生产活动，采用科学的技术改变生产的形态，并实现生态产品的经济、社会、生态服务价值，最终得到生态资本价值增值的运作流程。在这个过程中，通过生态资本运营能在保护环境的基础上，实现绿水青山顺利转化为金山银山，是生态脆弱地区谋求全面发展，进行生态保护脱贫新路径的客观需要。

---

① 习近平：《决胜全面建成小康社会　夺取新时代中国特色社会主义伟大胜利——在中国共产党第十九次全国代表大会上的报告》，载于《求是》2017 年第 21 期。

第三节　生态脆弱地区生态资本运营与扶贫的关联性

一、生态资本运营的概念

随着国内外学者对生态资本、环境资本、自然资本研究的不断深入，如何更好地实现生态资源环境的功能和价值成为亟须讨论的新问题，生态资本运营的概念应运而生。早在2005年，张兵生就大致归纳了生态资本运营需经历四个阶段性演进过程：萌芽阶段、起步阶段、发展阶段和成熟阶段。① 经过近年的一系列研究，国内比较认可的是严立冬教授率领的团队对生态资本运营的界定。通俗地理解，生态资本运营就是把生态资源和生态环境作为一种资本来进行运营，利用资本的保值增殖属性获取利润的一种现象，这种现象在形式上表现为运营主体对生态资本进行管理和运营的措施与行为，在内容上体现为生态资源和生态环境的资本化演变过程。关于生态资本运营的准确含义，目前学界并未形成统一权威的概念，大多数提法都是从不同的角度进行现象描述和特征解释。生态资本运营是指在生态产业和生态经济发展过程中，生态资本的所有者或经营者将"生态资产"② 作为一种具体的生产要素，投入社会经济生产和再生产过程之中，利用生态技术实现生态资产的形态变化，通过生态产品或生态服务实现生态资产的价值转换，依靠生态消费市场实现生态资本保值增殖的全部活动和过程。③

---

① 张兵生：《绿色经济学探索》，中国环境科学出版社2005年版，第241~242页。
② 生态资产即生态性资产，是对具有生态属性的一类资产的总称，包括生态环境型资产、生态资源型资产和生态服务型资产，生态资产是生态资源产权界定的结果，有别于生物资产、基因资产、生态功能资产和生境资产的总称。
③ 邓远建：《区域生态资本运营机制研究》，中国社会科学出版社2014年版，第45~46页。

二、生态资本运营式扶贫的内涵

生态资源和环境对农村地区的长期贫困有着多重影响：可以作用于加重、维持、减缓甚至脱离长期贫困。除了直接影响家庭收入之外，生态资源和环境也会通过污染空气和水影响人们的发病率和死亡率，从而危及人类福祉。因此，研究自然资源禀赋及其管理方式对贫困的影响，尤其是在千差万别的具体情境下产生的影响就尤为必要。[1] 由于中国大部分贫困地区生态环境良好、生态资源丰富，承担着重要的生态功能，因此在贫困地区促进生态资本运营与扶贫协同发展具有重要意义，需要从理论层面构建以绿色导向为原则的生态扶贫战略框架，科学地设计生态扶贫顶层工作，突破生态限制的障碍，实现生态保护与扶贫双赢局面。[2] 有学者认为地理位置的差异也是形成贫穷的原因。生态环境贫困理论主要来自环境经济学家的研究。他们通过调查研究发现生态与贫困之间有着重要的关系。大部分发展相对落后的地区，一般也是生态脆弱的地区。于是提出了生态贫困理论，一种是为了实现经济的发展，不按照当地自然规律，以破坏环境换取一时的经济利益，最后再次陷入贫困的状态；一种是过度的保护生态环境，不允许开发，贫困地区的农户无法利用生态资源获取自身的利益，面对贫困无能为力。这两种极端的方式都是没有正确处理好生态与经济发展之间的关系，需要科学利用生态资源为农户创造收益。当前，生态贫困是一种状态，需要处理好贫困地区生态开发与保护之间的关系，建立生态式扶贫机制，完善生态补偿制度，使生态脆弱地区的农户实现生态与经济的协同发展。生态资本运营式扶贫就是通过科学运营生态资本带来的收益，在贫困地区相关主体之间进行合理分配，不仅可以缓解农户经济上的贫困，同时能够保持"绿水青山"的画面，实现生态、社会、经济的可持续发展。生态资本运营式扶贫是一种可持续的扶贫方式，一方面能够为贫困地区实现脱贫愿望，另一方面还能够提高生态环境保护和生态建设的意识，是实现社会、经济、生

---

[1] Shah A. Remoteness and Chronic Poverty in a Forest Region of Southern Orissa [J]. *Social Science Electronic Publishing*, 2010, 20 (35).
[2] 杨文静：《绿色发展框架下精准扶贫新思考》，载于《青海社会科学》2016 年第 3 期。

态协调可持续发展的有效途径。生态资本运营式扶贫主要包括生态投资扶贫、生态产业发展扶贫、生态移民扶贫和生态补偿扶贫等多种形式，它与开发式扶贫和参与式扶贫不一样，生态资本运营式扶贫是基于新发展理念，在扶贫实践过程当中注重人与自然的共生发展、生态环境和自然资源的可持续利用。

三、生态脆弱地区生态资本运营与扶贫的辩证关系

（一）理论逻辑

生态资本运营与扶贫、减贫之间具有内在耦合性，因为贫困地区往往拥有重要的生态地位、优良的生态环境、丰富的生态资源以及深厚的生态文化。农业生产过程在一定程度上就是生态环境资源的投入、转换到产出的过程，是生态资本运营自发自然的具体表现，因此，贫困地区进行生态资本运营有利于解决贫困问题。生态资本运营通过多主体参与运作，解决农村经济发展中的生态问题，符合当前农村发展既要绿水青山又要金山银山的现实需要和政策要求。生态资本运营主要是提供农村发展的动力，扶贫减贫主要是提供农村发展的保障，解决温饱和贫困问题，且不以短期经济效益的绝对增长为目标，兼顾经济发展绿色友好、发展方式和模式绿色可延续、绿色发展理念和技能得以传递等。生态资本运营的内在效应与生态文明新时代的减贫要求具有逻辑一致性。对生态脆弱地区而言，就是要切实走绿色减贫之路，根据各地实际合理利用当地的自然资源禀赋，使经济活动处于自然生态系统可以承受的范围内，最大化资源利用效率，最小化生态环境破坏程度，使当地的经济发展、资源利用、生态环境之间呈良性发展态势。

（二）内在机理

1. 生态资本运营的减贫效应

生态资本运营的减贫效应主要表现在生态减贫、社会减贫、经济减贫三个

方面，其运营收益是一个持续的过程。因此，生态资本运营减贫效应可以利用扶贫增长曲线分析经济增长、收益分配、贫困率三者之间的关系，并且实现最佳扶贫路径。如图 1-2 所示假设贫困地区的初始经济水平在 N 点，如果仅仅为了实现经济的增长，在相同的贫困率下，C 点比 B 点代表更高的人均收益，但当经济增长达到 F 点以后，即使人均收益水平更高，也不可能将贫困率降低到 X_2 以下的水平。但是如果把扶贫减贫作为首要考虑的目的，而经济增长作为次要目标，则路径 NE 是最佳的选择，在点 E 具有更低的贫困率，并且曲线 NE 可以完成脱贫的任务。N—B—D—E 是最佳的减贫路径，通过生态资本运营和扶贫减贫的发展，使得贫困率能够在比较短的时间内降低到最低的水平，即使短时期内经济增长的速度相对减缓，但是能够实现生态和经济协同发展的目标。

在遵循图 1-2 中生态资本运营路径的前提下，可以对生态资本运营所带来的减贫效益进行解析。假定生态资本运营的收益是动态可持续的。在图 1-3 中，曲线 W_1 和 W_2 代表的是无差异曲线，直线 AB 和 CD 表示的是生态资本运营带来的收益线，X 与 Y 表示的是不同的扶贫对象，生态资本运营收益的减贫效应由经济增长效应（$X_2 - X_3$）和收入分配效应（$X_1 - X_2$）组成。直线 AB 和直线 CD 代表的是同等收益情况下，出现的收益的不同分配方式。直线 AB 和 AB_1 表示的是由于生态资本的良性运营以及当地经济的发展，生态资本运营收益的增长使得整个地区的减贫效应增加。

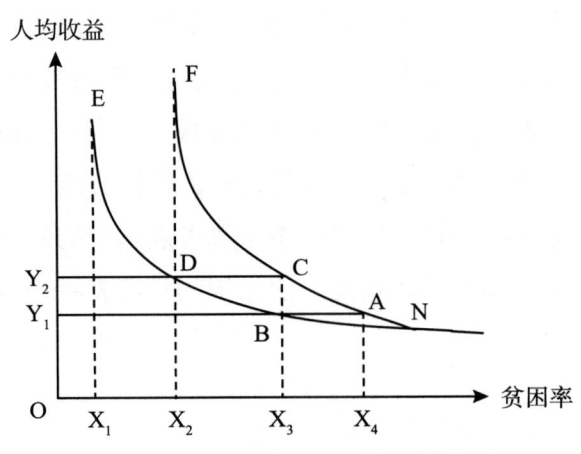

图 1-2　生态资本运营扶贫路径

图 1-3　生态资本运营减贫效应

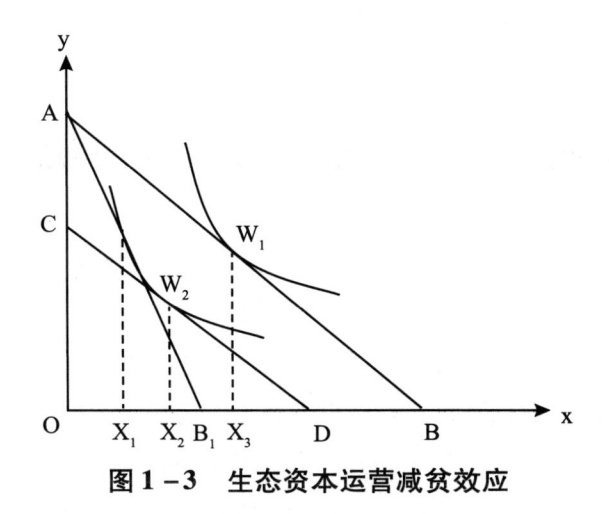

2. 绿色减贫在生态资本运营中的作用

大多数生态脆弱地区与贫困问题交织在一起，呈现出生态环境脆弱、交通医疗等公共基础设施落后的特点，同时具有区域性和复杂性。绿色减贫可以帮助这些地区的农民在发展过程中提升自己的生存能力和工作技能，遵循绿色发展的理念，合理利用生态资源，解决生态资源的可持续性利用问题。考虑到贫困地区生态资源的相似性和有限性，绿色减贫要减少同一地区生态资源开发的重叠性，构建发展的态势，拓展生态资源发展的宽度，增进生态资本运营的生态、经济、社会效益，从而实现扶贫成效，缩小贫困地区内部收入的差距。[①] 同时，在贫困地区的绿色减贫过程中，要求开展水土保持、涵养水源、防风固沙、调节气候、维护生物多样性、防治面源污染等一系列活动，能够促进资源环境的生态化利用，从而提供有形和无形的生态服务，通过生态修复所产生的收益及生态补偿带来的直接收益，在相关主体之间进行合理分配，促进农民收入的增长。因此，为了实现贫困地区经济总量增加，在贫困地区进行生态资本运营是绿色减贫的重要途径之一，不仅促进了经济的绿色可持续发展，更能实现贫困地区生态、社会、经济三者之间协调发展。

---

① 王赞新：《集中连片特困地区的生态补偿式扶贫标准与思路——以大湘西地区为例》，载于《湖湘论坛》2015 年第 4 期。

四、生态脆弱地区生态资本运营式扶贫的作用路径

贫困问题一般较为突出的体现，就是经济贫困和物质贫困，往往伴随着知识贫困和能力贫困，农村地区尤其是生态脆弱区由于生态系统的稳定性低，常常还有生态贫困。生态资本运营通过生态资本投资和生态建设，既能实现经济发展的需要，也能满足建设生态文明的需要。一方面，在生态资本运营过程中，生态资本投资可以促进生态产业的发展帮助农民增收，生态技术研发有助于农村经济发展结构的优化和转型升级；另一方面，生态建设能为实现当前生态资本存量非减性和提高生态环境质量提供有力的保障，还能在运营过程中融入绿色发展理念，传递生态思想提高民众环境保护的认识。同时，生态资本的投入有利于生态建设和修复，良好的生态建设也能为生态资本增加资源存量。在这些因素相互作用、相互促进下，形成了解决现实经济、物质、知识和生态贫困的合力，发挥乘数效应、累积效应和辐射效应，从而实现经济效益、社会效益和生态效益的有机统一（见图1-4）。

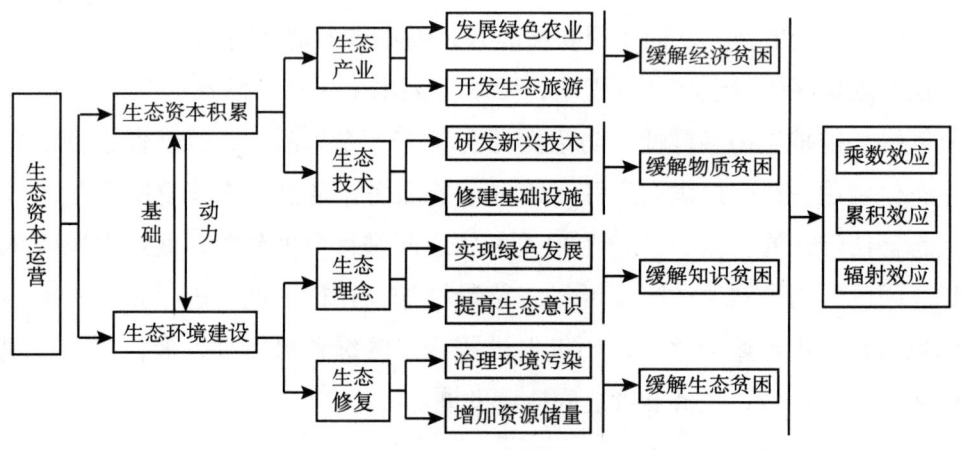

图1-4 生态资本运营式扶贫作用路径

（一）促进生态产业的发展缓解经济贫困

通过生态资本运营式扶贫，发展绿色生态产业，提高生态系统潜在生产力

的基础上，高效低耗实现物质循环再生，提高产品和服务的数量与质量，增加产品生态附加值，不仅满足当地人日常生产和生活发展的需要，更能获取高于普通产业的经济效益。与此同时，通过结合自然生态环境资源、民族文化和区域特色，发展原生态旅游业，满足人们日益增长的美好生活需要。通过运营生态资本，发展绿色生态产业将自然资源转化为产业优势和经济优势，为当地带来经济效益，提高当地居民收入，从而缓解经济上的贫困。

（二）致力生态技术的研发缓解物质贫困

生态资源是否能成功转化为生态资本，需要通过各种方法和措施来实现，其中生态技术是生态资本运营式扶贫的关键环节。先进的生态技术能够在生态资源的初始价值中增添附加值、转变产品形态、提高产品的商品属性，加工生产出更多品种和不同特色的产品，大幅度增加产品的可用性和经济价值，丰富现有产品体系，而且有利于降低生产成本，提高运营效率和收益。在生态资本运营过程中，积极进行生态技术的研发工作，加大研发资金的投入，完善和修建相关的配套基础设施，鼓励创新性科研开发工作，鼓励运营方和社会企业参与生态技术研发工作，将科研成果运用到贫困地区的生产实践中，提供技术转化运用指导，提高当地生产力水平，从而创造更多的经济价值，为贫困地区缓解物质贫困做出贡献。

（三）推进生态理念的传递缓解知识贫困

生态脆弱贫困地区拥有丰富的生产要素，致贫的原因并不仅仅是因为缺乏经济发展的硬环境，更是因为缺乏能够合理利用现有资源的意识和方法。当今各国都在追求绿色发展，中国更是将生态文明建设放入"五位一体"总体布局，保护生态环境就是保护生产力的理念逐渐得到普及。但是由于贫困地区相关主体的环境保护意识尚待加强，"靠山吃山靠水吃水"，很难完全理解绿色青山就是金山银山的理念，也很难将绿水青山转化为金山银山。而生态资本运营式扶贫通过在实践中利用生态资源创造出实际收益与经济价值，在实现绿色发展的同时，能帮助人们切实感受到生态环境的价值，加深对生态理念的认同，提高保护环境的意识，扩展绿色生态消费市场，从而在缓解经济贫困的同时也有利于缓解生态意识薄弱的问题。

（四）注重生态资本的投入缓解生态贫困

生态系统承载力有限，生态资源生长速度和生态环境净化能力都有最大阈值，过度耗费资源和污染环境，会对生态系统平衡产生极大的破坏力。为了保证生态资本运营收益的可持续性，在生态资源丰富的贫困地区，运营过程中需要保证一定的生态资本存量，才能更好地实现可持续发展；在资源匮乏面临经济和生态双重贫困的地区，从长远目标和利益出发，更需要注重对污染的治理和生态系统的修复，逐步恢复生态系统的功能，不仅能提供自然资源产品，还能逐渐增加生态资本存量，然后再通过生态资本运营实现绿色发展。因此，生态资本运营式扶贫通过短期和长期的发展战略组合，能有效避免和缓解生态贫困，防止生态返贫困。

第二章
生态脆弱地区生态资本运营式扶贫机制与政策研究的理论基础

坚实的理论基础是保证生态脆弱地区生态资本运营式扶贫机制与政策研究科学、严谨的关键。本章根据生态脆弱地区生态资本运营和扶贫涉及理论的范围与层次，结合生态资本运营和扶贫实践对理论需求的针对性和适用性，遵循对复杂事物的认识分为文化、制度、技术三个层面的认知范式，分别介绍了生态经济理论、生态文明理论、区域经济理论和贫困与反贫困理论，形而上至形而下，由"道"及"器"延伸，按照文化—制度—技术的阶梯层次，按照生态经济制度、生态文化伦理、区域经济增长与反贫困相结合的逻辑初步搭建了一个理论平台，在此基础上为生态脆弱地区生态资本运营式扶贫机制与政策研究构建起一个相应的理论支撑。

第一节 生态经济理论

一、生态经济理论的产生

自工业革命以来，人类创造了巨大的物质生产力，极大地改变了人类的生产和生活条件。由此，"人类能凌驾于自然之上"的观点为大多数人所接受，"控制自然"的理念根深蒂固。威廉·莱易斯在考察"控制自然"观念的历史演变后指出，"控制自然"的观念导致人们丧失了对自然应有的尊重和敬畏，把自然当作"可蹂躏的俘获物"而不是"被爱护的合作者"。[1] 在这一理念的指导下，导致人类对自然资源的滥用和对生态环境的破坏，随之而来的是人类遭受着生态破坏、能源紧张、资源匮乏、环境污染、粮食短缺等问题的困扰。尤其是生态破坏与环境污染问题，自20世纪50年代前后，欧美工业发达国家和一些新兴的工业国家发生了多起环境污染事件，以"世界八大污染事件"影响最大（见表 2-1）[2]，其产生的巨大危害性是人类始料未及的。生态环境问题日趋成

---

[1] 威廉·莱易斯著，岳长龄、李建华译：《自然的控制》，重庆出版社 1993 年版。
[2] 资料来源：http://news.163.com/05/1206/19/24AHDD390001126S.html。

为影响人类可持续发展的全球性重大问题。

表2-1　　　　　　　　　　世界八大污染事件

事件	发生时间	发生地点	发生原因	主要后果
马斯河谷事件	1930年12月1~5日	比利时马斯河谷工业区	工业区处于狭窄盆地中，12月1~5日发生气温逆转，工厂排出的有害气体在近地层积累，大气中的二氧化硫浓度达25~100毫克/立方米	几千人发病，一周内死亡60余人，许多家畜死亡
多诺拉事件	1948年10月26~31日	美国宾夕法尼亚州多诺拉镇	该镇处于河谷中，10月26~31日大部地区受反气旋和逆温控制，持续雾天使大气污染物在近地层积累，二氧化硫浓度为0.5~2.0ppm，并存在明显尘粒	占全镇总人口43%的5 911人中毒，17人死亡
洛杉矶光化学烟雾事件	20世纪40年代初期	美国洛杉矶市	该市临海依山，处于50千米长的盆地中，汽车排出的废气在日光作用下，形成以臭氧为主的光化学烟雾	大批居民发生眼睛红肿、喉痛、咳嗽等症状，65岁以上老人有近400人死亡
伦敦烟雾事件	1952年12月5~8日	英国伦敦市	因居民和工厂燃煤排出大量的二氧化硫和烟尘，并在逆温的特定条件下致使大气中烟尘达4.46毫克/立方米，二氧化硫达3.8毫克/立方米	死亡人数较常年同期多4 000多人
四日市哮喘事件	1961年	日本四日市	能源使用含硫量高的重油，大气污染严重，二氧化硫和烟尘含量很高，支气管哮喘发病率明显增加	1972年共确认全市哮喘病患者达817人，10多人死亡
水俣病事件	1953~1956年	日本熊本县水俣市	含甲基汞的工业废水污染水体，使水俣湾和不知火海的鱼中毒，人食毒鱼后受害	1972年水俣湾和新泻县阿贺野川下游有汞中毒者283人，60人死亡

续表

事件	发生时间	发生地点	发生原因	主要后果
痛痛病事件	1955~1972年	日本富山县神通川流域	锌、铅冶炼工厂等排放的含镉废水污染了神通川水体，两岸居民利用河水灌溉农田，使稻米含镉，居民食用含镉稻米和饮用含镉水而中毒	1963~1979年共有患者130人，其中81人死亡
米糠油事件	1968年3月	日本北九州市、爱知县一带	生产米糠油时用多氯联苯作脱臭工艺中的热载体，由于生产管理不善，混入米糠油中，食用后中毒	患病者超过5 000人，其中16人死亡，实际受害者约13 000人。用米糠油中黑油作家禽饲料，引起10万只鸡死亡

资料来源：作者根据相关资料整理。

生态经济问题的出现成为生态经济理论产生的直接动因。随着现代社会的不断发展以及人类认识水平的不断提升，"人类能凌驾于自然之上"的观点逐渐发生改变，人类开始认识到自身不过是生态系统中的一部分子系统。人类的可持续发展必须依靠生态系统的良好运转来提供生态产品和服务，而这一切的前提是人类的活动必须在生态系统的最大承载力范围之内。生态系统的最大承载力不是静态的，在人类与自然界之间发生物质、能量等的传递过程中，生态系统的最大承载力有可能变大或减小，人类可以有意识地对其进行调控，目的是使生态系统提供的生态产品和服务能够满足当代人的需求但同时不影响后代人的权益，这就要求协同推进经济社会活动和自然生态系统循环。因此，迫切需要将社会经济活动规律与自然生态循环规律结合起来而形成新的理论体系，进而深刻阐释人类经济活动与自然生态系统的相互关系，生态经济理论应运而生。

二、生态经济理论的发展

美国海洋生物学家蕾切尔·卡逊（Rachel Carson）在1962年发表的《寂静的春天》一书中，首次真正结合经济社会问题开展生态学研究；20世纪60年代，美国经济学家肯尼思·博尔丁（Kenneth Boulding）发表了一篇题为《一门科学——生态经济学》的文章，首次提出了"生态经济学"这一概念，第一次明确了生态经济学的研究对象，进而提出了"生态经济协调理论"；1974年，美国学者约瑟·J.塞内加（Joseph J. Seneca）等著的《环境经济学》问世，这是世界上第一部关于环境经济的著作；1976年，日本学者坂本滕良所著的世界第一部《生态经济学》出版；20世纪80年代末成立国际生态经济学会，并于1989年创办国际生态经济学会的跨学科杂志——《生态经济学》。自此，"生态经济学"一词日益流行开来，生态经济理论于1980年代由著名经济学家许涤新引入中国。

生态经济理论在中国的发展大体历经了三个阶段：第一阶段是1980年之前，这一阶段中国的人口数量迅速上升、生产力提高造成的生态环境问题已经开始显现，证明了进行经济建设的同时必须重视生态环境保护，政府对此也高度重视。但是这一阶段生态经济理论在中国尚未建立，对于其中的关键概念尚不清晰，学术界对于生态问题的关注尚停留在现象揭露方面，还未达到理论凝结的层次。第二阶段是1980~1984年中国生态经济学会成立。在这一阶段，著名经济学家许涤新教授倡导加强生态经济学的研究，中国社会科学院经济研究所和《经济研究》编辑部共同发起召开了生态经济问题研究座谈会，促使了学术界对于生态经济问题的全面探索。第三阶段是1984年至今，学术界对生态经济理论展开了全方位的研究，其中最主要的内容是确立了经济社会与生态保护协调发展的理论框架，并向可持续发展领域渗透，在丰富和完善生态经济理论体系的基础上，强化生态经济理论指导实践的能力。但是与西方相比，中国的生态经济理论尚有较大的创新空间。

生态经济理论是生态学理论与经济学理论相结合而发展起来的，历经数十年的发展，生态经济理论取得了巨大的发展。理论发展过程主要历经了基础理论性学科、应用理论性学科和应用技术性学科，研究脉络呈现出由理论到实践、理论指导实践、实践丰富理论的趋势。借鉴马传栋（1995）的研究成果，生态经济学学科群可用框图表示见图2-1。但随着生态经济理论的不断发展，各学科之间早已突破了原有的界限，学科间交叉融合不断产生新理论，生态资本运营就是其中之一。

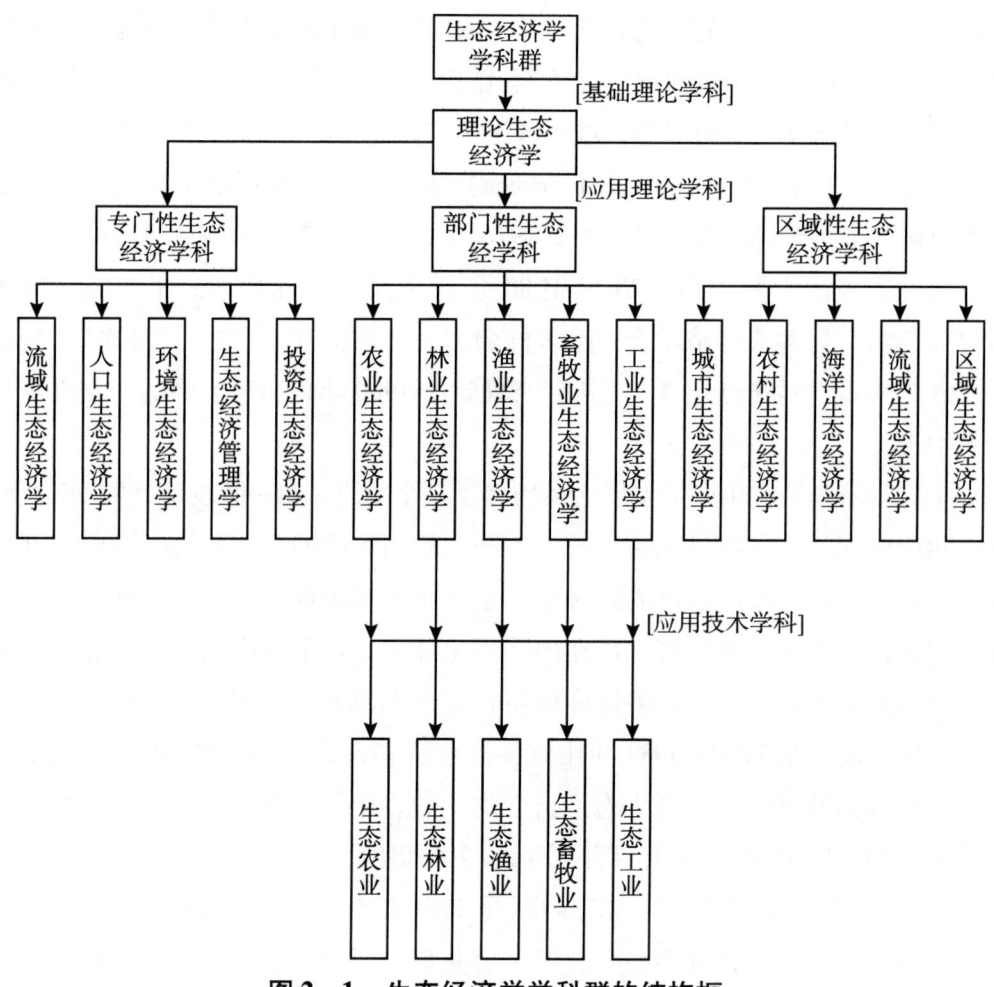

图 2-1　生态经济学学科群的结构框

三、生态经济理论的内容

（一）绿色经济理论

绿色经济是一种有利于环境保护和资源节约的新型经济形态，其本质含义就是以生态经济为基础，以知识经济为主导，以人类经济社会可持续发展为目的，追求人与自然、人与社会、人与人之间全面协调与和谐共生。① 绿色经济在

---

① 刘思华、刘泉：《绿色经济导论》，同心出版社 2004 年版。

发展目标上表现为效率、和谐和持续的有机统一，在发展内容上体现为以生态农业、循环工业和持续服务产业为主体的经济结构和增长方式，在发展原则上遵循开发需求、降低成本、加大动力、协调一致、宏观调控。

绿色经济理论是一种全新的思想理论体系。其核心内容包括三大体系，即"效率、和谐、持续"有机统一的目标体系，"生态农业、循环工业、持续服务产业"协调发展的结构体系，"绿色经济、绿色新政、绿色社会"三位一体的发展体系。从经济结构上看，绿色经济是继农业经济、工业经济、服务经济之后的新型经济结构，由于绿色经济摒弃了高消耗、高污染、低效益的传统经济发展模式，注重生态效益、经济效益、社会效益的有机统一，在全球性生态危机与经济危机持续加重的背景下，绿色经济倍受重视并迅速成为世界各国转变经济发展方式的共同选择。人们普遍认为绿色经济是实现环境保护与经济增长双赢的可持续经济发展模式，由此引发了经济领域内绿色生产、绿色消费、绿色 GDP 核算等各方面全方位的绿色变革，进而催生了世界范围内绿色技术创新、绿色制度建设、绿色文化价值体系构建等各领域根本性系统性的绿色革命，人类社会在经历了农业经济、工业经济、知识经济浪潮过后，正在迎来绿色经济的第四次浪潮。[1]

（二）循环经济理论

循环经济理论认为：循环经济是一种以资源的高效利用和循环利用为核心，以"减量化、再利用、资源化"为原则，以低消耗、低排放、高效率为基本特征，符合可持续发展理念的经济增长模式，是对"大量生产、大量消耗、大量废弃"的传统增长模式的根本变革。从生态经济理论角度看，循环经济本质上是一种生态经济，就是按生态系统物质循环和能量转换的规律来重构经济系统，通过资源的循环利用和能量的多级传递，把清洁生产和废弃物综合利用融为一体，按照生态规律运用自然资源和环境容量，实现资源利用率最大化和废弃物排放最小化，由此将经济系统和谐地纳入自然生态系统的物质循环过程，最终实现经济与环境的协调发展。

与传统经济发展模式相比较，循环经济改变了传统经济"资源—产品—污

---

[1] 张兵生：《绿色经济学探索》，中国环境科学出版社 2005 年版。

染排放"的单向线性开放式生产过程,重新组成了"资源—产品—再生资源"的物质闭环流动的运行过程;改变了对资源的粗放型一次性利用,取而代之对资源实行集约型循环利用;改变了数量型经济增长模式,转变为质量型经济增长模式;改变了污染治理中"先污染、后治理"的"末端治理"方式,转而实行"先预防、少污染、全过程控制"的治理模式。

循环经济的基本原则一般概括为"3R"原则,即减量化原则、再利用原则和再循环原则。减量化原则即在产品的生产和服务过程中,尽可能减少进入生产和消费流程中的物质流和能量流,减少对自然资源的消耗,从而在经济活动的源头上节约资源和减少污染物的排放。同时,消费者应优先选购包装简易、结实耐用且能循环利用的产品,生产者应最大限度地减少对不可再生资源的开采和利用。再利用原则即在产品设计和生产时就考虑到延长产品和服务的使用时间,尽量延长产品使用周期,尽可能多次或以多种方式使用产品,避免物品过早成为垃圾。要求企业尽量遵循设计标准和加工规范,使设备或装置中的元(部)件可以容易和方便地升级换代,同时抵制商品的过分包装,尽量使用简易包装材料和可再回收利用的包装材料及容器,尽可能使产品体积小型化和重量轻型化。再循环原则就是要使生产出来的产品在完成其使用功能后的废弃物最大限度地转化为新的可再利用资源,变废为宝、化害为利,同时在生产中要尽可能利用可再生资源代替不可再生资源。再循环有两种情况:一种是原级循环,即废品被再次用作生产同类型产品的原材料;另一种是次级循环,即将废弃物转化成生产其他产品的原料。

(三)低碳经济理论

低碳经济是指在可持续发展理念指导下,通过技术创新、制度创新、产业转型、新能源开发等多种手段,尽可能地减少煤炭石油等高碳能源消耗,减少温室气体排放,达到经济社会发展与生态环境保护双赢的一种经济发展形态。低碳经济是以低能耗、低污染、低排放为基础的经济模式,是人类社会继农业文明、工业文明之后的又一次重大进步。[①]

低碳经济的特征是以减少温室气体排放为目标。概括起来主要有两个基本特征:一是在包括生产、交换、分配、消费在内的社会再生产全过程中实现经

---

① 张坤民:《低碳世界中的中国:地位、挑战与战略》,载于《中国人口·资源与环境》2008年第3期。

济活动的低碳化，把二氧化碳等温室气体的排放量尽可能减少到最低限度乃至零排放，最大限度减少温室气体排放。二是倡导能源经济革命，促进社会生产与再生产全过程的能源消费生态化，形成低碳能源和无碳能源的国民经济体系，通过实施清洁发展、绿色发展与可持续发展，依靠技术创新和制度创新实施一场能源革命，建立一种较少排放温室气体的经济发展模式，以减缓气候变化。①

低碳经济的实质是大力提高能源利用效率和优化清洁能源结构。其核心是通过能源技术创新和能源制度创新，构筑低能耗、低污染的经济发展体系，主要包括低碳能源系统、低碳技术和低碳产业体系，低碳能源系统是指通过发展清洁能源以减少二氧化碳排放，如大力发展太阳能、风能、地热能、核能以及生物质能等替代能源。低碳技术包括清洁煤技术和二氧化碳捕捉、储存与利用技术，等等。低碳产业体系包括新能源产业、火电减排产业、节能建筑产业、工业节能与减排产业、资源回收与利用产业、环保设备产业、节能材料产业，等等。

第二节 生态文明理论

一、生态文明理论的重要意义

2018年5月18日至19日召开的全国生态环境保护大会，是中国生态文明建设史上一次十分重要的会议，习近平总书记在大会上发表重要讲话，深入分析中国生态文明建设面临的形势任务，深刻阐述加强生态文明建设的重大意义、重要原则，对全面加强党对生态文明建设的领导，坚决打好污染防治攻坚战作出了全面部署。这次重要讲话，全面系统概括了习近平生态文明思想，具有重大的政治意义、理论意义和实践意义。

人与自然之间的关系是人类社会最基本的关系。马克思主义十分重视人与

---

① 庄贵阳：《中国低碳经济发展的途径与潜力分析》，载于《国际技术经济研究》2005年第11期。

自然的关系，认为人类是自然的有机组成部分，与自然是统一的有机整体，彼此相互影响、相互制约、紧密联系、不可分割。马克思主义强调，"自然史和人类史就彼此相互制约"，人与自然的关系既深刻影响着人与人的关系，又是人与人的关系的动态反映。在社会主义条件下，生产的目的是最大限度地满足人民对美好生活的需要，实现人的全面发展，美好的自然条件和生态环境从资本增殖的手段转变为人民美好生活的目的。从根本上讲，只有社会主义制度才能够最终实现人与自然和谐相处的目标，并为积极主动地实现这一目标，不断开辟广阔道路。中国共产党在社会主义道路上领导经济社会发展，艰辛探索人与自然和谐相处之道，不断深化对生态文明建设规律性的认识，集大成的理论认识和实践经验结晶，就是习近平生态文明思想。

习近平生态文明思想，是习近平新时代中国特色社会主义思想的有机组成部分。这一思想深刻回答了为什么建设生态文明、建设什么样的生态文明、怎样建设生态文明的重大理论和实践问题，进一步丰富和发展了马克思主义关于人和自然关系的思想，深化了中国共产党对社会主义建设规律的认识，为建设美丽中国、实现中华民族永续发展提供了根本遵循。这一思想，集中体现了中国共产党的历史使命、执政理念、责任担当，对新时代加强生态环境保护，推动中国生态文明建设迈入新境界，具有重大的指导意义。

中华民族自古以来敬畏自然，与自然和谐相处是古代劳动人民历来的生活理念和生活方式。也正因为如此，中华民族的历史才可以绵延5000余年未曾中断。反观同为四大文明古国的古代埃及和古代巴比伦，生态环境衰退特别是严重的土地荒漠化则导致其走向衰落。

以史为镜，可以知兴替。尊重自然、敬畏自然是人类实现可持续发展的基础，处于21世纪的今天，生态文明理论比之前任何时期对人类的发展都更为重要。从中国来看，工业发达、人口激增、生态脆弱等问题还比较突出，"胡焕庸线"东南方43%的国土，居住着全国94%左右的人口，以平原、水网、低山丘陵和喀斯特地貌为主，生态环境压力巨大；该线西北方57%的国土，供养大约全国6%的人口，以草原、戈壁沙漠、绿洲和雪域高原为主，生态系统非常脆弱。如果不妥善处理好人与自然之间的矛盾，必然会危及人类自身的发展。生态文明是继农业文明、工业文明之后的一种新的文明形态，同时是在更高层次上体现人与自然和谐共生的一种新的发展理念，也是协调环境保护与经济发展从而维持人类可持续的一条新的发展道路。生态安全是人类得以生存和发展的必要条件，是构成国家和地区安全的重要内容，生态文明则是国家和地区生态安全的重要保障，没有生态文明，政治文明、经济文明、社会文明和精神文明的根基就会动摇。党的十八大已经把生态文明列为继政治文明、经济文明、社会文明和精神文明的第五大文明，因此必须把生态文明纳入国家和社会发展的各领域和各层面，在社会主义现代化建设的全过程贯彻落实生态文明的要求，构建起五大生态体系。即：（1）自然生态体系，表现在生物多样、环境优美、水气清洁、资源充裕等方面；（2）经济生态体系，表现在结构合理、低耗高效、适销对路、持续循环等方面；（3）社会生态体系，表现在公平公正、安居乐业、城乡一体、和谐自律等方面；（4）人文生态体系，表现在文化多元、厚德远识、仁智康乐等方面；（5）行政生态体系，表现在以人为本、保障民生、勤廉制衡、绿色服务等方面。通过生态文明理论在经济社会系统中的应用，保障经济的持续健康运行和人类自身的可持续发展。

二、生态文明理论的主要来源

自20世纪60年代以来，无论是发达国家还是发展中国家，都开始面临严重的生态环境问题，不得不开始寻找解决生态环境问题的各种对策，生态文明建设是中国特色社会主义建设的重要内容。中国历来重视生态文明建设，尤其是2012年党的十八大把生态文明建设纳入中国特色社会主义事业总体布局，有利于把生态文明建设融入经济建设、政治建设、文化建设、社会建设各方面和全过程。2015年，《中共中央、国务院关于加快推进生态文明建设的意见》发布，随之生态文明被首次写入国民经济和社会发展五年规划。生态文明理论在中国日趋完善，理论中既有国外的优秀成果又有中国的独特元素，在发展过程中兼容并蓄、不断丰富，其理论来源主要有三部分：中华文明优秀文化的思想精髓、马克思主义生态观、中国人民的实践探索和认识升华。

（一）中华文明优秀文化的思想精髓

生态文明理论起源于中华文明优秀文化的思想精髓。在中华民族5000多年的灿烂文明中孕育出了丰富的生态文化,体现出浓厚的尊重自然、热爱自然的理念。《易经》中说,"观乎天文,以察时变;观乎人文,以化成天下","财成天地之道,辅相天地之宜"。《老子》中说:"人法地,地法天,天法道,道法自然。"《孟子》中说:"不违农时,谷不可胜食也;数罟不入洿池,鱼鳖不可胜食也;斧斤以时入山林,材木不可胜用也。"《荀子》中说:"草木荣华滋硕之时,则斧斤不入山林,不夭其生,不绝其长也。"《齐民要术》中有"顺天时,量地利,则用力少而成功多"的记述。

"生态兴则文明兴,生态衰则文明衰",习近平总书记不断倡导文化、文明必须与生态实现良好互动,提出要充分依靠文化的熏陶、教化、激励作用,化解人与自然、人与人、人与社会之间矛盾的理念,以及要树立生态观念、改善生态环境、完善制度安排、维护生态安全,正是继承和发扬了中华文明优秀传统文化中"天人合一""知行合一""万物有灵"的思想精髓和生态智慧。[①]

(二) 马克思主义生态观

生态文明理论发展于马克思主义生态观。马克思主义认为:人和自然的关系具有统一性,人是自然界长期发展的产物,自然是人和社会存在的物质条件,"人直接的是自然存在物,是受动的、受制约的和受限制的存在物"[②],人靠自然界生活,自然界是"人的无机的身体"[③],这其中暗含着绿色发展的要求,强调在改造和利用自然的同时,还要注意尽量克服盲目性、自私性,坚持以人为本与尊重自然相统一,追求人与自然、人与社会的协调发展。同时,马克思主义广义生产力理论将自然力纳入生产力的范畴,弥补了传统生产力理论的不足。由此可见,目前中国的生态文明建设所提出的"绿水青山就是金山银山""保护生态环境就是保护生产力、改善生态环境就是发展生产力""生态环境就是民生福祉"等一系列思想和理念,就是充分融合了马克思主义生态观的成果,使之更适应中国的具体国情而发展起来的。

[①] 王宏斌:《生态文明:理论来源、历史必然性及其本质特征——从生态社会主义的理论视角谈起》,载于《当代世界与社会主义》2009 年第 1 期。
[②] 《马克思恩格斯全集》(第 42 卷),人民出版社 1972 年版,第 95 页。
[③] 《马克思恩格斯全集》(第 42 卷),人民出版社 1972 年版,第 120 页。

（三）中国人民的实践探索和认识升华

生态文明理论完善于中国人民的实践探索和认识升华。中国历来重视生态文明建设，但在不同的发展阶段，生态文明建设的重点不同。在新中国成立之初，中国迫切需要发展生产力来尽快摆脱贫穷落后的"帽子"，生态文明建设的重点工作就是植树造林、兴修水利、合理利用资源，这一时期开始出现环境污染问题，但并没有得到足够的重视。改革开放初期，在《关于在国民经济调整时期加强环境保护工作的决定》中提出，绝不能走"先污染、后治理"的老路，要求"合理地开发和利用资源"，这一时期生态问题已经引起了党和政府足够的重视，并在1983年将环境保护定为基本国策。在20世纪末，中国开始实施退耕还林还草等一批重大生态保护与建设工程，并成为国家政策引导发展战略转型的标志性工程。党的十七大将"建设生态文明"列为全面建成小康社会的目标之一，"建设资源节约型、环境友好型社会"被写入党章。党的十八大把"生态文明建设"纳入中国特色社会主义"五位一体"总体布局，要求树立尊重自然、顺应自然、保护自然的生态文明理念。党的十九大将生态文明建设提升到"中华民族永续发展千年大计"的高度，提出建设生态文明和美丽中国的战略目标和重点任务，并成为新时代中国特色社会主义建设的基本方略之一。[①] 可以看出，各时期中国的生态文明建设都是根据当时的具体情况而进行的，且前一阶段的实践是后一阶段实践的基础，后一阶段的实践是前一阶段实践的创新。

生态文明理论既具有作为理论的科学性，又符合中国发展的客观实际，正是因为生态文明理论不是舶来品，且在中国的发展不是一蹴而就的，它起源于中华文明优秀文化的思想精髓、发展于马克思主义生态观、完善于中国人民的实践探索和认识升华，是在一代又一代中国人民的实践中不断总结凝练得以完善发展起来的。

三、生态文明理论的核心原则

中国特色社会主义已经进入了新时代，中国社会主要矛盾转化为人民日益

---

① 周宏春：《我国生态环境保护的新理念、新任务、新举措》，载于《中国发展观察》2018年第11期。

增长的美好生活需要和不平衡不充分发展之间的矛盾，人民群众对优美生态环境需要已经成为这一矛盾的重要方面，广大人民群众热切期盼加快提高生态环境质量。党的十八大以来，以习近平同志为核心的党中央深刻回答了为什么建设生态文明、建设什么样的生态文明、怎样建设生态文明的重大理论和实践问题，提出了一系列新理念新思想新战略。生态文明理论是中国生态文明建设的基础，关系到生态文明建设的方向和效果，新时代推进生态文明建设必须坚持"六项原则"：科学自然观、绿色发展观、基本民生观、整体系统观、严密法治观、全球共赢观。

（一）坚持人与自然和谐共生

生态文明是在当前人类陷入生态危机的背景下，为化解人与自然的矛盾，寻求人与自然、社会的和谐相处，在探索人类可持续发展道路的过程中产生的一种全新的文明形态。从纵向上看是人类继原始文明、农业文明、工业文明之后的第四阶段；从横向上看是人类文明体系中除物质文明、精神文明、政治文明、社会文明之外的第五种文明。综合来看，生态文明就是以人与自然和谐共生为宗旨，以建立可持续的生产方式和消费方式为内涵，以引导人们走上持续、和谐的发展道路为着眼点。习近平总书记指出，"人因自然而生，人与自然是一种共生关系"，"自然界是人类社会产生、存在和发展的基础和前提"。"人与自然是生命共同体"。"人类发展活动必须尊重自然、顺应自然、保护自然，否则就会受到大自然的报复。这个规律谁也无法抗拒。"人类是自然界的一部分，人类不能与自然相对立，不能妄图去统治、征服自然，而要与之和谐共处。破坏了生态环境这一人类生存最为重要的条件，可持续发展就失去了基础。我们要建设的现代化是人与自然和谐共生的现代化，既要创造更多物质财富和精神财富以满足人民日益增长的美好生活需要，也要提供更多优质生态产品以满足人民日益增长的优美生态环境需要。[①]

（二）坚持绿水青山就是金山银山

绿水青山与金山银山的关系，实质上是经济发展与生态环境保护的关系。

[①] 习近平：《决胜全面建成小康社会 夺取新时代中国特色社会主义伟大胜利——在中国共产党第十九次全国代表大会上的报告》，载于《求是》2017年第21期。

在实践中,对二者关系的认识经历了"用绿水青山去换金山银山""既要金山银山也要保住绿水青山""让绿水青山源源不断地带来金山银山"三个阶段,这是一个理论和实践逐步深化的过程,更是对人与自然关系的规律性把握和运用不断深化的过程。习近平总书记指出,坚持绿水青山就是金山银山,是重要的发展理念,也是推进现代化建设的重大原则,必须树立和践行绿水青山就是金山银山的理念。这一科学理念,深刻揭示了保护生态环境就是保护生产力,改善生态环境就是发展生产力的道理,阐明了经济发展与环境保护的辩证统一关系。①

"鱼逐水草而居,鸟择良木而栖。"如果其他各方面条件都具备,谁不愿意到绿水青山的地方来投资、来发展、来工作、来生活、来旅游?从这一意义上说,绿水青山既是自然财富,又是社会财富、经济财富。经济发展不应是对资源和生态环境的竭泽而渔,生态环境保护也不应是经济发展的缘木求鱼,而是要坚持在发展中保护、在保护中发展,实现经济社会发展与人口、资源、环境相协调。这就需要坚定不移地贯彻绿色发展理念,把经济活动、人的行为限制在自然资源和生态环境能够承载的限度内,给自然生态留下休养生息的时间和空间,实现经济社会发展和生态环境保护协同共进。

(三)坚持良好生态环境是最普惠的民生福祉

"民之所好好之,民之所恶恶之。环境就是民生,青山就是美丽,蓝天也是幸福。"② 经济建设的目的是为了改善人民生活,生态文明建设的目的同样是为了改善人民生活,经济建设是在物质上的改善,而生态文明建设则倾向于在精神层面的改善,改变人们的居住环境、为人们提供更多的优质生态产品和服务。中国社会的主要矛盾已经转化为人民日益增长的美好生活需要和不平衡不充分发展之间的矛盾,良好的生态环境更是人们所迫切需要的。生态环境是最普惠的民生福祉,生态文明建设必须坚持生态惠民、生态利民、生态为民的原则。良好的生态环境意味着清洁的空气、干净的水源、安全的食品、宜居的环境,关系着人民群众最基本的生存权和发展权,具有典型的公共产品属性。中国共产党代表着最广大人民的根本利益,必须以对人民群众高度负责的态度,把生

---

① 习近平总书记 2018 年 5 月 18 日在全国生态环境保护大会上的讲话暨《习近平谈治国理政》第三卷中"加强生态文明建设必须坚持的原则",外文出版社 2020 年版,第 359~364 页。
② 习近平:《推动我国生态文明建设迈上新台阶》,载于《求是》2019 年第 3 期。

态环境保护放在更加突出的位置，为人民群众提供更多优质生态产品，让良好生态环境成为人民生活的增长点，让老百姓切实感受到经济发展带来的实实在在的环境效益。

（四）坚持山水林田湖草是生命共同体

生态文明理论所坚持的山水林田湖草是生命共同体原则的核心要义就是从全局和系统角度出发进行生态文明建设。习近平总书记用"命脉"把人与山水林田湖草连在一起，生动形象地阐述了人与自然之间唇齿相依、唇亡齿寒的一体性关系："人的命脉在田，田的命脉在水，水的命脉在山，山的命脉在土，土的命脉在林和草，这个生命共同体是人类生存发展的物质基础。"生态系统是一个统一的整体，是相互依存、相互联系的有机组织，在进行生态文明建设时，必须统筹兼顾、整体施策，全方位、全地域、全过程进行。因此，要从系统工程角度寻求治理修复之道，必须按照生态系统的整体性、系统性及其内在规律，整体施策、多策并举，统筹考虑自然生态各要素、山上山下、地表地下、陆地海洋以及流域上下游、左右岸，进行整体保护、宏观管控、综合治理，增强生态系统循环能力，维持生态平衡、维护生态功能，达到系统治理的最佳效果。[①]

（五）坚持用最严格的制度、最严密的法治保护生态环境

建设生态文明，是一场涉及生产方式、生活方式、思维方式和价值观念的革命性变革。习近平总书记指出："只有实行最严格的制度、最严密的法治，才能为生态文明建设提供可靠保障。"在生态环境保护问题上，就是要不能越雷池一步，否则就应该受到惩罚。这为我们划出了一条清晰的、明确的、不可逾越的底线。对于破坏生态环境的行为，不能手软，不能下不为例。当前，中国生态环境保护中存在的突出问题大多同体制不健全、制度不严格、法治不严密、执行不到位、惩处不得力有关。因此，要加快制度创新，建立起产权清晰、多元参与、激励约束并重、系统完整的生态文明制度体系，着力破解制约生态文明建设的体制机制障碍。强化制度执行，让制度成为刚性约束和不可触碰的高压线。[②]

[①②] 习近平：《推动我国生态文明建设迈上新台阶》，载于《求是》2019年第3期。

(六)坚持共谋全球生态文明建设

习近平总书记指出,人类是命运共同体,建设绿色家园是人类的共同梦想。保护生态环境是全球面临的共同挑战,任何一国都无法置身事外。国际社会应该携手同行,共谋全球生态文明建设之路,共建清洁美丽的世界。在我们这样一个近14亿人口的大国,走出一条生产发展、生活富裕、生态良好的文明发展道路,建成富强民主文明和谐美丽的社会主义现代化强国,将是我们为解决人类社会发展难题作出的重大贡献,也是为全球环境治理提供的中国理念、中国智慧和中国方案。中国生态文明建设的理念和实践,已得到国际社会的广泛认同和支持。我们要创造出更高的生产效率、更民主的政治、更先进的文化、更和谐的社会,还要创造出更美的自然环境;要更好地解决人与社会的矛盾,还要更好地解决人与自然的矛盾。中国走出一条生态文明建设的实现现代化新路,就会为世界上其他发展中国家追求现代化目标闯出一条新路。生态文明是中国话语、中国原创、中国表达,在世界范围内焕发出越来越强大的生机活力。不论是发达国家还是发展中国家,都意识到要摒弃、改造和提升工业文明下的伦理价值认知、生产方式、消费方式及与之相应的体制机制。[1] 联合国环境署发布的《绿水青山就是金山银山:中国生态文明战略与行动》报告认为,中国生态文明建设,是对可持续发展理念的有益探索和具体实践,为其他国家应对经济、环境和社会的类似挑战提供了借鉴。

第三节 区域经济理论

从经济学角度来看,区域是一种物化后的经济空间,可以被看作是一种资源。[2] 它是对经济空间场所承载的经济社会关系的一种浓缩性表征,这种表征应被所有相关经济行为主体所感知,但其重要性会因人而异,有所差异。因此,

---

[1] 习近平:《推动我国生态文明建设迈上新台阶》,载于《求是》2019年第3期。
[2] 高进田:《区位的经济学分析》,上海人民出版社2007年版,第5页。

区域就以一种自我实施的方式制约着经济行为主体的区域选择，并反过来又被它们连续变化环境下的实际决策不断再生产出来。尽管各学科对"区域"的定义未达成共识，但是可以提炼出"区域"的一些基本特征：首先，"区域"都有一定的界限，如果同时考虑南北和东西差异，中国地区可以分为北方、南方和西部地区（见图2-2）。其次，"区域"是一个包含时间在内的四维空间。再次，"区域"具有系统性和结构性，所谓系统性，即任何一个区域都是上一级区域的构成要素，或为其子系统，同时，自身又包括多个下一级子系统；所谓结构性，即构成区域的各要素在该区域范围内是以一定的比例关系存在并相互作用的，它们形成各具特点的区域结构，而这种区域结构决定了区域的性质。最后，"区域"具有高度综合性，即构成区域的要素各异、层次众多，各要素和层次在区域内的组合不是简单叠加，而是相互作用、有机结合。区域经济理论主要包括增长极理论、点轴开发理论、网络开发理论、梯度推进理论、平衡发展理论。

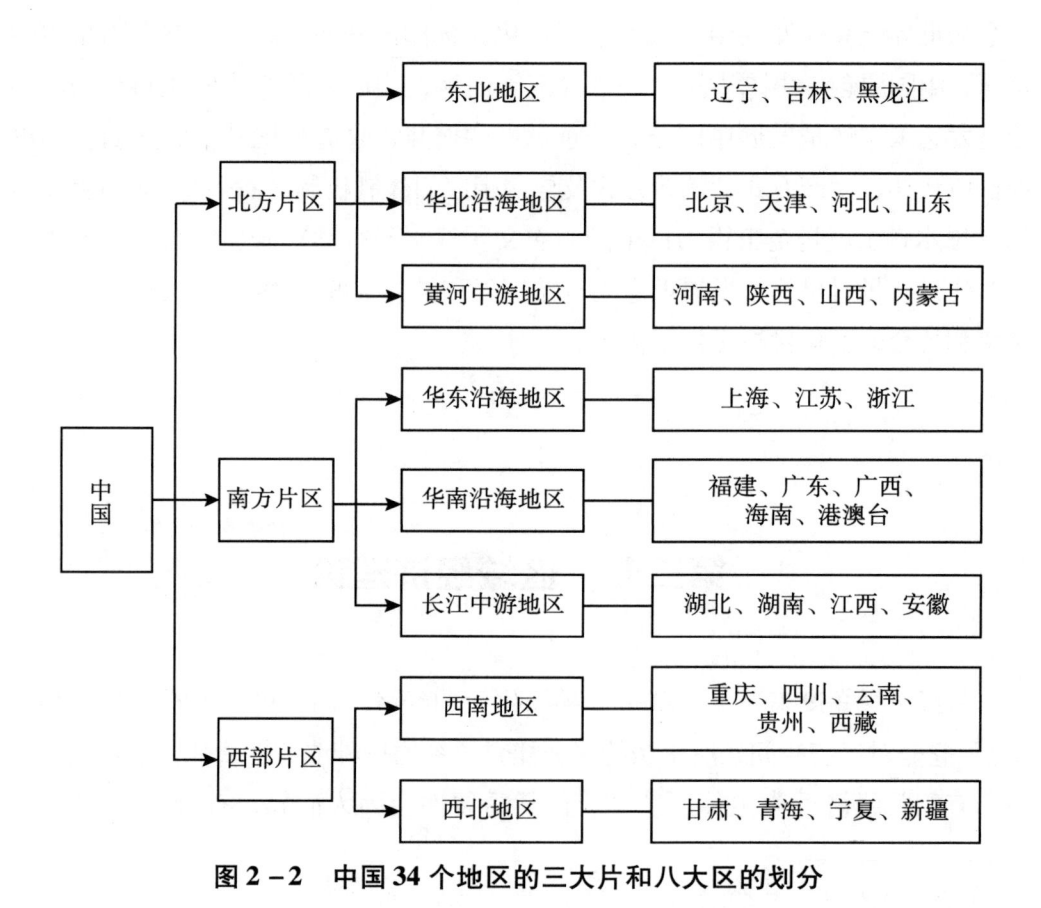

中国	片区	地区	省份
中国	北方片区	东北地区	辽宁、吉林、黑龙江
		华北沿海地区	北京、天津、河北、山东
		黄河中游地区	河南、陕西、山西、内蒙古
	南方片区	华东沿海地区	上海、江苏、浙江
		华南沿海地区	福建、广东、广西、海南、港澳台
		长江中游地区	湖北、湖南、江西、安徽
	西部片区	西南地区	重庆、四川、云南、贵州、西藏
		西北地区	甘肃、青海、宁夏、新疆

图2-2 中国34个地区的三大片和八大区的划分

一、增长极理论

1950年，法国经济学家弗郎索瓦·佩鲁（Francois Perroux）。首次提出增长极理论，该理论被认为是西方区域经济学中经济区域观点的首创。后来，法国经济学家布代维尔（J. B. Boudeville）、美国经济学家弗里德曼（Milton Friedman）、瑞典经济学家缪尔达尔（Karl Gunnar Myrdal）、美国经济学家赫希曼（Albert Otto Hirschman）分别从不同角度、在不同程度上丰富发展了这一理论，使区域增长极理论日益流行开来。增长极理论是从物理学的"磁极"概念引申而来的概念，认为受力场的经济空间中存在若干个中心或极，产生类似"磁极"作用的各种离心力和向心力，每一个中心的吸引力和排斥力都产生相互交汇的一定范围的"场"。这个增长极可以是部门的，也可以是区域的。区域经济发展主要依靠条件较好的少数地区和少数产业带动，应把少数区位条件好的地区和少数条件好的产业培育成经济增长极。增长极的形成关键取决于推动型产业的形成。推动型产业现在又被称为主导产业，是一个区域内起方向性、支配性作用的产业。一旦地区性主导产业形成，源于产业之间的自然联系，必然会形成在主导产业周围的前向联系产业、后向联系产业和旁侧联系产业，从而形成乘数效应。

增长极理论的应用具有一定的条件，归纳起来，主要有三点：一是创新是原动力，而不是简单的投资或者消费的拉动，因此，产生增长极的条件之一是在一个区域内具有创新能力的企业或者具有影响力的企业家群体。二是成为增长极意味着产生类似"磁极"作用的各种离心力和向心力，即能够对于周围区域产生一定的影响力，故而必须具有一定的资本、技术和人才规模，并且能够通过增加投资来扩大规模，因此，产生增长极的条件之二是具有规模经济。三是增长极既可以是部门的，也可以是区域的，但总体来说它都处于社会大环境之下，增长极自身的发展对于社会大环境尤其是经济环境的改善具有重要的推动作用；反之，社会大环境对于增长极的成长也有重要影响，社会大环境作为增长极成长的外部环境，必须提供给增长极成长所适宜的条件，首先是便利的交通、良好的治安为代表的各类基础设施等条件，其次是人才引进政策、营商环境、各类法律制度等为代表的保障条件。

增长极理论自提出以来,已经被许多国家和地区用来指导当地的经济发展。该理论的主张十分鲜明:一是增长极理论反对新古典经济学派所认同的均衡说,认为经济一旦偏离初始均衡位置,不会通过自发的力量回到初始均衡位置,除非有外力推动,这一点非常符合现实的经济发展状况;二是增长极理论十分重视创新在其中的作用,符合社会进步的总体趋势;三是增长极理论给予决策者明确的方向,它主张决策者在极化阶段实施政府干预,集中投资,重点建设。

二、点轴开发理论

点轴开发理论是增长极理论的进一步发展,最早是由波兰经济家萨伦巴(Piotr Zaremba)和马利士(Marles)提出,从区域经济发展的过程看,经济中心总是首先集中在少数条件较好的区位,成斑点状分布。这种经济中心既可称为区域增长极,也是点轴开发模式的点。随着经济的发展,经济中心逐渐增加,点与点之间,由于生产要素交换需要交通线路以及动力供应线、水源供应线等,相互连接起来这就是轴线。这种轴线首先是为区域增长极服务的,但轴线一经形成,对人口、产业也具有吸引力,吸引人口、产业向轴线两侧集聚,并产生新的增长点。点轴贯通,就形成点轴系统。因此,点轴开发可以理解为从发达区域大大小小的经济中心(点)沿交通线路向不发达区域纵深地发展推移。增长极理论固然具有适应范围广且发展重点突出的优势,但也存在一些弊端,最为显著的就是增长极的极化作用除了对当地的经济环境作出贡献之外,由于相对利益的存在,使周边地区的资金、技术和劳动力向增长极聚集,剥夺了周围地区的发展机会,拉大了区域内的发展差距,这是增长极极化作用的负向影响。增长极的发展过程中存在与极化作用相对立的扩散作用,但是扩散作用的产生是在极化阶段之后的,即增长极具有一定的规模之后才会产生,而往往极化阶段的时间较长,在短期内看不到显著的发展成效,这也在一定程度上对于增长极政策的制定和实施产生负向影响。点轴开发理论就是在增长极理论的基础上,增加增长极的个数,增长极中间具有的交通线相互连接之后,两个增长极的整体功能必然就高于单一增长极的功能,可以形象地称之为发展轴。发展轴具备增长极的所有优点,且克服了增长极的一些弊端。

点轴开发理论由增长极理论重点开发某一点而转为开发多个点，是极化能量摆脱单点的限制而走向空间的第一步。点轴开发理论主张在一个区域内具有多个增长极，从而区域内的资本、技术和劳动力不会向单一点大量聚集，把增长极理论极化作用带来的负向影响大大降低，保证了周围地区平等的发展机会，降低对区域内的发展差距的影响。不仅如此，点轴开发理论能够提高扩散作用，相比于增长极理论的单点发展来说，点轴开发理论主张的多点开发使增长极覆盖的范围更广，扩散作用更强。

点轴开发理论基本上符合生产力空间运动的客观规律。首先，它通过重点轴线的开发和渐进扩散形式，真正发挥主体优势，有利于转化区域二元结构，促进城镇周围乡村经济的发展，从而更好地协调城市与区域及区域间的经济发展。其次，通过"点""轴"两要素的结合，在空间结构上，出现由点而轴，由轴而面的格局，呈现出一种立体结构和网格态势，对于信息的横向流动和经济的横向联系有较大的优越性。此外，它将有利于最大限度地实现资源的优化配置，避免资源的不合理流动，且有助于消除区域市场壁垒，促进全国统一市场的形成。

三、网络开发理论

网络开发理论是对点轴开发理论的进一步延伸。该理论认为，在经济发展到一定阶段后，一个地区形成了增长极，即各类中心城镇和增长轴，即交通沿线，增长极和增长轴的影响范围不断扩大，在较大的区域内形成商品、资金、技术、信息、劳动力等生产要素的流动网及交通网、通讯网。在此基础上，网络开发理论强调加强增长极与整个区域之间生产要素交流的广度和密度，促进地区经济一体化，特别是城乡一体化；同时，通过网络的外延，加强与区外其他区域经济网络的联系，在更大的空间范围内，将更多的生产要素进行合理配置和优化组合，促进更大区域内经济的发展。

增长极理论、点轴开发理论和网络开发理论三者是递进的关系。增长极理论和点轴开发理论偏向于集中投资、重点开发，点轴开发理论相较于增长极理论能够进一步减小极化作用的负向影响、放大扩散效应，但是两种理论的应用都会在不同程度上扩大区域内的发展差距。增长极理论适用范围较广，在发达地区和欠发达地区都可应用增长极理论促进区域的经济增长，点轴开发理论主张点与轴相结合的发展模式，适合于欠发达地区，对区域经济增长的推动作用较大，一般来说，增长极理论的应用是点轴开发理论应用的基础。网络开发理论是建立在增长极理论和点轴开发理论的应用基础之上的。因为随着经济的持续发展，生产要素交流的广度和密度逐渐增大，网络覆盖范围内的地区经济会随之快速发展，与此同时，通过网络的外延，网络之间的联系也在不断加强，更多的生产要素在更大的空间范围内进行更加优化的配置组合，从而促进更大区域内经济的快速发展。[①] 它将增长极、发展轴的扩散效应向外推移，一方面要求对于已经形成规模的产业进行进一步改造、升级，另一方面强调区域内经济的均衡、协调发展。

综上所述，增长极理论、点轴开发理论和网络开发理论是层层递进、循序渐进的关系，前者的良好发展是后者发展的基础，并且当某一区域的网络开发的区域效应发展到一定程度时，区域内会产生新的增长极进而对此区域之外的一些相对落后的经济体产生新的扩散效应，如此循环往复。通俗来讲，三大理论就是以极化和扩散效应为主要作用方式，以点带线、以线带面、以面再带点的整体区域经济发展循环理论。[②]

四、梯度推进理论

梯度推进理论的简称是梯度理论，是 20 世纪 70 年代区域经济学家克鲁默和海特等人在产品周期理论和区域周期理论的基础上创立的。梯度理论首先来源于物理学，是用来解释梯度、热度和弧度等一些基本概念的理论。后来弗农提出了工业生产的产品生命周期理论。此后，威尔斯和赫希哲等对该理论进行了验证，并作了充实和发展。区域经济学家将这一理论引入到区域经济学中，便产生了区域经济发展梯度推进理论。[③]

---

① 熊德：《长三角区域可持续发展对策研究》，武汉理工大学硕士学位论文，2006 年。
② 赵世鑫：《基于网络开发理论的农村经济发展模式分析》，南京农业大学硕士学位论文，2016 年。
③ 赵前前：《梯度理论视角下西部政府大部制改革推进研究》，载于《商业时代》2011 年第 9 期。

随着理论的发展，梯度推进理论又进一步细分为静态梯度理论和动态梯度理论。静态梯度理论认为，一个区域的经济发展水平取决于产业结构的状况，产业结构状况又是由具体的生产部门所决定的，如果其主导产业部门是由处于创新阶段的生产部门所组成，那么该区域具有较高的发展潜力，将其定为高梯度区域，随着时间的推移，生产活动逐渐由高梯度区域转移至低梯度区域。静态梯度推进理论主张高梯度区域应该加速发展，然后通过生产要素向欠发达或者较发达地区转移，从而带动整个区域内经济增长。但是，静态梯度推进理论是从整体经济状况着眼，忽略了发达地区也存在欠发达的区域，欠发达的地区也有相对发达的区域，人为地界定高梯度与低梯度地区较为机械，把某一地区的发展水平固定下来会导致区域内的差距进一步拉大。为避免静态梯度推进理论的弊端，动态推进梯度理论应运而生，最著名的是迈达尔理论。该理论认为：任何一个区域的发展，在生产分布上必然存在两种趋势：一是周围区域的资本、技术和劳动力向某些地区集中的极化趋势；二是生产所带来的经济增长向周围区域发展的扩散趋势，两种趋势是相对的，在发展过程中应该保持两种趋势处于一个合理的水平。在这一理论的指导下，发达地区的发展关键在于保持自身的发展优势，即保证极化趋势的作用，发展方式上应该鼓励创新活动，发明新技术、新产品，保持技术上的领先地位；对于欠发达地区而言，如本书所涉及的"生态脆弱地区"，应结合本区域内的实际情况，重点发展自身占有优势的初级产业，充分利用发达地区经济发展所带来的扩散效应，承接发达地区的产业转移和技术扩散，逐步缩小与发达地区之间的差距。此外，传统的梯度推进理论基础之上的广义梯度推进理论扩大了梯度理论的研究视野，它将自然要素纳入到了梯度推进理论的研究范围，认为生态环境优劣程度存在梯度分布，随着经济的发展，生态环境越来越成为影响经济生活的重要因素。良好的自然生态环境可以促进经济的可持续发展；有害的环境梯度及其推移则会严重阻碍经济的发展和社会的进步。

五、平衡发展理论

平衡发展理论是以哈罗德—多马新古典经济增长模型为基础发展起来的。

该理论认为各经济要素之间存在互补性和依赖性，如果只重点对某一区域或某一个行业进行投资，会影响周边区域和其他行业的发展，由于落后地区和落后行业的阻碍作用，进而整个区域的经济发展会受到落后地区和落后产业的影响，因而，该理论主张区域内所有地区和行业应该共同发展。平衡发展理论可分为两种有代表性的理论：一是罗森斯坦·罗丹的大推进理论，其核心是外部经济效果，即通过对相互补充的部门同时进行投资，一方面可以创造出互为需求的市场，解决因市场需求不足而阻碍经济发展的问题；另一方面可以降低生产成本，增加利润，提高储蓄率，进一步扩大投资，消除供给不足的瓶颈。二是纳克斯的平衡增长理论，该理论认为在落后国家同时存在着供给不足和需求不足两大恶性循环。供给不足的恶性循环是指低生产率—低收入—低储蓄—资本供给不足—低生产率；需求不足的恶性循环是指低生产率—低收入—消费需求不足—投资需求不足—低生产率。该理论认为实施平衡发展战略，是解决两大恶性循环的关键之策，即同时在各产业、各地区进行投资，既促进各产业、各部门协调发展，改善供给状况，又在各产业、各地区之间形成相互支持性投资的格局，不断扩大需求。综合这两种观点来看，平衡发展理论下的两种经典理论均强调了扩大需求和增加供给的重要性，强调产业间和地区间的关联互补性，主张在各产业、各地区之间均衡部署生产力，实现产业和区域经济的协调发展。

平衡发展理论的贡献在于提出了打破发展中国家贫困恶性循环的对策，操作性较差是其最大的局限性。因为在欠发达地区一般不具备平衡发展的条件，其中最重要的约束在于欠发达地区的资金不充足，如果一味强调均衡发展，必然导致资金的分散利用，这样既不能保证区域内优势行业的发展，其他行业也因投资不足而发展受阻，从而资金的利用效率会大大下降，最终的结果与平衡发展理论的诉求背道而驰。最典型的例子是在中国改革开放之前，注重发展的平衡性，内陆和沿海地区共同发展，这固然在一定程度上保证了发展的公平性，但是同时导致了整体发展质量不高的问题出现；改革开放之后，中国确立了经济特区、沿海开放城市等一批优先发展的地区，经济活力得以释放；之后，随着经济的进一步发展，中国又先后提出了西部大开发、中部崛起等区域发展战略，这是在更高层次上应用平衡发展理论的结果。

可以看出，平衡发展理论的局限性导致该理论并不能直接应用，必须在应用增长极理论、点轴开发理论和网络开发理论的基础上，区域内已经形成了较好的经济条件之后才可应用，而且区域范围越小该理论应用效果越好，此时运用平衡发展理论的主要目的是促进社会公平、缩小地区间发展差距和维护社会稳定。

第四节 贫困与反贫困理论

一、贫困的含义

在人类的发展历史上，贫困问题始终存在，即使处于 21 世纪的今天，世界各国，无论是发达国家还是发展中国家，仍在和贫困作斗争。可以说，人类发展史就是一个不断地与贫困作斗争的过程。但在不同的历史阶段，贫困的具体表现形式也不尽相同。人类历经工业文明之后，生产力水平得到极大的提升，经济全球化不断深入。但是，这一切并未促使人类社会完全摆脱贫困，反而使贫困问题更加突出。中国力争到 2020 年实现全部人口脱贫作为全面建成小康社会的目标，从侧面说明了贫困问题是一个涉及范围极广、影响深远的重大问题。

贫困问题的重要性已经得到世界各国的高度认同，但是因为在不同国家、不同历史发展阶段贫困有不同的表现形式，因此很难找到一个普遍认同的关于贫困的定义。亚当·斯密（1776）认为贫困既指社会的整体贫困，又指社会中的贫困群体或贫困阶层。"一个人是贫还是富，就看他什么程度上享有人生的必需品、便利品和娱乐品。"[1] 对于普通劳动者来说，必须有一个"符合人道标准的最低工资"[2]，一旦低于这一标准，劳动者就无法满足其生活的基本需要，贫困就出现了。马尔萨斯（1798）在其《人口论》中对贫困进行了重新界定，他

---

[1] 亚当·斯密，郭大力、王亚南译：《国民财富的性质和原因的研究》（上卷），商务印书馆 1972 年版，第 26 页。
[2] 亚当·斯密，郭大力、王亚南译：《国民财富的性质和原因的研究》（上卷），商务印书馆 1972 年版，第 89 页。

认为从长期来看，由于生活质量的增长跟不上人口的增长，贫困就在所难免了，这并不是资本主义所导致的。在发展经济学的视域下，舒尔茨（1971）认为一个国家或地区贫困问题的根源不是"穷人的大量增殖"，而是在于一个国家或地区的人力资本的匮乏。马克思、恩格斯对贫困也进行了深入分析，在他们看来，资本主义剩余价值规律和资本积累规律的结果必然导致两个鲜明而对立的结果：一是资产阶级财富的积累；二是无产阶级贫困的积累。[1]

从以上关于贫困含义的不同界定可以看出，学者对于贫困问题的关注和研究由来已久。相对而言，世界银行关于贫困含义的界定接受度较高，其在《1981年世界发展报告》中指出：当部分群体没有足够的资源去获取他们那个社会承认的，一般能享受到的饮食、生活条件、舒适和参加某些活动的机会，就是处于贫困状态。进而在《1991年的世界发展报告》中贫困问题考虑到了医疗卫生、预期寿命等反应福利状况的指标；2001年，世界银行关于贫困含义的界定修改为：贫困不单单意味着低收入和低消费，而且还意味着缺乏受教育的机会，营养不良、健康状况差。[2]

随着贫困理论的进一步发展，贫困又进一步细分为绝对贫困和相对贫困、单一贫困和多维贫困。绝对贫困又称为极端贫困，是指能够维持人体最基本的生理功能出发对贫困进行的界定。中国在过去很长一段时间对于贫困的界定应用的是绝对贫困的概念。例如，中国在1978年设定的农村贫困温饱线是，人均收入低于100元即处于绝对贫困状态。相对贫困不代表维持最基本的生理需要的收入，而是更加注重不同阶层的收入差距，因此，随时间的推移，相对贫困标准也随之变化，随着经济发展、生产力水平的提高，总体而言相对贫困的标准呈现上升的趋势。发展总是存在一定程度上的不均衡性，所以相对贫困在一个国家和地区必将长期存在。单一贫困单纯指收入上的贫困，多维贫困是指人的贫困不仅仅指收入贫困，还应该包括诸如可接入基础设施所提供的服务（如自来水、道路、卫生设施）、获得的社会福利（如生态贫困）及保障等指标，以及对这些福利的主观感受的贫困。由此可见，关于贫困的含义界定经历了一个从简单到复杂、由关注物质层面到关注精神层面、由关注绝对贫困到关注相对贫困、由单一贫困到多维贫困的不断拓展过程。

---

[1] 于开红：《马克思主义视阈下的中国生态贫困问题研究》，西南财经大学博士学位论文，2016年。
[2] 文秋良：《新时期中国农村反贫困问题研究》，华中农业大学博士学位论文，2006年。

二、反贫困理论的演进阶段

反贫困理论的研究是更进一步探讨贫困问题产生的原因以及如何摆脱贫困。18 世纪末英国经济学家马尔萨斯最早开展反贫困理论的研究,这一时期英国资本主义迅速发展,底层人民日益贫困。1798 年马尔萨斯在《人口论》一书中提出了著名的"人口剩余致贫论"。他认为人口剩余是导致贫困问题的根源,剩余人口的出现是由于人口增加的速度远远快于食物增加的速度,且人口增加的速度受自然规律支配,增加速度不受人为控制,食物又是人类生存所必需的,随着时间的推移,必然产生大量的人口剩余,导致贫困问题的出现。因此,他认为贫困问题的根源不在于社会制度、财富分配以及政府行为等,而是与人口直接相关。他进一步提出了两类反贫困路径:一是鼓励节育、晚婚等遏制人口增加的趋势;二是提高人口死亡率来减少人口存量。马尔萨斯的研究高度重视了人口在贫困问题中的重要性,在一定程度上推动了反贫困理论的研究,但由于受到历史局限性的影响,其很多观点较为偏激和片面。

马克思、恩格斯对马尔萨斯的反贫困理论提出了强烈的批判。与马尔萨斯只关注人口剩余不同,马克思、恩格斯认为贫困问题产生的根源是资本主义社会制度。资本主义生产的本质就是生产剩余价值,剩余价值的来源是工人的剩余劳动。换言之,资本主义制度下资本家生产不是为了满足社会和人的需要,而是为了攫取更多的剩余价值。因此,面对资本主义制度下的贫困厄运,马克思主义创始人明确指出,在资本主义制度下,企图把改变无产阶级的贫困地位寄希望于资本主义生产的高度发展,那只是天真的幻想。[①] 基于此,马克思、恩格斯认为,既然"现今的一切贫困灾难,完全是由此不适合于时间条件的社会制度造成的",就必须从制度本身寻找答案。无产阶级摆脱贫困的唯一出路,只有"剥夺剥夺者",通过暴力革命在政治上推翻资产阶级统治,"用建立新社会制度的办法来彻底铲除这一切贫困"。马克思、恩格斯的研究突破了之前马尔萨斯只关注人口剩余的局限性,为后来研究反贫困问题提供了一条阶级和制度分

[①] 朱霞梅:《反贫困的理论与实践研究——基于人的发展视角》,复旦大学博士学位论文,2010 年。

析路径。

第二次世界大战之后，反贫困的主要研究对象逐渐由发达国家转为发展中国家。这一时期，广大发展中国家具有摆脱贫困的强烈愿望，而且当时绝大多数贫困人口集中在收入水平较低的国家。同时，发展经济学的研究表明，经济增长的初期不可避免地会带来贫富差距和不平等，但是随着经济的进一步增长，当跨越一个临界值之后，贫富差距和不平等就会随之消失，其中最著名的研究当属"库兹涅茨假说"。在第二次世界大战之后相当一段时期内，指导发展中国家摆脱贫困的理论是"涓滴效应"理论。所谓"涓滴效应"也称为"扩散效应"，是从区域经济学的研究成果中引申而来的，与"涓滴效应"相对应的是"极化效应"，该理论主要强调三个方面：一是经济增长对于摆脱贫困至关重要，对于发展中国家而言更是如此；二是经济发展初期不可避免地会带来贫富差距和不平等问题，这是经济增长的客观规律，如果人为遏制，会对经济增长造成负面影响；三是随着经济的持续增长，贫困问题就会在经济增长过程中自行消失。因此，该理论主张经济增长对摆脱贫困的重要性，克服了"收入再分配的反贫困理论"无法创造财富的弊端，为摆脱贫困提供了强大的引擎，但是该理论认为在经济增长过程中贫困问题会自然消失并不符合客观实际，在这一过程中政府依然要起到宏观调控的作用。

"涓滴效应"反贫困理论强调贫困问题会在经济增长过程中自行消失的观点也被现实所否定。据研究表明，贫困对于经济增长的敏感性很大程度上取决于贫困人口能否以及在多大程度上获得增长的权利和机会。[①] 因此，"赋权"反贫困理论逐渐被接受和推广。作为一种理论，它产生于20世纪60年代，在20世纪80年代进入繁荣发展时期。该理论主张面对贫困者在社会中存在的权利贫困现象，要实现保护他们的权利目的，只能通过对相应的制度安排，建立一套政治和社会体制，赋权以保障贫困者享有基本的政治与公民自由、获得基本生活需要和教育、医疗卫生等权利。[②] "赋权"反贫困理论通过给予贫困人口参与和表达意愿的机会，从而能使政府和社会组织更加清晰了解贫困人口的诉求，提高服务效率，而且培养了贫困人口的主人翁意识，提高了他们的主观能动性。但是该理论也存在两个问题：一是"赋权"后摆脱贫困的前提是经济增长，但

[①] 叶普万：《贫困问题的国际阐释》，载于《延安大学学报（社会科学版）》2003年第1期。
[②] 朱霞梅：《反贫困的理论与实践研究》，复旦大学博士学位论文，2010年。

是该理论并未涉及经济增长问题，其本质还是"分享财富"而不是"创造财富"；二是通过"赋权"给予贫困人口一定的权利，并不一定实现"赋权"的目标，还要取决于被赋权者是否具有行使权利的素质和能力。

20世纪60年代，美国经济学家舒尔茨提出了人力资本理论。他突破了传统资本只关注物质资本束缚，将资本分为物质资本和人力资本两大类，并很快被其他经济学家引用到了反贫困研究领域，称之为"人力资本"反贫困理论。该理论认为一个国家或个人的贫困根本原因不在于物质资料的匮乏，而在于人力资本的贫困。在人力资本反贫困理论视角下，贫困的产生主要是由于人力资本的严重短缺，不足以产生维持生存和促进发展所需要的内在动力和能力。因此，改进穷人福利之关键，减少收入不平等，缩减、消除贫困的有效路径就是通过提高穷人的人力资本来增强其能力。即重点是加强贫困人群的人力资本投资，以此改善贫困人口的健康状况、提高其受教育水平和劳动技能，促进贫困人口进入劳动力市场，促进就业，增加收入等实现消除贫困的目的。

马尔萨斯反贫困理论、马克思主义反贫困理论、"收入再分配"反贫困理论、"涓滴效应"反贫困理论、"赋权"反贫困理论和"人力资本"反贫困理论是自18世纪以来的最具代表性的反贫困理论。从马尔萨斯关注人口问题，马克思、恩格斯关注社会制度，"收入再分配"理论关注二次分配的公平性，"涓滴效应"理论关注经济增长，"赋权"理论关注权利贫困再到"人力资本"理论关注"能力贫困"，各个理论都是应时代背景而产生的，都曾为当时世界的反贫困进程做出了重要贡献。也正是反贫困理论的不断发展，推动了贫困问题研究的不断深入，每一个理论都是对前一理论的扬弃，并根据时代背景的变化提出自身的创新。但是，由于反贫困是一个涉及面极广、极为复杂的问题，上述各个理论都未对贫困问题找到一个完整的解决方案。例如，"收入再分配"理论重视了二次分配的公平性却无法为解决贫困"创造财富""涓滴效应"理论强调经济增长的重要性却忽视了政府在其中的作用等，都陷入了顾此失彼的状态。各个理论强调增加贫困人口的物质财富，即使是"人力资本"理论也是强调增强贫困人口的劳动技能等物质层面，而对贫困人口精神层面关注不多，贫困人口的精神层面对于反贫困至关重要，只有真正摆脱了精神贫困，贫困问题才算得以真正解决。

三、中国特色社会主义新时代反贫困理论创新

中国历来高度重视反贫困问题。仅自 1978 年改革开放以来，中国就有 7 亿多贫困人口摆脱贫困，而随着贫困人口不断减少，反贫困进程也不断向纵深推进。党的十八大以来，中国的反贫困由解决温饱问题逐渐转入巩固温饱成果，加快脱贫致富步伐，改善贫困地区生态环境，提高发展能力，缩小发展差距的中国特色社会主义新时代反贫困阶段。这是由中国的实际情况决定的，一方面，中国现阶段的绝大多数贫困人口主要集中在基础设施落后、生态环境脆弱的集中连片贫困地区，另一方面，中国要如期完成到 2020 年实现贫困人口全部脱贫的目标，时间紧张、任务艰巨。习近平总书记在继承马克思主义反贫困理论和总结改革开放以来中国扶贫工作的经验教训的基础上，结合中国新阶段扶贫工作的新形势和新要求，提出了"以如期稳定实现全面脱贫为目标、以精准扶贫为核心、以内源扶贫为根本、以制度创新为保障"的反贫困思想。

中国特色社会主义新时代反贫困理论的目标是如期实现全面脱贫。为此，2015 年 12 月 7 日发布的《中共中央、国务院关于打赢脱贫攻坚战的决定》作出了全面的解释："到 2020 年，稳定实现农村贫困人口不愁吃、不愁穿，义务教育、基本医疗和住房安全有保障。实现贫困地区农民人均可支配收入增长幅度高于全国平均水平，基本公共服务主要领域指标接近全国平均水平。确保我国现行标准下农村贫困人口实现脱贫，贫困县全部摘帽，解决区域性整体贫困。"

中国特色社会主义新时代反贫困理论的核心是精准扶贫。目前，中国的反贫困进程已经到了攻坚期，必须改变以往"大水漫灌"的扶贫方式。不同地区不同农户的致贫原因各不相同，贫困地区的实际情况也千差万别，必须结合贫困原因和贫困地区的实际情况，选择一条最佳的脱贫致富路径。因此，习近平总书记提出了"精准扶贫"的新理念，要求各地在扶贫工作中要做到扶持对象精准、项目安排精准、资金使用精准、措施到户精准、因村派人精准、脱贫成效精准。

中国特色社会主义新时代反贫困理论的根本是内源扶贫。无论是马克思主义反贫困理论还是"收入再分配"反贫困理论等都偏向于强调外在力量的重要

性。中国在以往的扶贫进程中也依赖于外部力量，成立专门的扶贫机构，制定专门的扶贫政策，划拨专门的扶贫资金等。但是，这种"输血"式扶贫方式忽略了作为扶贫主体的贫困人口主观能动性的发挥，导致扶贫效率难以提升和扶贫效果不易巩固。因此，习近平总书记提出了"内源扶贫"的思想。他指出："贫困地区发展要靠内生动力，如果凭空救济出一个新村，简单改变村容村貌，内在活力不行，劳动力不能回流，没有经济上的持续来源，这个地方下一步发展还是有问题。一个地方必须有产业，有劳动力，内外结合才能发展。"首先，"内源扶贫"强调贫困地区要实现产业扶贫，挖掘贫困地区的发展潜力，例如依据当地的自然资源禀赋发挥比较优势等，实现贫困地区发展的良性循环。其次，"内源扶贫"重视贫困地区的精神层面，所谓"治贫先治愚，扶贫必扶智"。即在扶贫工作中要加强各级教育和社会主义精神文明建设，提升贫困人口的反贫困主动性和反贫困能力。

中国特色社会主义新时代反贫困理论的保障是制度创新。良好的制度能够使相关主体的积极性得到最大程度的激发，中国特色社会主义新时代反贫困理论特别重视制度在其中的重要性。这些制度包括：设立了贫困县考核机制，将贫困县贫困人口脱贫数量作为考核领导干部的重要指标；扶贫工作领导机制，实施中央统筹，省负总责，市（地）县抓落实的三级管理体制，各级政府要明确并切实履行各自的职责；为了克服人们搭便车的机会主义行为倾向，习近平总书记提出了"提高市场机制的益贫性，推进经济社会包容性发展"的新思路，通过深化市场化改革调动社会的创造力，通过简政放权、做好扶贫开发的顶层设计等。①

构建生态脆弱区生态资本运营式扶贫理论体系的过程是一个思考的过程，既要从生态资本运营和扶贫的实践需求两个角度去寻找理论支撑，又要在众多繁杂的理论流派和观点中通过选择与整合搭建一个理论平台，在此基础上按照生态资本运营的内在规律构建起一个相应的理论支撑。本书在理论基础部分并非简单机械地罗列相关理论，而是根据生态脆弱地区生态资本运营和扶贫涉及理论的范围与层次，结合生态资本运营和扶贫实践对理论需求的针对性和适用性，遵循对复杂事物的认识分为文化、制度、技术三个层面的认知范式，分别

---

① 2015年习近平总书记在减贫与发展高层论坛上的讲话。

介绍了生态经济理论、生态文明理论、区域经济理论和贫困与反贫困理论，试图按照生态经济制度、生态文化伦理、区域经济增长与反贫困相结合的逻辑初步搭建一个理论平台，表面上看似乎理论繁杂难逃堆砌之嫌，实际上各个理论之间存在一个内在的逻辑排序，即由形而上至形而下，由"道"及"器"延伸，按照文化—制度—技术的阶梯层次，从宏观到中观再到微观层面的认知逻辑逐步阐述相关理论。即便如此，受研究者视野范围和思维缜密程度的限制，加上篇幅的原因，尚有很多重要且相关的理论未能介绍。唯一可以肯定的是，大浪淘沙寻觅到这些理论并按一定的顺序排列出来，这个过程本身就是构建生态脆弱地区生态资本运营式扶贫理论支撑的思考过程，当然，进行到这一步仅仅是初步搭建了一个并不十分坚实和完整的理论平台，距离系统构建生态脆弱区生态资本运营式扶贫的基础理论体系尚有很长距离。

第三章
生态脆弱地区生态资本运营式扶贫的模式构建

生态贫困与经济贫困相互交织是生态脆弱地区贫困的显著特征，因此，生态资本就成为减缓贫困的关键因素，科学构建生态脆弱地区生态资本运营式扶贫模式则成了生态文明新时代绿色减贫的题中之义。本章从总结生态脆弱地区传统反贫困模式的经验和教训入手，阐述了生态文明新时代生态脆弱地区扶贫模式转型的必要性和可能性；通过清晰地梳理生态脆弱地区生态资本运营式扶贫模式的构建思路，提出了生态脆弱地区生态资本运营式扶贫模式构建所应坚持的原则，进而构建起生态脆弱地区生态资本运营式扶贫的基本模式，即绿色发展与增量型生态资本运营式扶贫模式、循环发展与平衡型生态资本运营式扶贫模式、低碳发展与减量型生态资本运营式扶贫模式；从政府、市场和社会支持的角度出发，构建了生态脆弱地区生态资本运营式扶贫模式的支持系统。

第一节　生态脆弱地区扶贫模式转型

一、传统反贫困模式的经验

自新中国成立以来，中国的反贫困工作历经了多个阶段，每个阶段都呈现出不同的历史性特征，在内容构成、政策目标、针对人群、功能性质上均具有差异性。在不断实践和探索之后，中国走出了一条"政府主导与社会参与相结合、扶贫开发与自力更生相结合"的符合中国国情的渐进式扶贫道路。通过对传统反贫困模式进行分析和梳理，可以得出以下五点经验。

（一）宏观战略稳中有进

中国扶贫开发宏观战略经历了以经济建设为中心到统筹经济社会发展全局的转变，从过去通过经济增长的"涓滴效应"来增加贫困人口收入为主并辅以适当救济的反贫困战略，转变为实行以促进贫困人口较为集中的区域自我发展能力的提高，来实现稳定减贫和消除贫困的战略。

（二）瞄准政策由粗转精

总体而言，中国反贫困瞄准的单位与对象由粗转精、不断细化。瞄准政策从最初的区域精准，到后来的贫困县精准，再到贫困村的精准，最后到"精准扶贫"战略下的贫困户精准。基于对贫困成因的认识更深刻，瞄准政策内涵也在不断发生变化。当前的瞄准方式更多地体现区域精准和个体精准相结合，并建立健全贫困片区、贫困县、贫困村和贫困户的四级扶贫瞄准机制，使精准扶贫工作的重心和扶贫资源不断下沉。

（三）资源传递更加有效

中国扶贫资源传递由过去的普惠性平均分配，向引入适度竞争的精准分配转变，通过精准扶贫把有限的扶贫资源有效覆盖到动态变化的扶贫对象上。这种转变更加强调充分利用市场机制或市场主体，实现扶贫资源的市场化配置。社会扶贫资源动员、传递和分配的机制设计更为完善，对贫困防范和阻断贫困传递方面具有更好的稳定性、持续性与常规性，因此，扶贫开发活动更具有效性、针对性、精准性和可持续性。

（四）扶持政策组合多样

中国政府对贫困人口的扶持政策更加注重救济性、开发性和预防性，从向贫困人口提供满足最低生活需要的物质援助，发展到把政策扶贫、投资扶持与贫困人口自力更生相结合。扶贫政策的关口由事后贫困援助干预，向降低脆弱性和风险的事前干预移动，更加注重通过教育、健康等方面的投入来提高预防和应对贫困风险的能力。

（五）治理方式更加多元

中国贫困的治理方式逐渐由政策性、动员式、运动化向长期性、制度性、规范性、法制化方向发展，由完全的政府主导向政府主导、社会组织参与进而向政府主导、社会组织参与和受益群体参加转变，更加注重目标群体的主体性和参与性。扶贫领域治理手段由单一化向多元化以及多部门主导延伸，呈现出依托市场机制的经济发展和国家主导的扶贫开发混合运行、政府主导与互动参与并举共同推动精准扶贫的特点。

总之，新中国的反贫困历程是一个使社会贫弱阶层不断分享经济社会发展成果的过程，扶贫战略和政策随着经济社会环境和扶贫对象本身的变化而变化。现阶段的基本做法是，由政府主导扶贫资源的分配和传递，社会力量广泛参与，发掘贫困人口主动性、创造性，集区域政策、行业政策和社会政策于一体，更加突出扶贫开发体制机制改革创新的重要性，采取更有效、更明智、更包容和更富有弹性的精准扶贫政策措施[①]。

二、传统反贫困模式的弊端

在中国反贫困事业取得巨大成就的同时，传统反贫困模式的弊端也日益显现，这对中国接下来的扶贫工作造成了一定程度的阻碍。结合中国的反贫困进程可以发现，传统的反贫困模式大致存在以下四个弊端。

（一）资源配置效率不高

资源配置效率低使得经济增长所带来的减贫作用受到较大程度的抵消。在传统反贫困模式下，扶贫资源的供给特点会加大其在贫困地区和人口间的不均等分布，甚至会影响到扶贫资源的整体使用效率。在普遍化帮扶制度和区域特定资源存量下，资源雄厚的帮扶单位或资源动员能力强的帮扶责任人通过"挤占"资源，能为与其挂钩的贫困村或贫困户供给较大规模的帮扶资源，甚至是出现资源供给"过剩"的局面。而资源相对薄弱的帮扶单位或动员能力弱的帮扶责任人，因资源被"挤占"而供给不足，难以在规定的时间内实现帮扶贫困人口和贫困村脱贫。不平等程度的加深，既有农民收入结构发生历史性变动的微观因素，又有区域发展资源禀赋差异化加剧的宏观因

---

① 黄承伟、覃志敏：《中国农村贫困治理体系演进与精准扶贫》，载于《开发研究》2015 年第 2 期。

素。在一系列因素的共同作用下,"老、少、边、穷"地区基础设施落后,市场和社会发展程度较低,使得体制改革与市场力量协同推动的扶贫效果并不明显。①

(二) 贫困者主体责任弱化

大多数反贫困政策目标只关注贫困人口的直接收入,忽视了对贫困人口可持续发展能力的培养,这使得反贫困模式缺乏可持续性和延续性,极容易出现暂时脱贫又迅速返贫的现象。究其原因,是在中国扶贫工作中存在个人问题社会化的倾向,在放大国家责任的同时缩小了个人责任,进而弱化了贫困者的主体性,具体表现为在一定程度上存在"干部干、群众看""我是穷人我怕谁""争当贫困户"等"等、靠、要"的思想。因此,反贫困不应当单纯强调国家和社会的责任,还要充分发挥贫困者自身的主体性。如近年来流行的发展型社会政策,倡导将贫困者充分吸纳反贫困的项目设计和实施过程中。按照阿玛蒂亚·森的说法,应该在民主社会的前提下尽可能为贫困者提供发展的权利和机会,这样才可能凸显贫困者的主体责任。

(三) 对贫困者精神层面关注不足

针对农村公共服务和社会保障等基础设施投入不足,而城市的贫困发生率较低,资源却优先向城市配置,这一"怪象"未能得到根本改变,使得农村地区发展的"软实力"长期不足。这一问题还体现在农村地区的人力资源开发和教育事业发展等方面,在较长的历史时期,反贫困只注重对贫困地区经济发展的直接性影响,缺乏对"精神层面"关注的长期性战略考量,未能很好地将反贫困与扶智、扶志相结合,这就在较大程度上使得反贫困的效果在短期内表现明显,在长期内却不明显。

(四) 贫困识别问题难以解决

贫困人口没有很好地从反贫困投资中获取平等收益。以往的扶贫项目和投

---

① 曾小溪、汪三贵:《中国大规模减贫的经验:基于扶贫战略和政策的历史考察》,载于《西北师大学报(社会科学版)》2017年第6期。

资以促进贫困地区整体发展为主要目的，20世纪80年代中后期至90年代初由于贫困人口比重较大而且区域内不平等程度也相对较低，贫困地区的经济增长必然能使大量的贫困人口受益。自90年代后期以来，由于贫困人口的比例大幅度降低和区域内不平等程度的进一步上升，使得通过促进贫困地区整体发展来使贫困人口受益的可能性却越来越低了，此时迫切需要对贫困人口进行精准识别来提高扶贫效率。

三、中国特色社会主义新时代生态脆弱地区扶贫模式转型

扶贫模式指的是扶贫主体运用一定的生产要素和资源，利用一定的方法和手段作用于扶贫客体，促进扶贫客体脱贫致富的方式、方法和措施的总称。[①] 从全国范围来看，虽然各个生态脆弱地区的贫困现状在总体特征上具有相似之处，但在各地区之间又存在较大的差异性。而在新的历史时期，现有扶贫模式已经不能很好地完全适应生态脆弱地区扶贫和脱贫的具体需求。

传统的扶贫模式主要是政府主导型的政策性扶贫，重点是在"扶"上，而生态资本运营式扶贫模式主要是贫困者借助外界的力量，并通过自身的努力科学、合理地运营生态资本从而摆脱贫困的过程，重点是在"脱"上，两种扶贫模式存在着很大的区别。通过对传统式扶贫与生态资本运营式扶贫进行比较分析可以发现，单纯靠传统的扶贫模式来实现生态脆弱地区脱贫已难以奏效，换言之传统意义上的扶贫模式不具备可持续性。扶贫工作的成效不仅关系到贫困地区本身的发展，而且还影响到整个国家社会经济的协调发展。在生态文明新时代背景下，针对生态脆弱地区的反贫困工作缺乏一种科学、合理和切实有效的扶贫模式，这不仅不利于该类地区扶贫工作的顺利进行，甚至会造成该类地区的资源浪费和生态破坏。因此，选择和构建一种符合生态脆弱地区特点、具备可行性和易操作的绿色减贫模式已显得非常迫切。

---

① 赵昌文、郭晓鸣：《贫困地区扶贫模式：比较与选择》，载于《中国农村观察》2000年第6期。

事实上，贫穷本身并不一定导致生态环境脆弱和生态资本匮乏，它取决于贫困人口拥有多大的选择余地以及他们对外界压力和刺激的反应方式。中国贫困与脆弱生态区在地理空间分布上具有一致性，且相对集中。但从当前生态脆弱地区生态资本运营和扶贫实践来看，还存在以下问题：一是没有厘清生态资本与贫困的复杂关系。基于生态资本分析生态脆弱地区贫困的成因，大致有两种情况：第一种情况是由于生态资本匮乏导致区域经济社会发展条件的恶化，最终使经济社会发展比较落后，这可以称为生态恶化型抑制贫困。第二种情况是由于来自其他区域的生态屏障和生态涵养的需要，限制了区域生态资本的开发和利用，这可以称为保护压力型抑制贫困。事实上，生态脆弱地区的贫困人口，都依赖生态资源谋求生活收入。因此，生态资本是生态脆弱地区贫困人口脱贫的基础和关键因素。二是生态资本运营实践问题。保护压力型抑制贫困地区，生态资源丰富，生态地位重要，但缺乏生态资源资本化、经济化的基础条件，造成守着"绿水青山"却没有"金山银山"的尴尬局面，这就要求生态资源资本化，将生态优势转化为发展生态经济优势；生态恶化型抑制贫困地区，生态资源匮乏，生态资本与贫困之间形成了恶性循环，造成既没有"绿水青山"也没有"金山银山"的"双输"局面，这就要求经济生态化、产业生态化。三是生态脆弱地区扶贫实践问题。对生态脆弱地区而言，由于没有处理好"国家要生态、地方要财政、农民要吃饭"三方面的关系，导致这些地区持续贫困。而既有的经济扶贫、产业扶贫、科技扶贫等扶贫模式比较单一，且主要是对"人"的反贫困，没有综合考虑人口、贫困与生态资源环境之间的关系，因此，难以摆脱"扶贫—开发—破坏—贫困"的恶性循环。之所以出现上述问题，其要害在于没有正确处理生态脆弱地区生态资本与贫困的关系，割裂了贫困与生态脆弱地区地理分布上的耦合性，生态资本运营与扶贫之间缺乏应有的互动。因此，本书运用生态资本运营理念，以生态脆弱地区为研究区域，以脆弱区扶贫问题为研究对象，对加快生态脆弱地区发展方式转变，走绿色发展、循环发展、低碳发展的扶贫之路，具有重要的理论和现实意义。

第二节 生态脆弱地区生态资本运营式扶贫模式的构建原则与思路

一、生态资本运营式扶贫模式构建的原则

生态资本运营式扶贫模式是符合生态脆弱地区生态、环境、经济协调可持续发展的扶贫模式。如果在设计生态脆弱地区生态资本运营式扶贫模式时缺乏有效的原则,将会导致其与预期成效产生偏离。因此,在设计生态脆弱地区生态资本运营式扶贫模式时,宏观层面上要秉承生态可持续原则和经济可持续原则;微观层面上要秉承扶贫可持续原则和贫困户激励原则。

(一) 宏观层面设计原则

1. 生态可持续原则

破坏生态环境的资源导向型脱贫模式使得贫困地区步入了消除贫困与可持续发展的非协调困境。[①] 生态资本运营式扶贫要求不能走"靠山吃山,靠水吃水"的传统脱贫模式,因为这与生态可持续发展理念严重背离。首先,破坏生态环境的资源导向型扶贫模式不利于生态脆弱地区资源可持续利用。乱砍滥伐、毁林造田和过度放牧等现象的发生是为了短期脱贫需要而放弃长远生态宏观效益,加上"越穷越垦,越垦越穷"的贫困恶性循环使得生态脆弱地区难以摆脱贫困的局面。其次,破坏生态环境的脱贫模式有悖于市场经济的发展要求,它会阻碍生态脆弱地区巨大的生态资源优势转化为经济优势。生态脆弱地区丰富的自然资源由于低层次的初级利用,将会使得生态脆弱地区资源浪费和资源闲

---

① 徐静:《贫困地区的扶贫开发与可持续发展》,载于《贵州社会科学》1999 年第 5 期。

置并存，难以实现"生态经济化、经济生态化"的生态可持续发展道路，生态脆弱地区的贫困人口也难以从中获益。因此，在生态脆弱地区生态资本运营式扶贫模式设计过程中要坚持生态可持续发展的原则。

2. 经济可持续原则

在反贫困的实践中，实现贫困地区经济可持续发展能够提高贫困地区自身的发展能力。[1] 生态脆弱地区基础设施条件较差、经济发展较为落后，贫困问题与其经济发展有着千丝万缕的联系。贫困问题是生态脆弱地区实现经济可持续发展的阻碍，而实现经济可持续发展又是解决生态脆弱地区贫困问题的重要战略，贫困与经济可持续发展是对立统一的整体。生态脆弱地区由于存在自然生态环境失调、生态承载力有限、产业水平落后、人口压力大和文化素质较低等特征，使其难以实现经济发展的可持续性。长期的贫困也使得生态脆弱地区人地矛盾加剧和社会难以和谐，这将直接影响其经济可持续发展。对于生态脆弱地区来说，扶贫模式创新是贫困地区经济社会可持续发展的灵魂，因此，在设计生态资本运营式扶贫模式过程中应当注重经济的可持续发展。

（二）微观层面设计原则

1. 扶贫可持续原则

所谓可持续减缓贫困的方式，其实就是使贫困者成为减缓贫困的主体。[2] 扶贫不应只是"输血"式的帮扶，单纯的救济或资助只能短暂解决贫困现象，它并不能使得贫困人口彻底摆脱贫困的境况，这也正是某些贫困地区返贫率较高的重要原因之一。因此，要避免生态脆弱地区出现返贫现象，在生态资本运营式扶贫模式设计中要遵照扶贫可持续的原则。从扶贫主体的视角出发，来培育贫困地区自治能力、建立健全民主管理机制，尤其是要提高贫困地区贫困者的自我发展能力及综合素质，使生态脆弱地区贫困者成为脱贫的主体。从生态保护视角来看，扶贫的可持续还要使得生态脆弱地区贫困人口在生产生活过程中要符合可持续生计的原则，采取生态可持续的方式来有效利用自然资源。对于生态敏感度极高的生态脆弱地区，在自然资源利用方面要实施禁令，可以采用生态补偿方式维持当地贫困人口的生计问题，使得禁令区贫困人口摆脱资源的

---

[1] 杨清震、周晓燕：《民族地区的反贫困与经济可持续发展》，载于《黑龙江民族丛刊》2001年第4期。
[2] 李周：《中国生态经济理论与实践的进展》，载于《江西社会科学》2008年第6期。

束缚，从而实现扶贫的可持续性。

2. 贫困户激励原则

现有的扶贫机制在贫困农户激励上存在不足之处，主要是以"输血"式进行资金、项目扶贫。例如，传统的整村推进扶贫模式主要是以项目的形式对扶贫对象进行帮扶，没有充分调动贫困农户参与扶贫的积极性。另外，产业扶贫、扶贫搬迁和"雨露计划"等扶贫模式都需要农户自筹部分资金，造成贫困农户参与项目的门槛过高，从而打击了部分贫困户参与项目的积极性。这些情况将会使得扶贫项目实施效果大打折扣，难以真正实现预期效果。因此，要合理地设计生态资本运营扶贫模式，在扶贫的过程中要坚持贫困户激励的原则，提高扶贫对象参与扶贫实践的积极性，最终实现生态脆弱地区的贫困人口顺利摆脱贫困。

总而言之，在生态脆弱地区生态资本运营式扶贫模式设计过程中，只有遵循宏观层面的生态可持续原则、经济可持续原则，以及微观层面的扶贫可持续原则和贫困户激励原则，才能使其扶贫模式具有科学性和可行性，最终给生态脆弱地区的贫困人口带来福利。

二、生态资本运营式扶贫模式构建的基础

（一）生态消费市场日益健全

生态消费市场已日趋完善，而有序的生态消费市场正是生态资本实现其价值的必要条件。从现实来看，绿色消费理念在逐步深入人心的同时，也正在带来良好的生态环境效益。此外，绿色产品供给规模不断扩大，绿色消费市场持续增长，绿色产品市场体制逐步规范，绿色产品消费发展态势总体良好。[①] 生态资本运营就是生态资本货币化的过程，这个过程必须要有生态市场作为中介来实现，否则消费者无法有效购买生态产品或享受生态服务，生态资本也不能有效地实现其价值。生态资本化是生态资源价值实现的重要途径与表现形式。实践与理论证明，只有当生态资源的价值能充分体现时，生态资源才能有效利用，

---

① 资料来源于国家发展和改革委员会发布的《2017年中国居民消费发展报告》。

进而提高生态资源的经济效益和生态效益,更好地保护和提高生态环境质量。然而,生态资源并不能直接资本化,只有先转化为生态资产,通过生态市场转化为生态资本,才能把价值货币化,在生态市场中真正实现其价值。

(二) 生态资源资本化的实践逐渐深化

生态资源资本化是一个基于生态资源价值的认识、开发、利用、投资、运营的保值增值过程。[①] 生态资源资本化遵循"生态资源—生态资产—生态资本"的演化路径,这一路径是"资源—资产—资本"三位一体新型资源管理观在生态领域的运用。[②] 在实践中,生态资源资本化不断深化,其效果也日益显现。例如浙江省安吉县利用本地丰富的竹林资源,在传统竹材利用的基础上,开发了远销日本、韩国、东南亚及欧美等国家和地区的第二代至第六代竹产品,在创造了巨大的经济、社会效益的同时,保护了当地的生态资源,改善了生态环境。[③]

(三) 生态脆弱地区基础设施不断完善

基础设施建设是生态脆弱地区社会经济发展、实现脱贫致富的重要物质基础,是早日摆脱贫困的基石。据相关数据表明,农村家庭的人均纯收入与基础设施建设之间存在长期的动态关系,加强对农村基础设施的建设能够有效促进农民纯收入的增长(见表3-1)。随着扶贫工作的不断推进,生态脆弱地区农村社会经济得到了发展,其基础设施建设也突飞猛进。[④]

表3-1　　　2003~2017年农村基础设施与居民收入情况

年份	投资总金额(亿元)	农村居民纯收入(元/人)	农村居民消费支出(元/人)
2003	3 201	2 622.2	1 943.3
2004	3 362.7	2 836.4	2 184.7
2005	3 940.6	3 254.9	2 555.4
2006	4 436.2	3 587	2 829
2007	5 123.3	4 140.4	3 223.9

---

① 张文明、张孝德:《生态资源资本化:一个框架性阐述》,载于《改革》2019年第1期。
② 严立冬、谭波、刘加林:《生态资本化:生态资源的价值实现》,载于《中南财经政法大学学报》2009年第2期。
③ 徐勇:《一根竹子撑起一个大产业》,载于《长三角》2007年第2期。
④ 季娜:《农村基础设施建设现状分析研究》,载于《经济研究导刊》2017年第24期。

续表

年份	投资总金额（亿元）	农村居民纯收入（元/人）	农村居民消费支出（元/人）
2008	5 951.8	4 760.6	3 660.7
2009	7 434.8	5 153.2	3 993.5
2010	7 885	5 919	4 381.8
2011	9 089.1	6 977	5 221.1
2012	9 840.6	7 916.6	5 908
2013	12 710.5	8 895.9	6 625.5
2014	13 489.1	10 488.9	8 382.6
2015	16 185.4	11 421.7	9 222.6
2016	17 065.9	12 363.4	10 129.8
2017	17 768.2	13 432.4	10 954.5

资料来源：根据历年《中国农村统计年鉴》相关数据整理而得。

（四）政策措施不断健全

近年来，政府不断完善有利于环境保护和资源节约的财政税收政策。一是改革消费税、资源税、所得税以及出口退税制度，增强税收在促进资源节约和环境保护方面的调控作用。二是建立完善排污收费制度，开征水资源费、矿产资源补偿费等多项收费项目，引导企业走保护环境、可持续发展的道路。三是制定《节能产品政府采购实施意见》《环境标志产品政府采购实施意见》等政府采购办法，引导"绿色"技术研发和可持续消费。四是对开展资源综合利用与治污的企业给予财政补贴，鼓励节能环保。生态资源是一种公共产品，容易导致"市场失灵"，必须要有国家的政策作为支撑，为生态资源资本化提供政策支持。国家的宏观政策、财政税收政策和法律、法规为生态资本运营扶贫提供了现实的政策基础。

三、生态资本运营式扶贫模式构建的思路

随着中国贫困特征的不断变化，扶贫工作的边际收益逐渐降低。生态资本运营式扶贫意在通过生态资本运营收益扶持制度实现生态保护与扶贫开发的同步发展，意在建立可持续的生态资源利用保护体系，搭建生态服务消费的市场体系，形成生态产品维护成本的合理分摊机制，是一种新的可持续发展模式与扶贫模式。生态资本运营式扶贫是立足贫困地区生态环境，以生态建设为扶贫

载体、以生态资源的持续多层次利用为基础、以生态补偿机制为制度保障、以生态服务消费市场化为动力、以维护生态系统健康和实现人口资源环境协调发展为目标,在持续利用生态资源的基础上发展生态产业和培育生态产品服务市场,推动贫困地区持续发展和贫困人口脱贫致富的一种扶贫形态。生态资本运营式扶贫模式依托生态建设工程和生态产品直接利用价值,持续开发生态产品形成生态产业,构建生态服务消费市场的综合扶贫体系。

绿色、低碳和循环发展方式充分体现了生态资本运营式扶贫模式的核心要义,同生态资本运营式扶贫在本质上是一致的。绿色经济发展情景下生态资本的退化会得到基本遏制,与此同时绿色增长是绿色发展的核心内容,而保持一定水平的生态资本增量是生态资本运营式扶贫的重要前提和基础。循环经济强调最有效地利用资源和保护环境,集中表现为以最小成本获得最大的经济效益和环境效益,这其实是生态资本运营式扶贫模式可持续性的重要体现,力图使得生态资本运营式扶贫过程实现均衡。另外,低碳发展以节能减排为发展方向,以碳中和技术为发展方法,这为生态资本运营式扶贫的开展提供了良好的思路,是一种减量化的发展路径。因此,将这三大发展方式融入生态资本运营式扶贫模式的构建中具有理论意义和实践可能。

第三节　生态脆弱地区生态资本运营式扶贫基本模式[①]

一、绿色发展与增量型生态资本运营式扶贫模式

(一) 绿色发展的内涵

从内涵来讲,绿色发展更具包容性,既包括传统可持续发展中所关注的人

---

① 本节部分观点和内容曾作为国家自然科学基金项目 (71303261) 的阶段性成果,以《"益贫式"农业生态资本运营模式研究》为题提交"中国生态经济学学会成立 30 周年庆典暨 2014 年学术年会",并被收录于会议论文集《生态经济与美丽中国》(陈建成、于法稳主编,社会科学出版社,2015 年版)。

口和经济增长，又包含粮食和资源供给之间的矛盾，还强调气候变化对人类社会的整体性危机。绿色发展是以效率、和谐、持续为发展目标，以生态农业、循环工业和绿色服务产业为基本内容的经济结构、增长方式和社会形态。[①] 总体而言，绿色发展就是在充分认识"经济—自然—社会"三者交互机制的基础上，通过机制设计实现三大系统间的正向交互机制，极力避免负向交互机制，进而实现绿色发展，使得经济系统实现从"黑色增长"向"绿色增长"转变；自然生态系统实现由"生态赤字"向"生态盈余"转变，积累绿色生态资源；社会系统实现人民健康、社会和谐，提升绿色生态福利。

（二）绿色发展的实现途径

绿色发展是以生态资源为基础和载体，生态资源的累积是绿色发展的长期结果。生态资源内涵丰富，包括有助于绿色发展的各类实物型生态资本和生态系统服务等。生态资源的积累要求走经济生态化与生态经济化相结合的道路。因此，要用先进的绿色理念来保护自然资源和环境，用生态文明统领生态资源开发和利用，用先进的科学技术和环境标准发展绿色产业，用低碳经济发展模式改造绿色产业，用循环经济发展模式提升绿色产业，创造绿色的经济价值和生态财富。

1. 绿色发展的生态化途径

绿色发展的生态化途径是依据生态学、环境学、人文科学等学科的基本原理和集聚经济的经济学理念并将它们有机结合，在自然生态系统最大承载能力范围内，对自然系统、资源系统与生态系统之间进行耦合优化，以实现经济、社会、生态环境三者之间的整体协调与和谐发展，最终实现绿色发展。绿色发展的生态化途径已成为生态文明建设的重要途径，是对经济可持续发展战略的继承和进一步发扬，是生态规律和经济规律的共同要求，其实质是生态系统和经济系统的协同演进，人与自然的和谐发展，保持生态资源整体功能与结构的均衡。从政策的角度看，要积极引导绿色发展维持在一个可持续规模、公平分配和有效配置生态资源状态。

---

① 邓远建、张陈蕊、袁浩：《生态资本运营机制：基于绿色发展的分析》，载于《中国人口·资源与环境》2012年第4期。

2. 绿色发展的经济化途径

绿色发展的经济化途径主要包括生态资源资产化、生态资产价值化、生态资产要素化、生态要素资本化、生态资本生态化等步骤。生态资源资产化是指对人类而言，生态资源本身具有价值和使用价值，同时具有稀缺性这一特性，因此，如果生态资源被消耗或是使用就应该对其给予相应的补偿和投资，即建立健全生态补偿机制。生态资产价值化是指生态资源作为一种资产是有价值的，这种价值不仅体现在生态产品的品质方面，还体现在生态服务功能及其他方面。生态资产要素化是指生态资产作为一种生产要素投入经济社会活动中，应运用经济学的成本——效益分析理论探讨其要素化的实现问题，其途径是将其价值内化到生态资产的服务功能中。生态要素资本化是指将生态要素具有资本的一般属性，能够创造和带来独特的"剩余价值"或"剩余收益"，并将其价值（或收益）用货币表示。生态资本生态化是指生态资本运营所产生的"剩余价值"或"剩余收益"，一部分用于绿色产业扩大再生产上，另一部分用于生态建设，促进生态环境的改善和资源的循环利用。

（三）绿色发展与增量型生态资本运营式扶贫模式的耦合

通俗地理解，生态资本运营就是把生态资源和生态环境作为一种资本来进行运营，利用资本的保值增值属性获取利润的一种现象。这种现象在形式上表现为运营主体对生态资本进行管理和运营的措施与行为，在内容上体现为生态资源和生态环境的资本化演变过程。[①] 生态资本良性运营也要求把生态环境保护和可持续发展摆在更加重要的战略位置，把人与自然和谐共生的绿色发展思想作为保护环境的基本国策和实施可持续战略的重要理念，从而推进"黑色"增长向"绿色"增长的转变。[②] 由此看来，绿色发展与生态资本运营的指向是完全一致的，即以最低的生态资本消耗，获取经济社会的可持续健康发展，生态资本运营的本质是符合绿色发展理念要求的。

据统计，中国95%的贫困人口和大多数贫困地区分布在生态环境脆弱、敏感和重点保护的地区，这些地区同时也是维系区域生态安全的重要阵地，生态

[①] 邓远建、张陈蕊、袁浩：《生态资本运营机制：基于绿色发展的分析》，载于《中国人口·资源与境》2012年第4期。
[②] 刘思华：《科学发展观视域中的绿色发展》，载于《当代经济研究》2011年第5期。

功能重要，生态建设和环境保护的任务也十分艰巨，是中国生态建设的重点区域。中国的扶贫开发与生态建设间存在高度重叠，[①] 生态保护是制约贫困地区脱贫的重要因素。[②] 如何协调精准扶贫和生态治理两大国家战略，实现两者的协调发展，既是精准扶贫工作深入开展的重要内容，也是保障生态安全的必然要求，对扶贫工作和生态环境保护工作的顺利进行都具有重要意义。

生态资本的增量是相对于存量而言的一种变化状态，包括生态资本数量的增加和质量的提高。生态资本存量是实现生态资本保值增值的基础，为此，首先必须保持生态资本存量的非减性，在此基础上通过有效手段来实现生态资本的增值。生态资本的增值包括质量的提升和数量的增加两个方面，其中，质量的提升可以通过自然环境质量的整体改善得以实现，数量的增加则是通过生态资源的积累来完成。生态资源积累直接的结果是形成生态资本的增量，在良性循环的生态资本运营过程中，生态资本的存量因增量而改变，生态资本增量则源于对环境的投资从而衍生效应所激活的生态资本存量。绿色发展是建立在生态环境良性循环基础之上的，以生态经济为基础、知识经济为主导的可持续经济发展模式。[③] 因此，要坚持绿色发展理念，构建起增量型生态资本运营式扶贫的高效模式，使生态脆弱地区以绿色化和生态化的整体发展态势直接融入全国崭新的绿色经济发展形态。

二、循环发展与平衡型生态资本运营式扶贫模式

（一）循环经济的内涵

所谓循环经济，是指遵循生态学规律，合理利用自然资源和环境容量，将清洁生产和废物利用融为一体，实现废物减量化、资源化和无害化，使经济系统与自然生态系统的物质和谐循环，实现经济活动的生态化。而"减量化、再

[①] 章力建、吕开宇、朱立志：《实施生态扶贫战略提高生态建设和扶贫工作的整体效果》，载于《中国农业科技导报》2008 年第 1 期。
[②] 赵宁：《"精准扶贫"背景下重点生态功能区市场化生态补偿法律机制创新》，载于《行政科学论坛》2017年第 2 期。
[③] 崔如波：《绿色经济：21 世纪持续经济的主导形态》，载于《社会科学研究》2002 年第 4 期。

利用、再循环"是循环经济的三大原则(即"3R"原则)。① 循环经济是建立在物质不断循环利用基础上的经济模式。过去的经济发展常常是一种以"资源—产品—污染物排放"为流程的物质单向流动,这种流程造成了严重的环境污染和资源浪费。循环经济则是以"资源—产品—废弃物—再生资源"为流程的物质反复循环利用和流动的过程。因此,循环经济本质上是一种生态经济。②

(二) 生态资本的循环运营

生态资本循环运营是循环经济理论在生态资本领域的具体运用,是仿照生态学规律改造和重构经济系统,通过对生态资本的循环利用而促进生态资本积累和可持续利用的一种形态。生态资本循环运营是以生态资源的"减量化、再利用、再循环"为核心,其实现途径是把社会经济活动以"生态资源—生态产品—废弃物—再生资源"的反馈式物质运行为流程,以清洁生产、生态建设和绿色消费"三位一体"为主要内容,以转变传统产业的资源高消耗型增长方式为绿色生态型循环发展方式为中心任务,在保护环境和节约生态资源的同时发展现代化生态产业,继而实现现代产业的社会效益、经济效益和生态效益的协调统一,这有利于生态脆弱地区贫困问题的顺利解决。

(三) 循环经济与平衡型生态资本运营式扶贫模式的耦合

1. 发展循环经济是实现生态资本运营式扶贫的有效途径

循环经济是以物质的高效、循环、安全利用为外在表现形式的经济发展模式,在相当程度上能够大幅度提高生态资源的利用效率,从而减少废弃物的排放,有效控制对环境的污染,以至于为人类创造良好的生产和生活环境。循环经济的不断深入发展促进了生态资本的人为积累。从本质上说,循环经济是利用先进的技术条件对生态资源进行高效率的循环利用,集经济效益、环境效益和社会效益为一体。循环经济的研究主要集中在对生态资源使用价值的开采、生产、消费、改变废弃物的性质再进入生产环节、回收再资源化的全过程中,具有生态性和经济性的运动规律,也就是研究物质循环流动引起的物质形态变

---

① 李兆前:《发展循环经济是实现区域可持续发展的战略选择》,载于《中国人口·资源与环境》2002 年第 4 期。
② 循环经济的概念来源于现代经济词典的解释。

化的经济效率、资源效率和环境健康效率的变化规律，寻求以最高效率、按照生态学原理科学配置生态资源，以最高效率的技术利用生态资源，以最高的环境健康效率和最安全的方式处理和循环利用废旧资源的路径。发展循环经济与平衡型生态资本运营式模式在本质上存在高度契合，它是生态脆弱地区转变经济发展模式、建设"两型"社会、实现绿色可持续发展的重要实践途径。

2. 发展循环经济是新时代生态资本运营式扶贫工作的需要

发展循环经济就是要对污染进行全过程全方位的控制，在生产过程中要实行清洁生产，倡导绿色农业、生态工业、循环服务业，从而提高全社会的资源利用效率。因此，循环经济的和谐性、高效性和可持续性这些特点完全符合可持续发展的战略要求。从资源拥有量的角度来看，中国不论是在资源总量上还是在人均资源量上都是严重不足的。从资源消耗的角度来看，正处在社会转型时期的中国，自然资源消费增长速度惊人。从资源利用的效率来看，中国仍处在粗放型向集约型转变的增长阶段。从资源的对外依赖程度来看，在未来相当长一段时期，中国的产业结构中的重化工部分依然会占据较大比重，高污染、高耗能的产业对资源需求仍然较高。

3. 发展循环经济具有促进生态资本运营式扶贫的协同效应

社会经济不断发展的进程，其实就是物质流与能源流不断循环的过程，它与生态资源开采、利用、加工生产和最终消费相伴随。然而，生态资源在消费之后，其化学属性与物理属性都发生了变化，其使用功能逐渐衰退，最终会因为其化学属性和物理属性不再能够满足社会经济发展的需要而变成了废弃物。循环经济发展模式就是对具有使用价值的生态资源，按照它们的化学属性和物理属性进行循环、高效、安全利用。在利用之后，对其废弃物进行回收再处理，使其在化学和物理性能方面能够符合再次利用的标准，并且再次进入到生产和消费过程中。废弃物能够再次进入生产、消费过程，其实质是减少了隐含物质资源的消耗，从而间接增加了生态资源积累，使得生态资本运营具有可持续性。

循环经济可以在经济规模下不断扩张，需要在经济系统内物质流量不断增加的情况下，使生态系统和经济系统之间的物质流量增加较少，降低经济增长对生态资源的依赖程度，从而在相当程度上可以有效减少对生态资源的消耗，在某种层面上说这也是生态资本的人为积累方式。从自然科学的角度来看，社会经济系统中物质流和能源流的循环过程能否实现，取决于基于自然科学原理的技术手段能否满足需要,即"资源→产品和服务→消费→废弃物→再生资源"循环流动过程的自然科学现实性。① 因此,循环经济在实现自我良好发展的前提下,同时还能够推动生态环境的保护和生态资源的积累,极大地降低生态脆弱地区生态环境被破坏的可能性,使其具有促进生态资本运营扶贫的协同效应。

三、低碳发展与减量型生态资本运营式扶贫模式

(一) 低碳发展的内涵

继工业化、信息化浪潮之后,世界已经迎来了低碳化发展的浪潮,走低碳化发展模式是时代发展的大势所趋。一直以来,人类大量的消耗碳能源造成二氧化碳排放过度,以至于导致温室效应的发生,这对全球的环境、经济,乃至对人类社会都已经产生了巨大的负面影响。低碳化发展是解决世界环境与气候问题的一条有效途径,也是人类社会经济发展的必经之路。

"低碳经济"的概念首先由英国在《我们未来的能源——创建低碳经济》的白皮书中提出。该书指出,低碳经济是通过更少的自然资源消耗和更少的环境污染,获得更多的经济产出;低碳经济是创造更高的生活标准和更好的生活质量的途径和机会,也为发展、应用和输出先进技术创造了机会,同时也能创造新的商机和更多的就业机会。中国学者庄贵阳认为,低碳经济的实质是能源效率和清洁能源结构问题,核心是能源技术创新和制度创新,目标是减缓气候变化和促进人类的可持续发展。即依靠技术创新和政策措施,实施一场能源革命,建立一种较少排放温室气体的经济发展模式,减缓气候变化。②

(二) 低碳经济与减量化

低碳经济主要是与传统的高碳经济、化石能源的经济发展模式相对而言的,低碳经济的特征表现在以下三个方面:一是经济性,包括两层含义:一方面是

---

① 齐建国:《循环经济与绿色发展:人类呼唤提升生命力的第四次技术革命》,载于《经济纵横》2013 年第 1 期。
② 庄贵阳:《中国经济低碳发展的途径与潜力分析》,载于《国际技术经济研究》2005 年第 8 期。

低碳经济应遵循市场经济的原则和机制;另一方面是低碳经济的发展不应导致人们生活条件和福利水平的明显下降。二是技术性,即通过技术进步,在提高能源效率的同时,降低二氧化碳等温室气体的排放强度。三是目标性,发展低碳经济的目标是将大气中温室气体的浓度保持在一个相对稳定的水平上,使气候变化不至于影响人类的生存和发展,从而实现人与自然的和谐发展。①

低碳经济已经成为经济发展方式的主流选择,其低能耗、低物耗、低排放、低污染的特征在本质上就是减量化的集中体现,以较低或者较少的资源投入,来生产较低或者较少的污染排出,这便很好地契合了减量化生产和发展的内涵。减量化所带来的好处能够很好地缓解生态脆弱地区环境破坏的压力,这使得生态脆弱地区的生态资源得以顺利保留,因此生态资本运营便存在良好的基础。

(三)低碳发展与生态资本运营式扶贫的耦合

1. 低碳发展是实现生态资本良性运营的基础

在生态文明建设的共识下,当前中国大力发展低碳经济具有现实紧迫性和必要性:第一,低碳经济是一种有效的生态资本积累方式,发展低碳经济能够带来生态环境的改善,实现生态资本质量的提高,进而实现生态资本的积累。第二,低碳经济发展是保障绿色生存环境的需要。中国几十年的飞速发展给我们的生存环境带来明显的影响,特别是近些年来环境问题日益突出,在经济财富积累的同时带来的是生态资源的快速耗费,现阶段的生态承载力已经不能完全满足人民对美好生活的需要,严重影响着人民的日常生活。第三,在低碳经济潮流下,发展低碳经济是履行国际责任的表现。在环境问题日益严峻的形势下,发展低碳经济是各国携手应对国际环境问题的重要举措,低碳经济成为世界经济发展的新趋势。因此,偏离低碳发展的模式不具有可持续性,会破坏生态脆弱地区的生态资源,在缺乏优质生态资源的前提下,生态资本的良性运营也就无从谈起,缺乏继续发展的基础。

2. 低碳发展是生态资本运营式扶贫的实现方式

当前所提出的低碳发展,不论是作为一种经济形态还是一种发展模式,都将在经济发展和生态资本积累方面产生重要影响。低碳理念下的发展带来的是

---

① 杨丹辉、李伟:《低碳经济发展模式与全球机制:文献综述》,载于《经济管理》2010年第6期。

革命性的改变，其一是能源消费的碳排放比重不断下降，即能源结构的清洁化，这取决于资源禀赋，也取决于资金和技术能力。其二是单位产出所需要的能源消耗不断下降，即能源利用效率不断提高。[①] 这些改变会促进生态资本的积累，进而为生态脆弱地区摆脱贫困提供良好的生态资源与环境条件。

第四节 生态脆弱地区生态资本运营式扶贫模式构建的支持系统

一、政府支持系统

当前，政府不断制定一系列有利于农村发展的制度政策，形成了大规模持续减贫的制度基础，为扶贫工作的顺利开展提供了强有力的政治和政策保障。此外，政府还制定了一系列针对生态脆弱地区保护和发展的政策措施，为生态脆弱地区的脱贫指明了方向，为当地的可持续发展提供了政策支持。

从碳汇市场交易的视角来看，中国的《精准扶贫生态环境支持计划实施方案》提出要推进林业经济发展，为农林碳汇交易奠定了政策基础。从中国现阶段农林碳汇交易政策导向看，黑龙江、四川、浙江、贵州等省份出台了《林业碳汇扶贫示范工程项目》相关政策，如贵州省制定了《生态扶贫实施方案（2017～2020）》，并编制了《单株碳汇精准扶贫试点工作方案》，运用大数据实现碳汇精准扶贫创新绿色减贫模式等方法。[②]

从生态补偿与精准扶贫的视角来看，国家提出"通过生态补偿脱贫一批"。当前，中国精准扶贫与生态补偿的对接途径主要有贫困人口与生态补偿对象、扶贫地域与生态补偿地区、产业扶贫与生态补偿措施、贫困程度与生态补偿标

---

① 潘家华、庄贵阳：《低碳经济的概念辨识及核心要素分析》，载于《国际经济评论》2010年第4期。
② 参见贵州省人民政府办公厅关于印发贵州省生态扶贫实施方案（2017～2020）通知。

准、扶贫政策与生态补偿需求等方面的对接。对此，国家及不少省域政府都对两者的协调发展做出了要求。[①] 在国家层面，中央扶贫开发工作会议提出"通过生态补偿脱贫一批"，加大贫困地区生态保护修复力度，增加重点生态功能区转移支付，扩大政策实施范围，让有劳动能力的贫困人口就地转成护林员等生态保护人员。国务院办公厅在《关于健全生态保护补偿机制的意见》中明确提出："结合生态保护补偿推进精准脱贫，探索生态脱贫的新路子"。省域层面也对精准扶贫与生态补偿的协调发展做出了明确规定，比如河北省指出要"坚持生态建设与脱贫致富有机结合，在生存条件差、生态系统重要、需要保护修复的市，结合生态环境保护和治理，采取多样化扶贫模式"；贵州省也明确提出要"结合生态保护补偿推进精准脱贫"。

二、市场支持系统

市场支持系统最典型的就是全国碳排放权交易市场的逐步健全。2017年，全国碳市场统一，立法支撑逐渐完善。农林碳汇交易作为碳市场的分支，将吸收二氧化碳的农林作物作为生态产品，向控排企业等减排单位出售，拓宽农户收入来源，精准助力脱贫攻坚。控排企业通过交易降低减排成本，提高减排效率。碳汇交易因此成为生态精准扶贫项目的一种形式。生态精准扶贫项目在立项、审批及实施、回收过程中的监管以及事前、事中及事后风险防控措施逐渐奏效，监管框架和法律制度支撑不断完善。

在联合国气候变化华沙大会"中国角"系列边会中，中国积极探索林业碳汇产权及标准化规则的建立得到与会各方的高度认可。中国许多生态脆弱贫困地区的森林资源丰富，但未能有效利用，区域内农户难以脱贫。因此，碳汇交易可实现生态精准扶贫目标，建立农林碳汇交易监管框架是促进和保障农户积极参与林业碳汇，实现生态精准扶贫策略的制度支撑，对中国生态资本良性运营和生态精准扶贫模式创新具有重要意义。目前，中国北京、上海、天津、重庆、广东和湖北等多个省（市）陆续启动碳交易试点市场，利用市场资金补偿

---

① 刘春腊、徐美、周克杨、曾凡超、刘子明：《精准扶贫与生态补偿的对接机制及典型途径——基于林业的案例分析》，载于《自然资源学报》2019年第5期。

林业生态建设，发挥好市场化机制的"市场信号"突出优势，解决好财政机制下生态服务提供者和使用者之间供需"不挂钩"的弊端，为中国市场化机制促进森林生态补偿的制度积累经验（见表3-2）。

表3-2　　　　　　　　2017年中国重点农林碳汇试点项目

项目名称	审定核查机构	农户所在地	计入期（年）	面积（亩）	固碳量（吨）
伊春市汤旺河林业局森林经营增汇减排项目（试点）	北京中林绿汇资产管理有限公司	黑龙江省伊春市汤旺河区	30	926	6 022
青海省碳汇造林项目	中国林业科学院科信所中林绿色碳汇资产管理中心	青海省西宁市湟中县、湟源县、大通县	30	20 512	205 800
中国绿色碳汇基金会广东省汕头市潮阳区碳汇造林项目	中国林业科学院科信所中林绿色碳汇资产管理中心	广东省汕头市潮阳区	20	3 000	57 254
中国绿色碳汇基金会广东省龙川县碳汇造林项目	中国林业科学院科信所中林绿色碳汇资产管理中心	广东省河源市龙川县	20	3 000	60 610
中国绿色碳汇基金会甘肃省定西市安定区碳汇造林项目	中国林业科学院科信所中林绿色碳汇资产管理中心	甘肃省定西市安定区	20	2 000	4 300
中国绿色碳汇基金会浙江省临安市毛竹造林碳汇项目	中国林业科学院科信所中林绿色碳汇资产管理中心	浙江省杭州市临安市	20	700	8 155
中国绿色碳汇基金会北京市房山区碳汇造林项目	中国林业科学院科信所中林绿色碳汇资产管理中心	北京市房山区	20	2 000	6 495
中国绿色碳汇基金会甘肃省庆阳市国营合水林业总场碳汇造林项目	中国林业科学院科信所中林绿色碳汇资产管理中心	甘肃省庆阳市合水县	20	2 000	11 757

资料来源：杨博文：《政策导向下我国农林碳汇交易生态扶贫监管框架研究》，载于《农业经济与管理》2019年第3期，第51~60页。

三、社会支持系统

社会支持结构已经从之前主要由国家通过单位向个人提供的一元化结构，逐步转变为社会资源分布的多样化和社会支持的多元化结构。社会支持结构从一元化到多元化的转变，可能会降低生态脆弱地区贫困人口对国家和企业的依赖，取得更多的自主生存和发展空间。

从企业支持的角度来看，中华工商联业联合会的意见指出，为贯彻落实习近平总书记在民营企业座谈会上的重要讲话精神，支持服务民营企业绿色发展，打好污染防治攻坚战；支持民营企业提高绿色发展水平，强化企业绿色发展理念；支持企业提升环保水平，营造企业环境守法氛围，鼓励企业积极采用第三方治理模式。

从政府支持的角度来看，采取政府主导与社会参与相结合的方式。在反贫困的攻坚阶段，中国政府将扶贫开发作为国民经济和社会发展的重要任务，纳入国民经济和社会发展的中长期规划，并且成立了从中央到地方各级贫困地区的经济开发领导小组，专门负责扶贫开发工作，形成了一个以政府为主导、主要依靠行政组织体系、自上而下的管理型治理结构。与此同时，政府把全社会参与作为加快扶贫开发的一支重要力量，积极动员和组织沿海发达省市对西部贫困省区的扶贫协作和对口帮扶，国家机关对贫困县的定点帮扶工作，社会各界的扶贫参与工作，国际组织对中国贫困地区的扶贫开发工作等。政府主导与社会参与相结合的扶贫模式充分体现了社会主义的优越性，也是生态脆弱地区开展生态资本运营式扶贫工作的一条重要方针。

从社区和农户参与的角度来看，如果农户的社会参与程度较高，则表明其具有较高水平的关系网络，这能够降低其对环境的投资风险，进而增强其生态治理的参与意愿，促进集体行动的产生。扶贫不是救济，而是通过内外结合的方式，帮助贫困地区培养自我积累和自我发展的能力，逐步实现脱贫致富。当前的基层扶贫工作已经越发注重贫困群众在扶贫开发工作中的主体地位，贫困群众的主观能动性开始被逐渐调动起来，贫困地区广大干部群众能够通过自身的努力实现发展，解决贫困问题。

第四章
生态脆弱地区生态资本投资机制与积累政策

生态脆弱地区是中国目前生态问题较为突出、经济发展相对滞后和贫困人口比较集中的区域。因此，加快完善生态脆弱地区的生态资本投资机制和积累政策是生态脆弱地区实现经济发展与生态环境保护相协调的现实要求。本章从脆弱生态环境的综合整治与生态资本投资入手，在阐述了降低区域生态脆弱性的适应与减缓能力建设、生态资本投资模式与效应的基础上，分别从投资目标、投资过程、投资利益的角度构建了生态脆弱地区生态资本投资主体协同机制，提出了生态脆弱地区生态资本积累途径和政策创新思路。通过对生态脆弱地区生态资本投资机制和积累政策的完善，能够实现生态脆弱地区生态资本可持续运营，进而实现人与自然的和谐发展，为实施生态资本运营式扶贫奠定良好的生态基础和条件。

第一节　脆弱生态环境的综合整治与生态资本投资

一、降低区域生态脆弱性的适应与减缓能力建设

随着经济的飞速发展，人们对自然资源的依赖性也逐渐增加，导致大量的自然资源被不合理地开发和利用，水土流失、土地沙漠化、生物多样性减少、生态系统退化等生态环境问题大量涌现，这些问题成为当代人类社会发展面临的重大挑战。生态脆弱地区是上述问题集中发生的区域，降低区域生态脆弱性是目前改善全球生态环境和实现可持续发展的理论与实践所关注的焦点。区域生态脆弱性是限制区域绿色发展的重要因素，它往往会带来生态环境脆弱性上升、经济发展滞后、人地关系紧张等问题，因此，降低区域生态脆弱性是实现区域经济发展和生态环境保护协调统一的重要途径。

（一）降低区域生态脆弱性的适应能力建设

适应能力是指在自然生态系统中，为应对区域生态脆弱性或生态脆弱性产

生的影响所具有的一种调整能力，这种调整能力能够在一个全新的或者变化的环境中，充分利用有利的机会或缓和不利的影响。降低区域生态脆弱性的适应能力建设就是通过对生态要素的调整，提高应对生态脆弱性的能力，从而适应生态脆弱性所引发的风险和压力。

从生态调节角度出发，需要不断加大生态调节力度，降低区域生态脆弱性的适应能力建设，需要坚持以下原则：第一，生态调节要坚持循环再生的原则。自然资源是有限的，自然资源的重复利用与循环再生是生态系统不断发展的重要途径。为此，要把生态环境放入一个更大的循环圈内，实现生态资源的循环使用。第二，生态调节要坚持协调共生的原则。尽可能使生态系统内部的各个要素互相作用与协调共生，提高生态经济效益；同时，还可以利用生态系统中内部与外部的有利因素，因地制宜地顺应区域生态脆弱性带来的影响。第三，生态调节要坚持持续自生的原则。生态系统是具有持续调节和自我维持功能的整合体，要不断降低生态环境对生态脆弱性的负反馈，加强生态环境顺从整体生态功能的需要。

一方面，生态调节的目标就是在坚持再生、共生、自生的原则上，适应区域生态脆弱性，实现社会、经济、环境的协调发展。第一，通过对生态工艺进行设计与改造，增强生态系统的再生功能。根据生态最优原则，设计与改造生态工艺，包括对能源结构进行改造、对生物资源利用方式进行改进等，开拓更高的生态位。第二，通过制定生态环境保护规划调节生态关系，增强生态环境的共生功能。在单一层面上对生态系统中的信息流、资金流等系统关系进行规划调节与改造；在整体层面上，对区域的人口、资源与环境进行整体的调节与规划。第三，通过生态文化教育的普及和生态保护意识的提高，增强生态环境的自我调节功能。生态文化的核心是人与自然的可持续发展，生态文化是生态文明建设的精神载体，应积极培育生态文化理念；加强生态文化教育制度的顶层设计；加大生态文化的宣传力度，积极引导政府、企业、个人加入生态文化的宣传。另一方面，不仅要降低区域生态脆弱性的适应能力建设，也要提高经济社会对生态环境变迁的适应能力。人口的不断增加是区域生态脆弱性上升的重要原因，降低区域生态脆弱性的关键在于减少人口数量与减缓人口增长速度。通过大力开发生态脆弱地区的人力资源，实现劳动力的转移，合理配置劳动力资源。对于生态环境与生存条件恶劣的地区可以实施生态移民以减少对生态系统的人为干扰。这样既可以减轻对生态环境的压力，实现自然资源的合理分配，又可以减轻人口对自然资源的过度开发和利用，依靠生态环境的自我恢复能力来提高生态系统的稳定性，实现人口与资源、环境的协调发展。

（二）降低区域生态脆弱性的减缓能力建设

减缓能力是以一种人为的干预方式来减少自然资源消耗以及加快生态系统恢复的能力，这种能力作为一种干预手段，旨在控制导致生态脆弱性的因素，最典型的方式就是进行生态恢复与重建。生态恢复与重建是人与自然协调发展的可持续发展模式，包括对生态环境、社会环境与经济环境的重建。生态恢复与重建的目的是通过对生态系统与社会经济系统的干预，遵循自然规律和社会经济规律，建设一个能降低区域生态脆弱性、更有利于人类与自然和谐发展的环境。降低区域生态脆弱性的减缓能力建设是要在减缓的目标下，通过生态要素的转型重构，降低生态脆弱性对区域发展的负面影响。从生态恢复与重建的角度出发，开展降低区域生态脆弱性的减缓能力建设，需要做好以下工作：

首先，生态脆弱地区的植被恢复与重建。植被系统的脆弱是导致生态脆弱性的主要原因。植被的缺失或减少可能会引起水土流失、生物多样性遭到破坏等问题，从而导致生态系统功能退化与结构变异。因此，恢复与重建植被是改善脆弱生态环境的必经之路。退耕还林还草、建设防护林与封山育林是恢复与重建植被的有效途径。一是退耕还林还草，通过"退"和"还"相结合的方式实现生态脆弱地区土地利用的保护与转化，在停止耕种的耕地上大力发展经济林与水源涵养林等，恢复植被的生态功能。二是建设防护林，通过种植各种不同的树林，遵循植被与生态环境间相互作用的规律，起到防风固沙与改善脆弱生态环境的效果。三是采取封山育林来提高土壤的肥力与通透性，增加生物多样性，提高生态优势度，有效防止生态脆弱地区的水土流失。

其次，生态脆弱地区水资源的合理利用与小流域的综合整治。一是合理开发利用生态脆弱地区的水资源，引入市场机制推进水权市场化，提高水资源的利用效率。因地制宜进行水资源开发利用规划，发展节水灌溉农业，最大限度地提高水资源利用率和产出率。二是强化生态脆弱地区的小流域综合治理，以小流域为单位，以科学技术为手段，配合相关政策措施，引导集体和个人进行生态环境建设，最大限度地改善生态条件，促进生态系统恢复重建。

最后，保护和改良耕地，缓解生态脆弱地区人地之间的尖锐矛盾。一是加强农业基础设施建设，改善农业生产条件，科学合理使用化肥，减少污染物对农业生态环境的破坏；调节产业结构和布局，走绿色农业发展道路。二是因地制宜利用资源优势，发展特色产业，加强资源的综合利用与开发，进行适度规模经营；改善能源结构，减少对不可再生能源的使用，加大对可再生能源与新能源的使用，减轻生态系统的负担。三是建立灾害预警体系，加强对气象灾害、海洋灾害、地质灾害等自然灾害的监测预警体系，最大限度地降低自然灾害对脆弱生态环境带来的破坏。

二、降低生态脆弱性的生态资本投资模式

与人力资本、物质资本等资本一样，生态资本也需要加强投资以促进其保值增值。生态资本投资是指通过一系列的生态修复、生态补偿、生态建设等活动，对一定的生态环境和自然资源进行投入，使生态资源与生态环境在数量和质量上都有所提高，从而使生态资本存量维持非减性，增量逐步得到提高的投资行为。降低生态脆弱性的生态资本投资主要分为建设式、替代式、补偿式、融资式和调动式五种模式。[①]

（一）建设式生态资本投资模式

建设式生态资本投资模式是指投资者在遵循生态经济基本发展轨迹的前提下，通过采用先进的生态技术，对遭受严重破坏的生态系统进行生态修复的一种模式。这种投资模式主要通过对自然生态系统中生态资本提供的调节服务（包括调节气候、涵养水源、保持土壤等）来进行的投资活动。如何在协调经济效益与生态效益的前提下，进行建设式生态资本投资，是当下生态资本存量可持续增长的重要问题。生态系统具有自我维持和调节的能力，在受到一定程度的破坏时，生态系统能通过自我调节与平衡来恢复原始的稳定状态，此时进行建设式生态资本投资就能使生态系统内部的结构与功能不断完善，有效防止生

---

① 严立冬：《环境管理战略转型中的生态资本投资方式探讨》，引自《2013 中国环境科学学会学术年会论文集（第三卷）》，中国环境科学学会，2003 年 6 月。

态系统失衡。建设式生态资本投资模式的特点不仅在于生态资本存量的增加，更在于对生态资本的可持续运营具有重要促进作用。建设式生态资本投资模式的目标是在生态经济发展理论的指导下，朝着经济建设与生态环境保护两者协调发展的方向，实现生态脆弱地区生态资本利用效率的提高与生态系统健康、稳定、持续地运行。

（二）替代式生态资本投资模式

替代式生态资本投资模式是指采用先进的生态技术来提高生产力水平与生产效率，从而来减少对生态资本的消耗、替代生态资本的一种模式。这种投资模式主要包括对工业产生的废水、废弃物、废渣进行处理以及对各种污染防治的高新技术设备的投资，对生态环境保护和加强城市整体环境整洁度、舒适度的设备投资，以及对绿色技术和绿色产品的投资等。替代式生态资本投资模式主要是将生态脆弱地区生态系统的各生态因素相互整合，每一个因素相互联结、相互影响，从而形成生态系统的融通，使得生态系统各部分与整体的运动方向保持一致，提高生态资本投资的整体效益。

替代式生态资本投资模式需要不断提高生态环境质量要素的利用效率，从而增加生态资本存量。首先，在生产的源头环节，替代式生态资本投资模式的重点在于通过控制对生态环境的污染，使生态环境中的水、大气、土壤等要素达到标准，生态环境保持绿色健康，由自然资源转化而来的生态产品价值得以实现。其次，在生产过程中，替代式生态资本投资模式的重点在于使用绿色清洁技术与标准化生产，从而加强对生态环境保护的控制与技术支撑。

（三）补偿式生态资本投资模式

生态补偿是通过经济手段对生态系统进行补偿的一种制度安排。狭义的生态补偿主要指对由于不正当的人类活动所造成的生态环境污染与自然资源破坏的补偿与修复等一系列措施；广义的生态补偿还包括对因生存环境受到污染与破坏的人们进行资金、技术方面的补偿，以及对保护和改善生态环境的科研、教育等费用的支出。补偿式生态资本投资模式基于生态补偿的原理，通过一定的经济、法律、政策等手段构建生态产品与生态服务价值的市场化实现机制，进行生态产品与生态服务的交换与消费；通过顶层制度设计加强对生态产品与生态服务的供给，构建生态产品与生态服务供给的激励制度。补偿式生态资本投资模式的主要特点是强调以建立生态系统的付费机制与补偿机制来减少生态资本的损失，实现经济效益、生态效益与社会效益的统一。

（四）融资式生态资本投资模式

融资式生态资本投资模式主要包括债券式投资、股权式投资等投资方式。债券式的投资主要通过债券债务关系将投资者与经营者融为一体；股权式的投资主要通过股权将投资方与经营方进行结合。融资式投资模式主要依靠当下的债券式投资与股权式投资等投资方式来构建生态资本运营的金融支撑，从而形成生态资本融资、筹资、投资的生态资本市场，提高生态资本的投资效益。该模式的特点是具有一定风险性，不仅要考虑投资的收益问题，还需考虑投资的风险问题。因此，进行融资式生态资本投资不仅要有政府政策的支持，还要构建投资资金的安全退出机制，以保障投资者资产的价值实现。

（五）调动式生态资本投资模式

调动式生态资本投资模式是指通过对生态资本的跨区域合理调配，实现区域间生态资本的有效配置，提高生态资本的利用效率从而增加生态资本存量的投资方式。调动式生态资本投资模式充分考虑区域生态资本的地方特性，借助政策与经济手段，使区域间的生态资本在调动过程中不断增加耦合水平，从而实现生态资本整体的保值增值。"南水北调"工程是调动式生态资本投资模式的经典案例，通过对水资源的调动缓解北方地区水资源短缺的现状，增加水资源的承载能力，提高水资源的配置效率，以实现中国水资源南北调配、东西互济的合理配置格局。

三、生态脆弱地区生态资本投资效应

生态资本具有自我保值增值与自我恢复的能力，当生态资本在一定程度内被消耗，但消耗没有超过一定范围内的极限，那么在它与生态环境达到相适应的平衡前，它就一直会增长，直到与生态环境达到平衡。加大生态资本投资力度，提高生态资本的利用效率，对真正实现生态脆弱地区生态资本的可持续运营起着重要作用，从而会产生不同的投资效应。

（一）推动生态脆弱地区经济与环境协调发展

人类不断追求经济的快速发展，通过节约劳动力和提高劳动生产率来实现经济效益的最大化。但与此同时，自然界的生态环境问题越来越严重，自然界提供的生态产品与生态服务能力不断下降，这也制约着人们生产与生活水平的进一步提高。事实上，经济发展与生态环境保护之间相辅相成，经济发展会对生态环境产生一定影响，生态环境也会反作用于经济发展。生态资本是经济发展中的重要基础，是生态系统的重要因子。通过各种途径加大对生态资本的投资，使得生态资本的价值不断保值增值，能够在生态环境保持稳定的前提下，促进经济社会的可持续发展，最终实现经济与环境的协调发展。

（二）加快生态脆弱地区生态价值市场化的实现

随着人与自然和谐共生理念的不断普及，人们对优质的生态环境与生态产品的需求日益加大，对生态服务的消费能力逐渐增强。但是，由于生态资源具有稀缺性的特征，它限定了生态资源单向流动的性质，生态资源不断向经济社会系统供给自身能量，经济社会系统不断吸取生态资源的价值，人们对生态服务的需求无法完全满足。加强对生态资本的投资有利于提高生态资本的生态环境与生态产品的供给能力，加快生态价值市场化的实现。生态价值主要是在人类生产与生活过程中生态系统提供的生态产品和服务所体现的价值。生态价值进入社会经济系统后就表现为调节服务价值、物质产品价值和文化服务价值，通过市场交易转化为经济价值，由此，实现了生态价值向经济价值的转化，为持续地获取经济价值，人们将经济价值一部分投向自然界，用于生态补偿、修复和建设等方面。这样循环往复，生态脆弱地区的生态环境质量得以改善，生态价值总量也随之增加，由此实现了经济价值向生态价值的转化，循环演进形成了规律性路径。

（三）合理规避生态脆弱地区"资源诅咒"现象

传统的经济学观点认为富足的自然资源是经济发展的重要引擎。自然资源作为生产活动的必要投入品,自然资源丰富的国家或地区蕴藏着更大的发展潜力,但是世界上很多资源丰富的国家经济增长速度却十分缓慢,陷入了"增长陷阱"。为此,研究者提出了"资源诅咒"的概念。资源诅咒现象产生的原因在于对自然资源大量浪费与掠夺性开采,自然资源被无止境地开发加大了对生态环境的压力,也影响到人们的生产与生活,其根本问题在于生态资本的价值没有得到充分体现。因此,加大对生态脆弱地区生态资本的投资,有利于实现生态资本的保值增值,避免生态资本遭到破坏性开发,有利于合理规避"资源诅咒"现象。

(四) 提高生态脆弱地区政府、企业和公众的生态保护积极性

政府、企业和公众是生态保护过程中的重要主体,三者之间相互作用共同保护生态环境是一种最有效的模式。政府在生态保护过程中起着主导作用,从顶层设计与制度建设方面构建生态保护的框架。企业在生态保护过程中也发挥着重要推动作用,在追求经济利益过程中同时注重生态环境保护,把保护生态环境作为企业的社会责任,追求经济效益、社会效益和生态效益的有机统一。公众是生态环境保护的重要力量,其生产与生活等活动都对生态环境具有直接或间接影响,是解决生态环境问题的一个重要参与者。在生态资本投资过程中,政府、企业和公众被生态资本市场化的巨大经济价值所吸引,生态环境保护的积极性会大大提高。

第二节 生态脆弱地区生态资本投资主体协同机制[①]

一、投资目标的主体协同机制

生态脆弱地区生态资本投资目标的主体协同机制是指通过投资主体之间的

---

① 本节部分观点和内容曾作为国家自然科学基金项目(71673302、71303261)的阶段性成果,以《绿色发展视角下的农业生态资本投资机制优化研究》为题,发表于《江汉大学学报(社会科学版)》2018年第35卷第1期。

相互作用、相互影响，引导投资主体认同投资目标，产生投资意愿的作用机制。生态资本短缺的严峻形势，决定了生态脆弱地区生态资本的投资不是政府可以单独完成的任务，它需要来自市场、政府以及公众和社会组织等诸多投资主体的力量凝聚起来共同努力。

（一）内在驱动机制

生态脆弱地区生态资本投资的内在驱动力主要有两类：一是基于对绿色、共享、协调发展目标的认同，投资主体愿意为了生态环境改善而转变生产方式和生活方式。它依赖于投资主体的环境意识，即投资主体对生态环境以及人与自然关系的感悟和自觉，是一种新的世界观。二是投资主体认同投资绿色产业、生态产品供给会大有前景，能够获得经济效益。它是投资主体对生态资源有价理念认同的外在表现。投资主体环境意识的提升、对生态资源有价理念的认同离不开对投资主体的环境宣传教育，离不开政府监管部门的有力调控。人们的认知能力和范围限制了他们对于生态环境的恶化形势及其严重性的理解和认识，对于自身行为对生态环境造成何种深层次的影响缺乏全面认识。为此，应采取多种形式加强对公众、企业经营者以及地方政府组成人员的生态环境教育，提高他们的生态意识，增进投资主体对于生态环境与生态安全、资源安全关系的理解，促使他们掌握一些基本的防治环境污染的生活和生产技能，熟悉生态资源和环境保护相关的法条，转变生态保护与经济发展对立的错误观念和生产经营方式。同时还应辅以政策激励，通过制定支持、激励政策，提升生态资本投资主体的积极性。

市场经济的内在逻辑是利益驱动，遵循市场规律配置资源，让投资主体认同生态脆弱地区生态资本投资的经济价值，产生投资意愿，关键是提高生态资本投资的比较收益。一方面，生态产品消费需求日趋旺盛，生态产业投资效益丰厚，大有可为；另一方面，生态环境基础设施供给不足，现代化程度不高，市场发育不成熟，监管机制不健全，生态资本投资的市场风险较高。政府需要通过加大生态环境基础设施、公共基础技术研发和推广等方面的投资，降低投资者的生产成本，通过财政、金融等政策的制定和实施降低投资风险，稳定投资者收益，为投资主体创造良好的市场环境。

（二）外在约束机制

外在约束力是在生态资本投资主体迫于形势或是其他社会群体的刺激下不得不进行相应的投资，以承担社会责任、降低成本。在生态脆弱地区，经济发展由于环境脆弱、资源约束的原因导致可持续性差，人们对美好生态环境的诉求日益强烈，政府为盘活当地经济，增加居民生态福利，而采取多种措施以直接或间接的形式促进生态资本投资。在环保法规日益完善、执法力度加大以及人们对环境权利意识逐渐提高的情况下，企业为降低经营成本，提高生产效益和社会形象，进行转型升级，开发新技术以降低污染和能耗。人们的外在约束力主要来自两方面：一是政府为保护生态资源和环境而施行的强制性政策法律制度，禁止任何主体做出损害环境的行为；二是社会网络约束着人们不能采取损人利己的行为，不能污染公共环境。

外在约束力对生态资本投资主体的不恰当行为起着制约作用，但同时这种约束力量较为松散，需要进行整合，进而强化对投资主体的约束作用。首先，需要培育社会环保组织，代表社会环境利益的社会组织具有广泛的群众基础，使得它在与政府、大型企业沟通过程中具有平等的话语权，它将更加有力地监督和促进政府、企业的生态资本投资行为，能有效地化解社会矛盾和冲突。同时，由于社会组织成立的自发性，使得它更容易得到人们信任，进而成为维系政府与社会之间的纽带，有利于提高生态资本投资的有效性。其次，营造良好的生态文明新风尚，结合法律规范，树立社会共同遵守的节约资源、保护环境的行为规范，强化各主体之间的生态伦理约束。

（三）目标融合机制

内在驱动机制和外在约束机制统一了各生态资本投资主体的投资目标，但政府、企业、公众和社会组织在具体投资目标上仍存在较大差异，为形成协同优势，应当促进各生态资本投资主体子目标之间的相互融合。首先，要实现各级政府之间在生态脆弱地区生态资本投资目标的相互融合。中央政府的生态资本投资目标主要是引导生态脆弱地区政府加大对生态环境恢复和治理的投资，维持对具有全局性意义的生态资源和环境保护，弥补地方政府对生态资本投资的不足，促进地区之间的协调发展。生态脆弱地区政府的生态资本投资目标是各主体开展生态资本投资活动的中心，应引导生态资本投资活动朝着有利于生态资本非减性的方向进行，促使各种要素围绕其相互作用、协调与合作。因此，有必要促进二者的投资目标融合，使各级政府的生态资本投资围绕着绿色发展、共享发展、协调发展进行，提高投资效益。其次，实现公众生态资本投资目标的相互融合。人们的生态资本投资目标存在生存导向和经济利益导向两种倾向。大多数人进行投资仅仅是为了满足基本的生存需要，选择投资生态资本主要是出于自身安全和健康的需要，不太考虑成本。当然，在市场化程度较高的地区，人们进行生态资本投资仍然需要满足"经济人"假设。因此，生态脆弱地区生态资本投资目标的融合应当以促进绿色发展为标准。最后，需要促进政府、企业、公众和社会组织生态资本投资目标的融合。三者投资目标的融合应遵循求同存异原则，一方面将有利于调动各主体的生态资本投资积极性；另一方面也有利于形成最优化的生态资本投资结构，促进生态资本的积累。

二、投资过程的主体协同机制

投资过程是指前期方案筹划设计、中期方案计划的实施和控制以及后期的维护运营，投资活动能否有序高效地进行，其关键是各主体在生态资本投资过程中的协同程度。生态脆弱地区生态资本投资存在着投资主体多元、投资客体多样、投资方式复杂的特点，要实现生态资本投资过程的协同，必须将投资过程各个阶段的特点与投资主体的优势结合起来，统筹考虑，使各个子系统之间相互作用、协同配合。为提高投资主体在投资过程的协同程度，在投资筹划、实施控制、维护运营各阶段都应建立相应的运行机制。

（一）平等协商机制

投资主体的地位平等是实现生态脆弱地区生态资本投资过程主体协同的根本原则。生态资本投资的复杂性需要多元主体的共同参与，只有政府、企业、公众和社会组织等多主体地位平等，相互之间的协商、沟通才是真实有效的，才能避免政府过多干预其他主体的意见。在投资规划阶段应建立需求表达机制，一方面，可以共享各主体对生态资本投资规划的意见和信息，确立生态资本投资规划的基本方向，不至于无的放矢；另一方面，需求表达机制也是各主体利益诉求的表达渠道，各方通过此机制相互沟通，能够增进相互理解，使投资规划更好地兼顾各方利益，也有利于生态资本投资实践的顺利实施。需求表达机制应以政府为纽带，政府通过搭建相应的平台，接受企业、公众和社会组织的意见和建议，促进各投资主体之间的相互交流。政府可以通过入户走访或召集各方代表开会等形式，与他们进行面对面的直接沟通，也可以利用网络通信工具或者问卷调查的形式间接了解各方需求，或者兼而有之，以直接沟通为主、间接沟通为辅。

在了解各方投资需求的基础上，应邀请专家学者、相关部门代表对前期需求进行初步筛选，将不合理的以及暂时在技术或经济上不能达到的需求删掉，余下的需求应尽可能在总体规划中予以考虑，使投资规划能兼顾各方面的利益。随后，根据投资需求确定具体规划，具体规划设计应以"绿水青山就是金山银山"的理念为指导，将环保、生态工程、生态产业等子系统进行统筹考虑，实现子系统之间的相互协调。为此，应建立包括生态、资源、水利、农林、环保、经济等方面的专业人士组成的规划编制小组，从经济、技术、生态等多维度确保规划的科学性、可行性。在规划确定后，政府应向社会公布，征求企业、公众以及其他方面的意见，并根据反馈意见进行修改完善。这样不仅能提高生态资本投资的科学性，还能减少规划实施过程中的阻碍。

（二）分工协作机制

实现投资主体分工协作、有序参与的前提是合理划分生态资本的投资事权。应根据各自的社会角色定位、性质以及职能进行责任和事权划分，切实处理好中央与地方政府、政府与市场、政府与公众和社会组织之间的关系。政府间的责任划分应遵循"一级政府、一级事权，一级财权、一级权益"的原则。[①] 在生态脆弱地区生态资本投资中，重点是厘清生态资源和环境保护的责任，划清各级政府在不同区域生态资本投资中的责任，并配置相应财权。中央政府主要负责全国和较大区域范围的统一规划和相关法律政策的制定，对全国性的重点生态工程，如退耕还林、还草、还湿工程等进行直接投资，对生态脆弱地区政府

[①] 财政部财政科学研究所课题组、苏明、傅志华、唐在富：《"十二五"及未来一个时期中国水环境保护投融资机制创新与政策建议》，载于《经济研究参考》2011年第8期。

的生态投资进行协调、指导和监督，对生态脆弱地区的生态资本投资进行转移支付，弥补投资缺口。生态脆弱地区政府主要负责在全国规划的基础上制定区域投资规划，负责对生态脆弱地区的生态基础设施建设、具有公共性的生态技术研发和推广的投资，负责法规以及配套政策的制定。各级政府组成部门应遵循"统一领导、分级管理"的原则，按照政府的总体规划，履行投资职责。要整合各部门之间的投资职权，不仅要在机构和规模上整合，还要整合投资规划和政策，避免出现分离耗散的现象，形成投资合力，提高政府内部协同程度。以企业为代表的市场主体主要负责提供生态产品的生产和服务，负责提供专业的环卫、污染防治、生态修复以及生态工程建设服务；凡是市场能够做的、愿意做的都应该由市场主体完成。社会公众应尽量不使用或少使用化学物质，遵循绿色、循环、低碳的生活方式和消费方式，遵守环保法律与乡规民约。

生态资本涵盖了一切有利于生态安全、农产品安全的生态资源和环境要素，类型多样，可根据外部性的大小以及是否具有排他性和竞争性进行分类投资。

第一，对于文化景观、环保设施等具有排他性和非竞争性且外部性仅限于小范围的生态资源和环境服务，可按照戈尔丁的"选择性进入理论"进行投资安排。[①] 公共品的消费存在"平等进入"和"选择性进入"两种形式，对于"选择性进入"的公共品，往往由企业提供更有效率。首先，明晰生态资源产权归属于政府；然后，政府通过承包、租赁等形式交由企业以收费的形式运营。一方面，收费提供了生态保护所需的资金；另一方面，收费又为企业创造了利润，企业在经济利益的诱导下，往往更愿意加强生态资源保护。政府需要加强对经营主体的监管：一是防止企业出于利益考虑，对生态资本过度损耗；二是收费标准不能过高，以至于妨碍消费，同时也不能过低，造成过度消费。

第二，一些生态产品在使用过程中既具有排他性，又具有竞争性，符合一般商品的特征，并且符合现代人追求安全、健康、舒适的消费取向。这类生态产品的投资和生产，既具有生态效益，又具有经济效益，企业是这类产品的投资主体。企业发展生态产业需要政府的呵护和支持，一方面需要政府加强对生态市场的监管，维护市场秩序；另一方面需要政府通过财政和金融政策予以支持。

[①] Goldin K. D.: Equal Access VS Selective Access: A Critique of Public Goods Theory [J]. *Public Choice*, 1977, 29 (1): 53-71.

第三，对于森林、草地、野生动植物、湖面等具有非排他性和竞争性的生态资源，由于监管难度大、成本高，简单的排他性技术无法有效保护生态资源不被破坏。必须采取严格的管制措施，通常由政府划定保护范围，规定开发利用强度，采用特许经营的形式授予符合相应标准和资格的企业开发生态资源。特许经营企业将产品销售出去以获取盈利，但企业必须定期向政府缴纳特许费用，并接受政府对其开发、经营过程的监管。特许费用可以和开发强度挂钩，采取类似累进税率的方式，企业开发强度愈大成本愈高。特许费用应主要用于保护生态资本的投资活动。政府对特许企业应建立动态调整制度，对于生态资源开发强度大、利用效率低的企业及时清除出特许名单。

第四，对清洁的水源、洁净的空气、天然林以及生态技术研发等生态效益外部性强的纯公共品的投资，如水土保持等生态工程建设、安全饮水工程、土壤污染修复、绿色技术研发等投资，必须由财政给予支持。根据外部性的强度、投资规模的大小，明确中央政府和地方政府的责任。政府可以通过购买服务、将纯公共品的建设与其他营利性项目打包等形式交由市场主体进行投资，确保生态资本投资更有效率。

（三）监督保障机制

在投资前期，科学合理的决策机制以及各投资主体之间的沟通渠道必须以法律规范的形式固定下来，保证各行业专家以及企业、社会公众等主体的参与权、发言权和监督权。另外，对参与生态工程建设或提供其他服务的企业，要加强筛选，建立黑名单制度，确保参与的企业经济实力强、建设运营经验丰富。在实施中，应建立过程控制机制，监督控制的重点在于项目建设质量控制以及投资资金控制，防止出现故意压低建设成本来争取项目，而后以次充好，留下质量隐患；做好工程预算和严格控制工程造价，节约建设成本；建立按效付费制度，政府对项目建设和运营效果定期进行专项评估，并将评估结果作为付费购买服务的重要参考；培育环保组织，人们的"搭便车"行为，可以通过人们之间相互监督进行约束；充分发挥社会资本的作用，加强宣传教育，将保护环境、珍惜资源的理念纳入规章制度中，利用社会环保组织的监督优势，可以有效降低监督成本以及协调成本，增强约束力。

政府主导、企业和公众广泛参与生态资本投资过程的顺利进行，还需要建立相应的保障机制。一是建立技术专家咨询委员会制度。无论是在投资规划的设计、投资项目的建设，还是后期的维护运营，都需要一个强大技术团队的支持。然而，一方面，企业的资金实力弱，社会资本有限，难以聚集和形成具有强大实力的技术支持队伍，并且会因此形成严重的经济负担。另一方面，生态脆弱地区生态资本投资往往涉及种植业、畜牧业、水利、土壤等多学科、多门类的技术知识，需要众多具有不同知识背景的专家相互交流、讨论，共同决策。技术专家咨询委员会可以由政府或具有较强实力的社会公益组织组建，由此便可以向所有投资主体服务，在减轻投资主体经济压力的同时，为投资项目的实施提供技术保障，还能吸引其他投资主体参与生态资本投资。二是创新融资体制，保障生态资本投资主体资金的可得性。生态脆弱地区生态资本投资项目公益性强，投资收益率较低，投资风险较大，现有商业信贷的逐利性使得生态资本投资的融资需求难以得到有效满足。因此，必须创新融资机制，拓展生态资本投资资金来源渠道。为此，可设立生态资源和环境保护专项投资基金，积极利用PPP模式，筹集社会资金。基金主要用来投资生态资源保护、生态环境治理与修复以及环境基础设施建设等项目。通过利用基金这一方式，可以分散生态资本的投资风险，依托专业投资力量的参与，可以提高投资效益，促进投资项目运营管理的改进和效率的提升。推动绿色金融服务生态资本投资领域，加大金融支持力度。政策性金融机构要根据自身定位，依托国家优惠政策，对生态环境领域公共物品和准公共物品的供给，提供金融支持，加大信贷投放力度。鼓励商业性金融机构，对生态资本投资市场化运营的项目，创新贷款种类，在保证自身合理收益的基础上，加大金融服务力度。鼓励符合条件的项目运营企业通过在资本市场发行债券等方式融资。三是健全运营服务体系。目前，生态脆弱地区生态资本投资主体之间具体的责任划分有待进一步明确，生态资源产权主体不明晰，以及政府和社会资本合作的模式处在探索阶段，在投资项目运营过程中极易产生法律、财务以及其他运营风险。因此，需要健全投资运营服务体系，为生态资本投资提供法律、财务以及经营管理等专业的咨询服务，降低运营风险。

三、投资利益的主体协同机制

生态脆弱地区生态资本投资需要政府、企业和社会公众等多主体共同参与，由于各方所处的社会角色、性质存在差异，必然会产生多元化的利益诉求。实现各投资主体利益协同是完成生态资本投资过程的关键。利益协同一般可以分为两种形式：其一是当不同投资主体的利益相互对立、难以调和时，可以通过不同投资主体力量制约的形式来实现不同利益的均衡；其二是通过利益共容的形式来实现不同经济主体的利益一致，形成一股合力。

（一）利益制约机制

这类利益协同机制具有一定的强制性，主要包括污染者付费制度和生态资源使用者付费制度、环境信息公开制度。

(1) 建立污染者付费和生态资源使用者付费制度。由于生态环境的特殊性，污染物可能通过产品或直接进入人体从而危害居民身体健康，同时也会危害生态系统，造成生物多样性减少、生态功能丧失，而这些损失都是不可逆的。通过建立严格的排污收费制度，将污染的外部成本内部化，约束企业等主体的生产行为，迫使其采用清洁生产的方式。中国现行的资源使用费征收制度并未考虑其生态产品和服务的价值，实际使用成本过低，造成生态资源的过度使用。建立严格的生态资源使用付费制度，将生态资源的生态环境价值纳入使用成本，将促进资源使用者提高经营管理水平，改进生产工艺，提高资源利用效率，最终达到保护和节约资源的目的。

(2) 建立生态资源和环境信息公开制度。强制企业公布污染数据、信息和资源使用的范围和强度；设立举报窗口，公布政府行政执法的进度和结果。通过信息公开，一方面能缓解各利益相关方的信息不对称现象，增进各方互信；另一方面能有效畅通维权渠道，降低维权成本，有助于加强对政府和企业的监督，降低利益合谋的风险。增加地方政府绩效考核中关于生态环境质量的指标比重。在摸清生态资源与环境存量的基础上，将生态脆弱地区环境质量纳入地方政府考核体系，落实领导环境责任追究制度，约束地方政府的决策行为，迫使其改进决策机制。

(二) 激励相容机制

实现利益最大化是各主体实施投资行为的根本动力。因此，需要实施利益驱动，以稳定的投资收益预期调动各主体的投资积极性。生态脆弱地区生态资本投资布局比较分散，公益性强，单个项目投资收益较低，投资回报周期长。调动各方的投资积极性，关键是健全投资收益保障机制，降低投资成本和风险，提高生态资本投资的收益预期，引导相关主体参与生态资本投资，在为社会创造生态效益的过程中，实现个人价值。

（1）建立生态补偿制度，以基本农田、水源地、湿地和生态公益林为重点，开展对直接承担生态保护责任的个人和集体进行经济补偿。区别不同类型的生态服务功能，相应建立政府购买与市场运作相结合的补偿途径，合理确定补偿标准，保证人们在放弃原有生产方式后，收入保持基本平稳。建立上级财政对承担重要生态功能而限制或禁止开发地区的财政转移支付机制，减轻地方政府财政收入压力。调整补贴重点和结构，将补贴重点调整到有利于生态资源节约和环境保护的产业和生产经营主体上来。对于研发和推广生态技术的生产经营主体，政府要制定相应的奖励和补偿政策，降低新技术研发成本和风险。建立健全生态脆弱地区生态资本投资法律法规体系，加强执法队伍建设。加强绿色食品、有机食品标识监管力度，改革现有监管体系，严格生态产品认证，健全相关法规制度，规范生态产品市场秩序。建立健全投资法律体系，破除投资壁垒，保护投资者的合法权益。

（2）政府在与社会资本合作中，要按照权责对等原则合理分配生态资本投资的项目风险，按照激励相容原则科学设计合同条款，明确项目产出说明和绩效要求、收益回报机制，实现权责对等。制定社会资本参与环境治理项目的用电、用地等优惠扶持政策，降低企业建设运营成本。政府需要在资金、政策上给予引导，通过财政贴息、加速折旧、税收优惠等手段，促进形成合理的市场回报水平，引导社会资金参与生态环境建设事业。建立跨政府部门与金融部门的信息共享机制，建立政府部门与金融机构之间的企业信息数据库，政府将企业与环境相关的信息上传，金融机构根据企业排污情况和生态资源利用情况，决定信贷额度和周期。对于积极参与生态工程建设、研发和推广生态技术以及投资生态的企业，给予利率优惠政策。

（三）利益联结机制

生态资本投资协同的关键在于利益协同。利益协同的过程就是各投资主体共同协商，按照各投资主体承担风险和贡献的基础上合理分配投资利益的过程。因此，利益协同就是要设计、构建一种各利益主体都能认可的利益分配机制，在尊重各方合理权益的基础上，提升投资的协同度，实现"1+1>2"的效果。构建利益协同机制首先需要找到各投资主体的共容利益，由于生态脆弱地区生态资本投资涉及众多领域，有提供公共产品和服务的公益性项目，也有提供生态产品的商业性项目，本研究从生态环境治理工程、公共环境服务以及生态产业三方面提出设想。

（1）以往的生态环境治理无一例外都是政府财政拨款建设，以公共事业单位形式开展运营，已经投资的项目普遍出现运营效益差，甚至出现因为项目运行费用过高而停摆的现象。政府和社会资本合作开展生态环境治理，一方面可以利用社会资本强大的资金和技术实力；另一方面可以发挥社会资本在经营管理方面的优势，提高运营效率。政府旗下的投资公司和社会资本共同成立项目公司，除政府外，项目公司的股东还可包括工程建设、环保、银行等单位。工程建设单位作为股东能节省项目建设成本，银行作为股东可以为项目融资提供便利，同样，项目运营也需要环保单位的技术支持。此外，政府投资背景的公益性项目更能争取各级财政的支持和各项政府优惠政策，政府财政应为生态环境治理项目的预期收益提供保证，降低股东投资风险。项目运营的收费应由各股东协商一致进行，不得高于社会平均利润水平。

（2）对于公共环境服务项目，具体包括生活垃圾处置、生活污水处理、居民饮水安全等，可采取集体购买、消费者付费，政府给予适当补助的形式，聘请专业服务机构提供公共环境服务。针对特殊困难地区，应由财政支持建设。通过集体购买、消费者付费的形式，从而有效调动人们参与环境治理的积极性，改变人们的不良生活习惯。同时，政府的适当补贴措施，既缓解了人们的经济压力，又保障了运营企业的合理收益。

（3）建立健全生态产品和生态服务价值实现的市场化机制。从长远来看，生态产品市场质优价高，经济效益好，发展前景广阔。企业等主体通过直接投资生态产品的生产，改进生产工艺，提高产业产出，可以增加收益。政府通过提供适宜的生态技术研发支持，在生态脆弱地区提供交通、通信、物流等基础设施以及其他公共服务，降低生产经营主体的生产和经营成本，从而提高其经营效益。此外，政府还可通过生态补偿、产业补贴等措施，促进生态产品和生态服务的供给。生产经营主体的经济效益好，有利于扩大经营规模，带动其他资金流入，增强产业的综合竞争力，带动生态产业的繁荣和生态环境的改善，最终实现政府、企业和社会公众多赢。

第三节 生态脆弱地区生态资本积累途径与政策创新

一、生态资本积累途径

经济生态化与生态经济化相结合是生态脆弱地区生态资本积累的重要途径。因此，生态脆弱地区生态资本积累需要以"绿水青山就是金山银山"为理念，采用先进的生态技术和环保理念，用低碳、循环、绿色发展的方式来创造经济价值。生态脆弱地区生态资本积累一方面需要不断挖掘新的生态要素，发明新的生态技术，提高生态资本的收益率；另一方面，需要节约生态资本，通过提高生态资本的利用效率，来实现生态系统的可持续运行。

（一）经济生态化

简言之，经济生态化是推动经济社会发展目标从唯 GDP 论到追求可持续，从只追求物质生产到物质生产与环境建设协调统一，从只提供产品到同时提供生态服务。经济生态化是把生态的理念融入经济社会发展过程中，推动可持续发展，实现生态资本积累的渐进式过程。生态脆弱地区经济生态化主要通过以下三个途径来实现生态资本积累。

（1）社会经济系统与生态系统的和谐发展。社会经济的整体发展不仅需要提高物质产品生产与消费能力，也需要提高生态产品生产与生态系统还原能力，这就需要社会经济系统和生态系统之间相互耦合，不断进行能量与物质交换和动态调整。社会经济系统和生态系统之间的相互适应与和谐的过程实质上是通过经济的转型发展，实现经济发展的生态化。这个过程的完成既需要充分利用自然资源和生态环境来发展经济，减少自然资源与生态环境的破坏，也需要调整对生态资本利用的方式，转变经济发展思路，促进新环保经济的发展。社会经济系统与生态系统和谐发展的关键是做好生态脆弱地区的生态空间规划。在产业结构上，调整优化产业布局，使产业结构合理化与生态化，适当扩大第三产业的比重，减少第一产业与第二产业高污染、高能耗的部门；在空间建设上，加快城市绿化建设，改善居民生活质量，加强农村人居环境建设，建设生态宜居的美丽乡村；在宣传教育上，积极树立人与自然和谐共生的思想观念，提倡绿色消费。

（2）生产到消费环节的生态化。在传统经济发展模式下，生产到消费环节仅在于经济效益或某个环节的生态化，而经济生态化要求在生产、流通、消费到再生产各个环节的全程生态化。它改善了产业发展与生态环境之间的关系，是生态与经济一体化的有机协同过程。这一有机协同过程包括产前、产中、产后环节的整体生态化和全程生态化，从而提高了资源利用效率，增加了生态脆弱地区生态资本的存量。生产到消费环节生态化的重点是实现产业链升级。优化产业集群的布局，加快建设生态产业园区，加强生态技术的研发与应用以提高资源利用效率；对废弃物进行回收再利用，通过高新技术进行循环利用，对于无法循环利用的废弃物进行集中处理，扩大环保产业的发展规模；使用生态化的技术与设备，能有效降低废弃物产出量，减少对不可再生资源的使用，促进可再生资源的使用。

（3）生态资本的再投资。随着生态环境的恶化与生活水平的提高，人们对生态产品与生态服务的需求不断增加。随着消费者的消费水平不断提高，生态产品的市场竞争力逐渐增强。第一、第二、第三产业的发展不断融入生态理念，形成了一种全新的生态与产业互动关系。这种关系以生态资本再投资为核心，以生态产品与生态服务为对象，形成产业的绿色化与生态化。生态资本的再投资包括生态资本的恢复、保育与创造，以及发挥生态资本的再造功能，是生产全环节生态化的重要途径，完善并延伸生态产业链，推动生态系统与经济系统多目标的实现。

生态化发展已成为生态文明建设的重要选择，是对可持续发展战略的继承和发扬。经济生态化是生态规律和经济规律良性发展的共同要求，其实质是要求经济系统和生态系统的协同演进，人与自然和谐发展。经济生态化是生态脆弱地区生态资本积累的必经之路，能引导生态资本的有效配置，实现生态资本整体功能和结构的完善。

（二）生态经济化

生态经济化是指充分重视与利用自然资源的经济价值，来促进社会经济增长和生态福利增加，提升社会、经济和生态价值。生态经济化就是体现生态投资收益的过程，也是生态资本积累的重要途径。生态脆弱地区生态经济化主要通过生态产品和服务的价值实现来对生态资本进行再投资。生态产品和服务泛指生态系统为人类提供的生态服务和产品的总和，其内涵主要包括三方面：（1）生态产品强调人类从生态系统中获得的惠益，如果人类无法从中获得惠益，即使属于生态系统也不能纳入生态产品的范畴，因而生态产品的范畴应该小于生态系统资源。（2）生态产品是生态系统的输出品，应该区别于物质产品、社会产品和文化产品。（3）生态产品包括有形的物质性产品和生产要素，也包括无形的生态调节性服务功能。生态产品是利用生态要素生产的物品，即是充分利用本地优质的生态环境质量要素和丰富的生态资源物质要素来生产的高附加值产品，其价值形成包括前后一致、有机衔接的三个步骤：生态资源—生态资产—生态资本—生态产品，其价值转化主要为：存在价值—使用价值—要素价值—交换价值。

首先是生态资源资产化。生态资源是指在一定的技术条件下，为人类生存与发展提供的所有生态产品与生态服务的资源总和。生态资源具有稀缺性，它的本质限定了生态资源的单向流动性质，资源不断地向社会供给自身能量，社会不断吸取生态资源的价值。生态资源的稀缺性特征进一步引起了生态资源所有者权益的变更，因此产权的界定在生态资源转化为生态资产的过程中起着关键作用。通过对生态资源进行明晰的产权界定，投资者能享有对生态资源的法定权利，生态资源就能转化为生态资产。其次是生态资产资本化。生态资产是资产的一种，是生态资源价值的财产化体现，构成了所有者的资产与财富，具有潜在的价值。生态资产与生态资本之间相互转化的关键因素是投入，对生态资产进行资金、技术、劳动力等要素的投入，使得生态资产转化为生态资本。生态资本运营的目标之一是价值最大化，当生态资产进入市场后，通过市场的交易产生资金流的效益转化为生态资本，能够实现生态资本内部各因素之间、生态资源与经济发展的平衡。通过金融与资金的投入，生态资产的增值性得到充分发挥，达到经济价值的最大化，最终转化为生态资本。最后是生态资本产品化。生态资本转变为生态产品的过程，实质上就是生态资本可交易化的过程。生产是该阶段的关键因素，生态资源的价值通过生态资本的运营，转移至生态产品中。当生态资产转化为生态产品时，生态资源的要素价值便会转化至生态产品。生态资本产品化的一个目标就是实现生态资本形态产品化，将生态资本的价值赋予在生态产品上，从而实现生态资本的保值增值。

生态价值进入社会经济系统体现为调节服务价值、物质产品价值和文化服务价值，通过市场交易转化为经济价值，由此实现了 GEP（即生态系统生产总值）向 GDP（即国内生产总值）的转化，为持续地获取经济价值，人们将 GDP 中的一部分投向自然界，用于生态补偿、生态修复和生态建设，随着生态环境质量的改善，GEP 总量也随之增加，由此实现了 GDP 向 GEP 转化。循环往复构成了生态产品价值转化的规律性路径。生态产品价值实现就是生态要素资本化的过程，也是生态脆弱地区生态资本积累的必经之路。

二、区域生态修复政策

生态修复是指在生态学原理的指导下，以大自然的自我修复为基础，结合适当的人类措施，以达到生态环境全面改善，恢复大自然原有生态功能的目的。生态修复不仅强调对生态环境原貌的恢复，还重视人类采取一系列措施对生态环境进行有效干预，使生态环境朝着有利于可持续发展的方向改善。生态修复政策的完善使生态脆弱地区生态系统得以自我恢复，是生态脆弱地区生态资本积累的重要政策保障。

（一）建立健全生态脆弱地区生态修复法律法规体系

法律法规是实施生态修复的根本，也是生态脆弱地区生态修复政策的保证。生态修复法律法规体系的建立应该秉持以下基本原则：一是生态优先原则。在对生态系统进行修复的过程中，整个法律法规体系的准则是坚持生态优先。二是损害者担责原则。损害是指对环境造成不利影响的行为，包括对生态环境的直接破坏以及对生态自然恢复能力的损害，担责是指破坏环境的主体需要承担相应的一系列责任。三是协调发展原则。生态修复的法治化过程中需要通过实现协调发展来解决生态环境保护与经济发展之间的矛盾。四是公众参与原则。生态修复法律法规体系的建设，应积极发挥公众的参与监督功能。

生态脆弱地区生态修复法律法规体系的建立健全需要从立法层面不断完善。一是选择合理有效的立法路径。生态修复法律法规体系的建立健全应该是一个循序渐进的过程，因此，选择合理有效的立法途径十分关键。生态修复法律法规应该建立一条"由点及面"的路径，从而推动生态脆弱地区法律法规体系的完善。中国法律法规中明确提出"生态修复"概念的是在《水土保持法》中，这为今后其他生态修复法律法规的建设奠定了基础，这也是生态修复法律法规制度的"点"。由点出发，不断建立健全一系列完善的生态修复法律法规制度，达到"面"的层次。此外，生态脆弱地区生态修复法律法规制度还应该选择特定生态修复实践经验丰富的地区，进行生态修复法律法规制度试验，不断总结经验，由某个地方推向整个生态脆弱地区。二是完善相关法律规定及配套制度。健全相关配套制度对完善生态修复法律法规制度具有重要意义。我国目前存在的生态修复相关的法律法规，例如《环境保护法》《土地管理法》《水土保持法》《海洋环境保护法》等。在此情形下，完善生态修复相关法律规定的主要内容便是在《环境保护法》中设立生态修复法律制度。此外，还需要建立一系列与生态修复法律法规制度相关的配套制度，如生态修复管理制度、资金制度等，促进生态脆弱地区生态修复法律法规制度的完善。

（二）推进生态脆弱地区生态修复技术创新

随着科学技术创新速度不断加快，技术创新对生态修复的作用也越来越大。生态脆弱地区生态修复技术创新应主要围绕资源和生态产业两方面。

（1）资源节约型技术创新。通过技术创新使资源的利用水平提高，最大限度地提高资源的利用效率，促进技术从粗放、低效率向集约、高效率改进。资源节约型技术创新一般包括开发节约资源的新产品、新材料；利用先进的科技改造传统产业；开发研究新型资源的循环利用等。在推动资源节约型技术发展的过程中，每一个主体都应该发挥自己的关键作用。政府在资源节约技术的研究、推广与使用过程中给予了一定的经费支持，同时利用政府的调控手段促进技术创新。政府作为技术创新资金的重要提供者，保证了资源节约型技术的研究经费来源，有利于技术创新的稳步进行，可以实现技术成果的重大突破。市场的推动在资源节约型技术创新过程中也起着重要作用。经济主体根据技术创新的经济效益，决定技术创新的供需，技术创新的供需者也会根据各自的经济收益推动资源节约型技术创新。当技术的供需平衡时，资源节约型技术也能实现高产出，也有利于更多技术创新供给的提供。政府与市场之间也需要共同作用与取长补短，积极主动地进行资源节约型技术研究的整合，综合协调资源节约型技术创新。

（2）生态产业化技术创新。生态产业对环境的不利影响较小，生态产业采用生态技术，减少产品生产过程中的资源消耗与污染总量。加快生态产业化的技术创新必须加快生物技术创新。生物技术创新是 21 世纪生态产业化的关键，通过对生物信息技术、细胞遗传学、生物信息技术等高新生物技术进行创新，推动生态产业化的发展。在农业方面，必须加快化肥农药和生态控制技术创新。化肥农药是农业生产的重要辅助，同时对生态脆弱地区生态产业的发展也发挥着重要作用。因此，需要不断加快化肥农药的技术创新步伐，使化肥农药的使用更加高效、持久、无害。同时，农田里的病虫草害不断增加，对生态控制的创新有利于提高农作物的生产力，从而促进农业的高质量发展。

（三）加快生态脆弱地区生态修复制度创新

制度创新能够影响微观经济行为主体的行为，也可以增加对生态修复的供给。通过制度创新，如税收优惠、财政补贴等方式，激励企业等主体进行资源节约型技术创新和生态产业化技术创新，增加生态修复的供给；通过制度创新还能够有效规制经济活动的外部性，实行"谁污染、谁治理"的原则，减少经济活动对生态环境的破坏；通过制度创新，加大奖惩力度，可以增加对生态环境的污染成本，协调经济增长与生态修复之间的关系。生态脆弱地区的制度创新应主要围绕资源资本化与产业绿色化展开。

（1）资源资本化的制度创新。资源资本化的制度创新主要从资源资产产权的认定、资源的开发与收益、资源税费的征收、资源资产的核算等一系列制度入手。产权的确定是资源资本化的关键，因此必须建立明确的资源产权制度，包括产权的法律形态与经济实现形态。对资源开发权的分配与资源收益分配应合理配置，以实现综合效益的最大化，这需要加快地方政府对资源开发权制度与资源经济收益分配制度的创新。对自然资源进行收税是自然资源所有者与使用者之间经济关系的体现，要不断完善资源税费的征收制度，提升自然资源的价值与使用价值。价值核算是资源资产价值的具体化，需要加快对资源资产核算制度的创新，构建科学的核算体系，促进生态资源价值的顺利实现。

（2）产业绿色化的制度创新。产业绿色化的制度创新应从制度约束与制度激励入手，实现经济社会与生态环境的有机协同发展。首先，建立绿色生产制度。对企业生产的产前、产中、产后全环节进行绿色约束，使各种产业的发展符合生态标准。通过财政、税收补贴、金融等绿色激励制度，使企业加快技术创新以及增加生态产品的供给。其次，实行绿色考核制度。通过会计、审计等考核方式对生态环境资源的消耗与折旧等费用进行计算，并把其产生的价值加入经济绩效的考核中。最后，健全产业绿色化的市场制度。微观经济行为主体面对市场信号时，会及时做出反应，因此，必须遵循经济的运行规律，加快对市场体制的制度建设。产业绿色化的市场存在外部性、信息不完全以及结构缺陷的问题，应进行规范化建设。通过补贴、税收、政府规制弥补外部经济问题；通过完善信息传递渠道解决信息不对称问题；通过强化产品差异以及构建合理的市场壁垒优化市场结构。

三、区域生态保育政策

生态保育是在生态学原理指导下，结合一定技术对生态系统实施保护与复育，以此协调人与自然的关系。因此，需要在全面调查与研究不同类型的生态脆弱地区生态脆弱性的成因、机制与演变轨迹的基础上，确立适宜的生态保育对策，使生态保育成为生态脆弱地区生态资本保值增值的有效途径。

(一) 完善生态脆弱地区生态保育政策的法规体系

首先，需要推进政策的生态化。政策是实现一定历史时期的路线而制定的行动准则，政策对生态脆弱地区生态保育起着至关重要的作用，因此要强化生态脆弱地区生态保育政策的体系建设。中国目前的政策目标是建设成资源节约型与环境友好型社会，在此基础上可以增加生态保育方面的政策目标。其次，推进相关法律的生态化。不断健全生态保育类的法律法规，不仅要加强生态保育在《森林法》《草原法》等法律法规中的内容，还要制定《生态保护补偿法》《自然保护区法》等生态保育专门的法律法规。同时，应不断健全资源保护类和污染防治类的法律法规，加强资源保护利用和污染防治中的生态保育。此外，还需不断加强生态执法队伍建设，合理设置相关机构，加强管理与提高执法力度并重。

(二) 加强生态脆弱地区生态保育监管体系的建设

密切关注具有明显退化趋势的潜在生态脆弱地区环境演变动态的监测与评估，因地制宜，科学规划，采取不同的保育措施，快速恢复脆弱区植被，增强脆弱区自身防护效果，全面遏制生态退化。首先，推进生态保育监管部门的改革，将各个部门有关生态的职能进行整合，创建一个统管生态保育工作的机构，负责草原、森林、湿地等生态系统和植树造林、湿地保育、生物多样性保护等生态保育活动的监督管理。机构的目标是提高生态要素的质量，充分发挥生态要素的涵养水源、气候调节、水土保持等生态服务功能。其次，建立生态保育的考核评价体系。以维护生态系统为核心，实行国家和地方分级分类管理生态保育工作，将资源损失、环境污染、生态破坏等指标纳入经济高质量发展的考核评价体系。国家对生态保育实行宏观监管，地方负责生态保育的管理，实行生态保育责任追究制度，构建生态保育各司其职的管理制度。

(三) 科学制定生态脆弱地区生态保育规划

界定生态脆弱地区自然生态空间，制定生态保育空间规划。充分考量生态脆弱地区生态环境保护和经济社会发展的关系，树立底线思维，推动自然资源管理部门进行土地整备工作和土地管理制度改革，开展地籍调查和土地登记工作，对森林、河流、山岭、荒地、风水林、滩涂、海域等自然生态空间进行确权登记。把区域生态环境作为一个整体，开展生态承载力调查，寻找环境保护和经济发展的最佳协调点。科学地划定生态保护红线，提高生态红线划定的合理性和科学性，并针对不同的生态功能区制定不同的环境标准和环境政策。在现有的生态控制线基础上，划定生态、生产、生活和生命空间开发管制界限，将生态和生命空间以生态保护红线的形式固定下来，推动形成人与自然和谐发展的现代化建设新格局。

（四）建立健全生态脆弱地区生态治理体系

生态脆弱地区的共建共享，离不开公众的支持和参与。要建立健全一整套生态治理制度体系，推行源头保护制度、损害赔偿制度、环境综合治理制度等，建立起政府、企业、社会组织、公众共同参与的多元治理机制和体系。以政府为主导，面对不同层次和群体，利用网络、广播、电视等媒体，深入宣传保护生态脆弱地区生态环境的重要性，加强生态环境普法宣传、生态保护培训教育、生态文化建设和生态文明创建活动，培育和扶持发展生态公益型社会组织，不断提高全民的生态环境保护意识，积极倡导生态文明，增强全社会公众参与的积极性。同时，深入开展与生态脆弱地区生态保护和建设相关的理论研究与应用研究，积极开发适应于不同生态脆弱地区的保护和治理技术，提高资源的利用效率，保障生态脆弱地区自然生态系统和人工生态系统的健康发展。

第五章
生态脆弱地区生态资本运营收益形成机理与政策

生态脆弱地区生态资本运营收益的形成既是生态资本运营的目的,又是进行生态资本投资的强大动力。本章从生态资本运营收益的类型入手,在将生态资本运营产生的收益分解为生态收益、经济收益和社会收益的基础上,分别构建了生态脆弱地区生态资本运营生态收益、经济收益和社会收益形成机理的理论框架,为定量测算生态资本运营收益提供依据;针对生态资本运营的特殊性,并从价值核算、产权交易、运营保险和运营基金等方面提出了生态资本运营收益形成的政策创新思路。通过科学阐释生态脆弱地区生态资本运营收益的形成机理与相应政策,使生态资本对投资者来说更具吸引力,从而有助于推进生态脆弱地区生态资本的可持续运营,为开展生态资本运营式扶贫奠定现实收益基础。

第一节 生态脆弱地区生态资本运营收益的形成机理

一、生态资本运营收益的类型

生态资本作为生态资产中用于进行价值再生产或再创造的部分或者全部投入份额,其投入不断满足来自社会不同群体的需要,同时使得生态资本的投入具有多种价值,主要体现在生态价值、经济价值与社会价值,追逐生态资本内在的巨大收益便成为投资者共同的目标。在追求生态资本投资产生的价值过程中便产生了生态收益、经济收益与社会收益,生态资本投资、投资价值与投资收益三者之间的关系如图5-1所示。

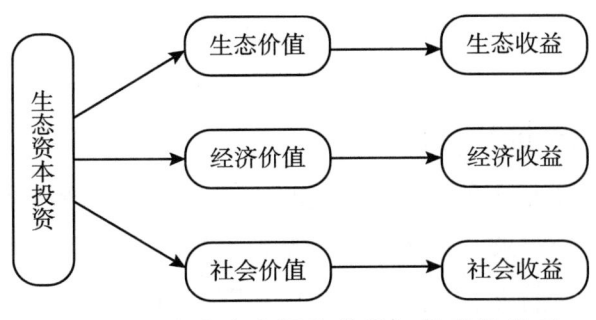

图 5-1　生态资本投资价值与收益的关系

（一）生态资本投资的生态收益

生态资本投资是走可持续发展道路必不可少的重要环节，也为可持续发展提供良好的生态基础。诸如水土保持、涵养水源、防风固沙、调节气候、维护生物多样性、防治面源污染等方面，都得益于生态资本投资的有形或者无形的生态服务，其中的生态收益主要表现在生态保护、生态修复和生态发展等诸多方面。具体而言，生态资本投资的生态收益，主要是指因生态资本投资对环境质量的改善[①]，而使公众从中得到的利益。从理论上讲，在一个较长时期内，这些收益都可以在经济上得到反映或量化，即这些收益会在一个较长时期内转化为经济收益[②]。

（二）生态资本投资的经济收益

生态资本投资的经济收益，包括从生态资本投资中得到的生态产品与服务收入及生态资本投资成本之差额，以及其他企业和个人因此而减少的成本和增加的收入。如污水排放减少而使下游部门的生产成本下降和使渔民的收入增加，环境改善使人们的身体健康状况改善而减少的医疗费用支出等。一般而言，生态资本投资对经济增长的作用机制是通过两个层次来传递的。一方面，生态资本投资通过带动生态建设、环保投资以及相关产业的发展，对经济增长具有直接贡献。另一方面，生态资本投资通过增加生态资本存量或者克服"公地悲剧"（由于产权缺位造成的环境破坏），促进人们生活质量和生产力水平的提高，从

---

① 如大气质量的改善、水质和水位的改善、噪声的降低、环境卫生的改善等。
② 例如，生态环境的改善，便可提升农产品质量、减少森林损失、降低土地的酸化程度等。在实践中，太湖流域的水环境经过综合治理，便已经取得了显著的生态收益。太湖流域在 2008 年开始实施《太湖流域水环境综合治理总体方案》，通过扎实推进流域控污减排和生态修复工作，增强基础能力建设，通过三年多的治理，到 2011 年底，流域水环境质量总体向好，化学需氧量和氨氮排放量分别下降 15.4% 和 22.2%，环湖河流水质总体由中度污染转向轻度污染，全湖平均营养状态由中度变为轻度，湖体中度富营养面积明显减少。

而提升生态资本效率，对经济增长产生间接贡献。

（三）生态资本投资的社会收益

社会收益是指最大限度地利用有限的资源满足人们日益增长的美好生活特别是美好生态环境的需求，它属于一种精神上的满足。从生态资本投资中获取的社会效益主要是人们从生态资本投资上获得的精神福利。广义而言，社会收益包含生态收益和经济收益等各个方面的具体收益；狭义而言，主要指生态资本投资所产生的外部效益，尤其是好的外部影响。具体来说，生态资本投资的社会收益范围包括人们生活条件的改善、就业机会的增加，以及由此产生的社会稳定和家庭和谐、减少环境纠纷、促进城市基础设施建设、正规文化遗产的保护等。

英国低碳转型计划对绿色就业的拉动便能够很好地说明生态资本投资的社会收益。2009年，英国政府在纲领性文件《英国低碳转型计划》中提出了宏观构想，计划到2020年使低碳经济为英国带来超过120万个绿色工作岗位。这一"低碳"新思维，在某种程度上与人口、资源与环境经济学中的"波特假说"[①]不谋而合。该文件显示，英国的绿色建筑产业可以创造6.5万个工作岗位，海上风能可带来约7万个工作岗位，波浪能和潮汐能等海洋能源的发展可带来1.6万个岗位。可见，生态资本投资所创造的新就业岗位，已成为政府项目寻求民间支持的有力工具。事实上，美国罗斯福新政中的"以工代赈"等生态资本投资行为，其初衷也是为了增加就业。政府可以通过大量的生态资本投资工程，弥补工人的实际收入损失，由此带来的结果就是实际工资的上升和劳动力供给的相应增加。所以，生态资本投资通常是和更高水平的就业率相伴的。

二、生态资本运营的生态收益形成机理

生态资本投资收益区别于其他投资的主要表现在于其生态效益的获得，这是其他投资无法获得的。例如，生态资本投资能够增强政府防污控污能力，同

[①] "波特假说"是指"适当的环境管制将刺激技术革新，从而减少费用，提高产品质量，这样有可能使国内企业在国际市场上获得竞争优势，同时，有可能提高产业生产率"。在此之前，人们认为"环境管制是企业费用增加的主要因素，对提高生产率和竞争力将产生消极影响。"波特假说的主张与此形成鲜明对比，并受到了人们的普遍关注。

时提高企业或事业单位的环境保护、污染治理水平,是控制或减少污染物排放的目的;促进自然生态资源的保护,并将如森林、矿产等资源进行适度恢复和增值,缓解生态环境恶化的趋势,为资源的利用和社会的发展提供物质基础。从本质上讲,生态资本投资的生态收益源自生态系统的服务与功能。下面将通过对生态系统服务与功能的介绍,结合生态资本投资生态收益的刚性规律,阐述生态资本投资的生态收益形成机理。

(一) 生态系统的服务与功能

生态系统服务也被称作生态服务、自然服务、自然系统服务、环境服务等。生态系统服务的研究在西方兴起的标志性著作是由格兰杰·戴利(Gretch Daily)等人在 1997 年编著的 "*Nature's Services: Societal Dependence on Natural Ecosystem*" 一书,其对生态系统服务功能的定义是:自然生态系统及其物种所形成过程的人类赖以生存的自然环境条件与效用。这一定义突出了三方面的内容:生态系统服务的主体是生态系统及其生态物种和过程;人类对生态系统服务的依赖性;这种依赖性表现在人类对自然条件与生态效用的依赖两方面。概括而言,生态系统服务是指人类从自然生态系统(包括生境、系统性质和过程)得到的利益,主要包括生态系统向经济社会系统输入的有用物质和能量、接受和转化来自经济社会系统的废弃物,以及直接向人类社会提供的服务等(见图 5-2)。

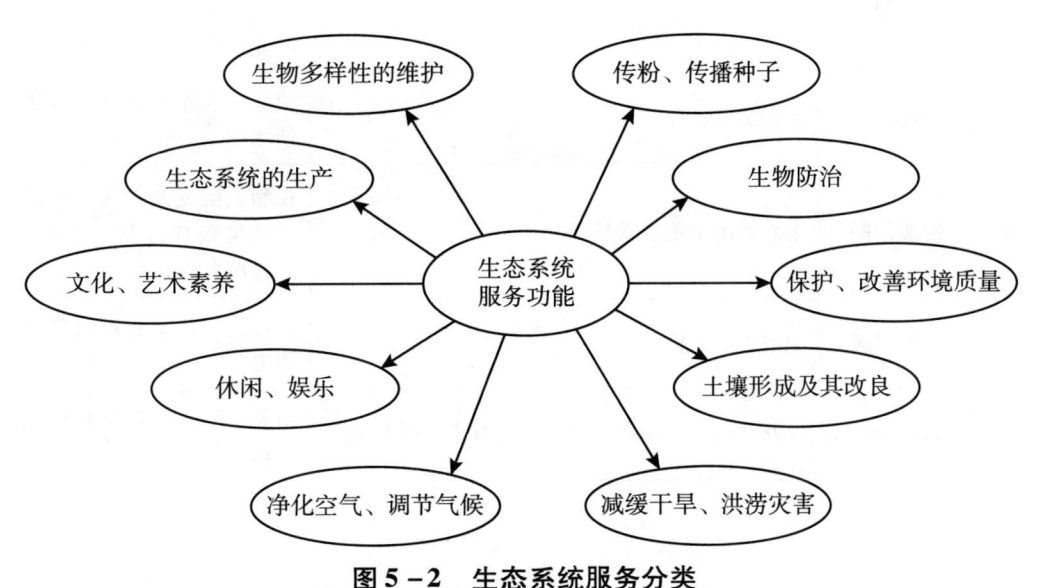

图 5-2 生态系统服务分类

生态系统服务功能具有多面性，因而其具有多价值性，或者说，满足和支持人类生存和发展的自然生态系统状况和过程是多种多样的。康斯坦扎·R（Costanza R）等人将生态系统服务分为17类（见表5-1），即大气调节、气候调节、干扰调节、水调节、水供给、侵蚀控制和沉积物保持、土壤发育、营养循环、废物处理、授粉、生物控制、庇护所、食物生产、原材料、基因资源、娱乐、文化等。总体来说，主要包括：生态系统的物质生产，生物多样性的维护，传粉、传播种子，生物防治，保护和改善环境质量，土壤形成及其改良，缓解干旱和洪涝灾害，净化空气和调节气候，休闲、娱乐，文化、艺术修养等方面。[1]

表5-1　　　　　　　　　　生态系统服务价值

单位：美元/（公顷·年），10亿元/年

序号	生态系统服务	生态系统功能	生态系统服务价值	举例
1	气体调节	大气化学构成的调节	1 341	二氧化碳/氧气平衡，臭氧保护
2	气候调节	全球气温、降水调节和其他生物气候缓和过程	684	温室气体调节影响，云的形成
3	干扰调节	容纳、阻止和整合生态系统对环境波动的响应	1 779	暴风雨保护、洪水控制、干旱恢复
4	水调节	水文（流）调节	1 115	提供农业用水（灌溉）或工业过程用水、运输等
5	水供应	水源涵养、保持	1 692	流域、水库和含水层提供淡水
6	侵蚀控制	生态系统土壤的保持	576	控制土壤侵蚀（风、径流或其他输移过程），湖泊与湿地水的储存
7	土壤形成	土壤生成过程	53	岩石的风化和有机物质的积累
8	养分循环	存储、内部循环处理和获得养分	17 075	固氮，N、P、C及其他元素和养分的循环

---

[1] 刘玉龙：《生态补偿与流域生态共建共享》，中国水利水电出版社2007年版，第10页。

续表

序号	生态系统服务	生态系统功能	生态系统服务价值	举例
9	废物处理	养分移动的恢复、过氧化营养物质的去除和降解	2 277	废物处理、污染控制、解毒
10	授粉	花粉运动	117	为植物群落的再生产提供授粉者
11	生物控制	群落营养动力学的调节	417	掠食者控制
12	栖息地	长住和过境群落的生境	124	迁移物种庇护所、生境，当地物种的生境或者过冬场所
13	食物生产	可提取为食品的那部分第一性总生产力	1 386	鱼、野味、谷物、坚果、水果等
14	原材料	提取为原材料的那部分第一性生产力	721	木材、燃料、饲料等
15	基因资源	唯一的生物原料或产品的资源	79	医药、材料科学产品、植物病原体、农作物害虫观赏物种抵抗基因
16	娱乐	娱乐活动机会	815	生态旅游、运动、钓鱼、户外活动
17	文化	提供非商业用途的机会	3 015	美学、艺术、教育、科学
合计			33 268	

资料来源：Costanza R, The Value of the World's Ecosystem Services and Natural Capital. *Nature*, 1997, 5, pp. 253 – 260。

（二）生态资本投资生态收益的刚性规律

对于不同的生态系统，要想保有和利用它的生态收益，就必须要求人类活动或自然侵蚀对生态系统的干扰或破坏不能超过生态系统所能承受的极限，如果超出这个极限，生态系统就会受到破坏，它的部分或全部生态收益就会消失。例如，一定面积的森林可提供调节气候、涵养水源等诸多生态收益，如果人们不断破坏森林使森林的面积逐步缩小，当森林面积低于调节气候或涵养水源所必需的森林面积的极限，这些森林所提供的生态收益的总量不是减少，边际量不是相对递增，而是消失。生态资本投资的这一特性可称作是生态收益的刚性，下面将通过图示来描绘生态收益的刚性规律。

图 5-3（a）表示一般物品的效用总量 TU 随物品消费量 Q 的增加而增加，边际效用 MU（效用曲线切线的斜率）随物品消费量的增加而减少。图 5-3（b）表示只有在生态系统达到一定规模，即在刚性极限 Q_M 以上时，生态资本投资的生态收益总量 TU_E 才会随着生态系统规模 Q_E 的增加而增加，边际效用 MU_E（效用曲线切线的斜率）随生态系统规模的增加而减少；在刚性极限 Q_M 以下时，生态收益就会不存在，相应的生态收益总量 TU_E 就为零。由图 5-3（b）可知，在 Q_M 处曲线不是连续的，因此不存在导数，MU_E 也就不存在。

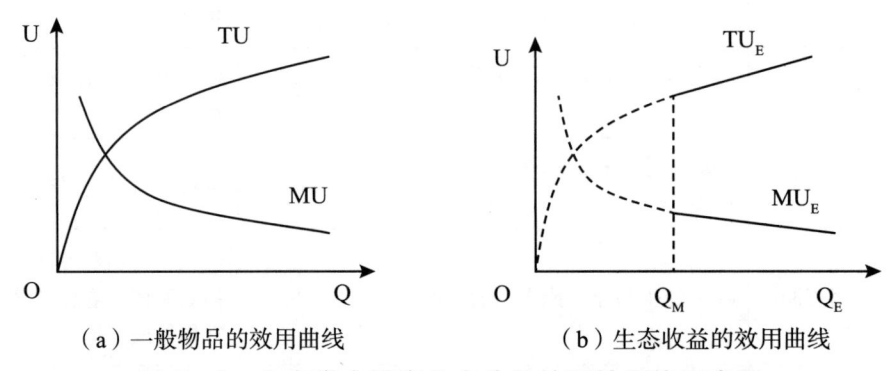

（a）一般物品的效用曲线　　（b）生态收益的效用曲线

图 5-3　生态资本投资生态收益的刚性规律示意图

生态资本投资的生态收益刚性带来的启示是，经济社会的可持续发展必须将"生态资本损耗"控制在经济社会可承受范围之内。生态资本投资能增进经济社会发展所损耗的生态资本量，并保持资本的增量，提升生态资源的合理利用效率。为了保证人类社会可持续发展，代际之间对生态资源的分配应以不伤害生态资源的增殖功能为原则，一定量的生态资源在代际的分配可以通过简单的数学模型得出：

$$Q = \sum \frac{Q_t}{(1+r)^t} \tag{5.1}$$

$$U(Q) = \sum U\left[\frac{Q_t}{(1+r)^t}\right] \tag{5.2}$$

其中 $Q_M \leq Q \leq Q_E$，则可构建拉格朗日函数为：

$$L = \sum U\left[\frac{Q_t}{(1+r)^t}\right] + \lambda\left[Q - \sum \frac{Q_t}{(1+r)^t}\right] \tag{5.3}$$

求导解得：

$$\frac{\partial L}{\partial Q_t} = \frac{\partial \left[\frac{Q_t}{(1+r)^t}\right]}{\partial Q_t} - \frac{\lambda}{(1+r)^t} = 0 \tag{5.4}$$

整理可得：

$$\frac{\partial U(Q_t)}{\partial U[(1+r)^t]} = \frac{\lambda}{(1+r)^t} \tag{5.5}$$

在式（5.5）中，两边同时乘以 $(1+r)^t$，则有：

$$\frac{\partial U(Q_0)}{\partial Q_0} = \frac{\partial U(Q_1)}{\partial Q_1} = \cdots = \frac{\partial U(Q_t)}{\partial Q_t} = \lambda \tag{5.6}$$

由式（5.6）可见，只有当同期或同代人的生态资源消费的边际效用都相等时，资源配置才能实现最优。生态资本投资能通过提升生态安全标准或改善生态资源消费质量，从而降低生态资本损耗量，这样将使当代人的生态资本损耗水平降低到刚性极限 Q_M 以下，从而为经济社会的可持续发展提供生态基础。

（三）生态规律对生态资本投资生态收益的制约

生态资本的"自然性"，不仅指生态资本基础性、公共性的自然属性，而且指生态资本的保值增值也具有鲜明的自然属性，因此，生态资本投资的生态收益，在很大程度上要受到生态规律的制约。一般情况下，生物的生长发育是以其生存环境为基础，并随环境的改变而做出相应调整的。但生物生存环境中的限制因子如果超出了生物的适应范围，就会对生物产生一定的限制作用，只有在生物与其生存环境条件高度相适应时，生物才能最大限度地利用优越的环境条件，并表现出最大的生物生产潜力。限制因子包括两个基本定量：（1）最小因子。生态系统的良性循环取决于系统中数量最不足的一种物质。这说明，由于生态系统中某一数量最不足的营养元素，不能完全满足生物生长的需要，同时也会影响其他处于良好状态的因子发挥其效应。虽然现在的生态系统已变成"人化的自然"，人为因素能够促使限制因子发生转化，但在生态资本投资过程中，最小因子仍然发挥着重要作用。（2）耐性范围。人们经过长期实践和观察发现，不仅某些在量上不足的因子会使生物生长发育受到限制，当某些因子过量时也会影响生物的正常生长发育及其繁衍。因此，进行生态资本投资时，要明确各种生物生长发育对各种生态因子的生物学上限和下限，即该种生物对其生存环境中某一生态因子的耐性范围。

生态资本投资对象的一个基本特征就是其集合性和聚集性，这具体表现在生态系统中各组分之间相互联系、相互依赖、相互影响、相互制约，从而构成一个不可分割的整体，整体的作用和效应要大于各组分之和。在生态资本投资过程中，应该基于生态系统的不同层次，注视生态资本不同类型和社会经济条件，以确保生态系统整体协调优化，进而实现生态资本投资的生态收益。

三、生态资本运营的经济收益形成机理

生态资本存量的增加，包括生态资本的自然积累与生态资本的人为投资两种途径。从人为投资的角度来说，生态资本存量可以通过生态恢复建设、环境污染治理及生态技术研发等生态资本投资措施来进行积累。从实际经济影响过程来看，生态资本投资主体通过采取生态恢复建设、环境污染治理及生态技术研发等生态资本投资措施，能够使经济体系中的生态资本存量增加。从最终结果来看，生态资本存量的稳步增长，将使得经济体系中的物资资本、人力资本和经济产出的稳定增长率均进一步提高。换句话说，生态资本投资能够促进经济增长。通过生态资本投资，促进绿色经济增长，避免重复发达国家"先污染、后治理"[①] 的老路，便相当于实现了巨大的经济收益，而这也体现出了生态资本投资对于经济增长的促进与优化作用。事实上，生态资本投资的经济收益，其最终落脚点仍然是在经济发展模式和人们生活方式的转变方面，这就要求促进生态脆弱地区经济结构不断优化升级，发展绿色经济，推行可持续消费模式。就生态脆弱地区的实际情况来看，生态资本投资力度正在明显加大；环境保护优化经济发展的作用，也正在逐步显现；资源相对短缺、环境容量有限，是生态脆弱地区的基本特征；通过生态资本投资，能够促进生态脆弱地区经济增长，加快经济发展方式生态化转变，从而形成生态资本投资的经济收益，为在生态

---

① 也许有人会说，生态破坏后还可以治理，当务之急仍然是经济发展。当然，生态被破坏之后，确实能够通过生态资本投资来进行治理，但此时的生态治理成本却是相当大的。例如，云南滇池周边的企业在20年间，总共只创造了几十亿元产值，但要初步恢复滇池水质，至少要花几百亿元，这相当于云南省一年的财政收入。还有淮河流域的小造纸厂，20年累计产值不过500亿元，但要治理其带来的污染，即使是干流达到起码的灌溉用水标准也需要投入3 000亿元。要恢复到20世纪70年代的三类水质，不仅治理费用巨大，就是在时间上也至少需要100年左右。

脆弱地区开展生态资本运营式扶贫奠定经济基础。

当然，以上分析更多侧重于宏观经济层面。就企业（微观）层面而言，企业同样有各种各样的理由要进行生态资本投资。例如，避免违反环境法规、大量的补救费用、废物的处理费用、高赋税、不良的公众形象等，或是企业要在营销中主打"绿色"牌，从而获得更多商机及塑造健康积极的形象。概括起来，企业层面的生态资本投资经济收益主要来自以下几个方面：（1）资源和能源的节约及有效利用能促进企业经济效益的增加。资源能源的不合理运用与污染物的产生密切相关，而生态资本投资（如环境污染治理等）能有效减少污染物的排放与资源能源的浪费。正常情况下，企业的污染物排放达到国家或地方标准后，则可免交排污费，或免受罚款等，从而减轻了企业的经济负担。（2）生态资本投资能刺激企业进行环保技术改造。事实上，生态技术研发等本身便是一种生态资本投资行为。在一定环保要求下，企业采取各种措施来满足环境标准，必须通过技术的生态化创新来达到污染控制的目的。（3）生态资本投资能通过生态型产品生产，来提升企业的"绿色竞争力"，并最终促进企业经济效益的增加。

鉴于企业进行生态资本投资的方式多样，致使很难对其收益的一般机理进行抽象概括与提升，下面将以亿利资源集团对库布齐沙漠的治理为例，对企业层面的生态资本投资经济收益加以说明。

库布齐沙漠位于内蒙古鄂尔多斯高原北部，总面积 1.86 万平方千米，是中国第七大沙漠，也是北京沙尘暴的三大源头之一。其实，库布齐沙漠在夏商时期曾经是一片草木繁盛、土地富饶的良田，只是随着历朝历代不断在此发动战争，并实施大规模的移民戍边，才使得大片草地逐渐荒漠化、沙漠化。到新中国成立时，这里已经彻底变成了沙漠，成为死亡之海、不毛之地。

改革开放以来，内蒙古自治区、鄂尔多斯市等各级党委、政府一直都十分重视对库布齐荒漠化的治理工作，相继出台了一系列政策法规（如"禁牧休牧""划采轮牧"等政策），使库布齐荒漠化得到了有效遏制。同时，政府还鼓励企业积极参与荒漠化治理，实施"谁治理、谁所有、谁受益"政策，充分调动了广大企业参与治沙的积极性，亿利资源集团便是其中的典型代表。[1]

作为沙漠经济型企业，亿利资源集团 20 多年来先后投资近 10 亿元，修建了

---

[1] 《亿利资源集团库布齐沙漠生态治理和沙漠新经济发展情况介绍》，光明网，http：//www.gmw.cn，2011年7月4日。

5条总长234千米的穿沙公路，实施了沿库布齐沙漠北缘、黄河南岸长200多千米、宽3~5千米的防沙护河工程，建设了220多万亩以甘草为主的中药材基地，绿化了库布齐沙漠3 500平方千米，控制沙化面积约占库布齐沙漠1.86万平方千米总面积的一半。①

值得注意的是，亿利资源集团并不是一味地搞公益性绿化，而是要变"沙害"为"沙利"，利用沙漠实现经济收益，其主要做法是发展了三块沙漠产业。②一是利用广袤的沙漠空间，大规模种植了既能防风固沙又能产业化应用的甘草、肉苁蓉、藻类等沙旱生中药材，构筑了产值40亿元的甘草现代化产业，同时也构建了有益健康、关爱生命的"天然药圃"，促成了生态资源向生态资本的转化。二是利用沙漠独特的自然景观，并加以巧夺天工的点缀，发展了库布齐沙漠"七星湖"低碳旅游产业，构建了人类与沙漠和谐相处的生命乐园。三是依托库布齐沙漠的土地空间和20多年的生态建设成果，发展了清洁能源、生物质能源、太阳能光伏产业。在大规模防沙绿化的同时，亿利资源集团还实施了清洁能源生产与沙漠碳汇林建设有机结合的治沙模式。可见，只要措施得当，通过生态资本投资，便能够获得投资的经济收益。③

四、生态资本投资的社会收益形成机理

（一）生态资本投资的代际公平收益

生态资本的公平分配应包括空间和时间两个方面的内容：一是代内公平分配（空间角度），不同地区的人们对地球生态资源享有平等的使用权，一定区域内同代人在利用生态资本、满足自身需求时的机会是均等的，即每个单独的行为个体应公平地享受代内资源、环境、生存与发展的权利与义务。二是代际公平（时间角度），各代人对地球生态资源享有平等的使用权，当代人对生态资本

---

①③ 《亿利资源集团库布齐沙漠生态治理和沙漠新经济发展情况介绍》，光明网，http：//www.gmw.cn，2011年7月4日。
② 与其他沙漠有所不同的是，库布齐沙漠竟然有水，在好多地方只需往地下打几米深的水井，便能见到水。事实上，库布齐沙漠主要是在人为的"樵采过牧"条件才形成的。这也就说明了，通过利用其南部鄂尔多斯高原的季节性降水，以及其北部河套平原的地下径流补充，开展沙漠人工修复等生态资本投资活动是可行的。

的消耗和使用，不应以牺牲后代人的利益为代价。因此，要保证生态资本的可持续利用，促进"三型"社会（即资源节约型、环境友好型、人口均衡型）的建设与发展。

为了满足代内人发展的社会契约，当代人要杜绝生态资本利用可能导致的成本与不可逆性超过某种程度，这是生态资本投资的一种社会收益，这种取向源自一种全新的价值观，即生态是有价值的财富，是大自然赋予人类的"基础资本"。因此，生态资本投资和配置既关系到当代人的利益，也关系到后代人的利益。从代际来看，当代人对生态资本开发利用的增加率要小于至多等于社会贴现率。但在时间长度上，生态资本的代际公平分配却是无限的，每一段时期的计算操作都要有一个"公正"的社会贴现率，这就使得核算的公平性不可避免地带有一定的主观性。不仅如此，就不可再生的生态资本而言，贴现率在代际间就失去了意义。对这一领域的研究，霍华思（R. C. Howarth）把财产的代际转移引入资源的有效配置中，将财产代际和资源代际结合起来，构建了霍华思模型：

$$\frac{MV_{tt}}{MV_{tt+1}} = \frac{P_{t+1}}{P_t} = 1 + r_{t+1} \tag{5.7}$$

式中：

MV_{tt}——第 t 期消费品 C 对 t 代人的边际效用；

MV_{tt+1}——第 t+1 期消费品 C 对 t 代人的边际效用；

P_t——第 t 期资源的价格；

r_t——第 t 期利息率。

模型假设了财产约束等成立条件。它的经济含义表现在两个方面：一是沿着均衡的轨道，每一代人的边际时间偏好与其所面对的利息率相等；二是随着时间的推移，资源价格会以相当于利息率的比率上升。

（二）生态资本投资的就业促进收益

生态资本投资的就业促进收益，表现在生态资本投资所创造的绿色就业机会方面，主要包括绿色产品、可再生资源、绿色服务和环境保护四个产业部门的就业。这里的绿色就业，是指在经济部门和经济活动中创造的体面劳动，它能够减少环境影响，最终在环境、经济和社会层面实现可持续发展的企业和经济形态。在 UNEP、ILO、ITUC 共同发表的报告《绿色就业：在低碳、可持续发展的世界实现体面劳动》中，绿色就业被定义为"在农业、工业、服务业和管理领域有助于保护或恢复环境质量的工作"。从环境功能来看，绿色就业具有四个特征：即降低能耗与原材料消耗的"非物质化经济"特征，如发展循环经济创造的就业；避免温室气体排放的"去碳化经济"特征，如太阳能热利用及风能就业；将废物与污染降至最低的"环境经济"特征，如安置除尘脱硫设施后电力企业的就业；保护和恢复生态系统和环境服务的"生态经济"特征，如绿色农业领域的就业。总之，进行生态资本投资并不会阻碍就业的增加，相反还会促进社会就业。绿色就业既包括直接创造的就业机会，也包括由此带动的间接就业机会，还包括诱导所衍生的就业机会。直接的绿色就业如垃圾处理、污水处理企业的就业；而更多的是间接的，如生产污水处理设备的企业的就业；诱导性就业如电子废弃物回收再利用所带动的就业等。具体而言，经济绿色转型所创造的绿色就业机会，将大于被摧毁的非绿色就业机会，并最终降低社会的失业率。

（三）生态资本投资的福利增加收益

生态资本投资的社会收益中，除了促进绿色就业外，还可以增进社会福利。假设生态资本投资的福利增加收益集中体现为对投资主体与消费者的效用；假定市场上只有两类产品：生态型产品与普通型产品，生态资本投资企业倾向于生产更多的生态型产品，而普通企业则倾向于生产更多的普通型产品；从产品具有的性质来看，生态型产品具有较大的外部经济性，而普通型产品则只具有较少的外部经济性或者几乎没有外部经济性。为简化分析，假设普通型产品没有外部性，进一步假设生态型产品为公共产品，而普通型产品为私人产品。先建立一种简单的社会模型：只有两个部门或两个参与人（企业和消费者），市场上只有两种产品：生态型产品（其供给量为 g）和普通型产品（其供给量为）x。

设企业的效用与生产的两类产品有关，为 $u_e(x_e, g)$（假定产品的价格既定）。$\frac{\partial u_e}{\partial x_e} > 0$，$\frac{\partial u_e}{\partial g} > 0$，企业的资源约束为 R，x 和 g 的边际资源耗费分别为 c_x 和 c_g。则企业面临的问题就是给定消费者选择的情况下，选择自己的最优战略 (x_e, g)，从而实现自身效用的最大化：

$$\max u_e = u_e(x_e, g) \quad (5.8)$$

$$s.t. \ R = c_x x_e + c_g g \quad (5.9)$$

建立拉格朗日函数可求得企业效用最大化的条件为:

$$\frac{\partial u_e/\partial g}{\partial u_e/\partial x_e} = \frac{c_g}{c_x} \quad (5.10)$$

这一条件决定了企业是否进行生态资本投资（即是否进行生态型产品生产），生产生态型产品的纳什均衡（x_e, g）。

设消费者效用也与这两类产品有关，为 $u_s(x_s, g)$。$\frac{\partial u_s}{\partial x_s} > 0$, $\frac{\partial u_s}{\partial g} > 0$（生态型产品具有外部性），消费者的消费预算约束为 M，x 和 g 的价格分别为 p_x 和 p_g。则消费者面临的问题是给定企业选择的情况下，选择自己的最优战略（x_s, g），从而最大化自己的效用，即：

$$\max \ u_s = u_s(x_s, g) \quad (5.11)$$

$$s.t. \ M = p_x x_s + p_g g \quad (5.12)$$

建立拉格朗日函数可求得消费者效用最大化的条件为：

$$\frac{\partial u_s/\partial g}{\partial u_s/\partial x_s} = \frac{p_g}{p_x} \quad (5.13)$$

这一条件决定了消费者的纳什均衡（x_s, g）。

设定社会收益函数为：

$$w = u_e + u_s \quad (5.14)$$

式（5.10）与式（5.13）的实质就是这两种产品都不含外部性的条件下，企业、消费者效用最大化的条件。事实上，生态资本投资是一种能产生外部性经济的活动，这种外部性最终进入消费者的效用函数。为简化分析，假定生态资本投资的所有外部经济性均会通过生态型产品 g 进入消费者的效用函数。这样消费者的消费预算约束变为：

$$M = p_x x_s \quad (5.15)$$

构建拉格朗日函数：

$$L = u_e(x_e, g) + u_s(x_s, g) + \lambda_1(R - x_e c_x - g c_g) + \lambda_2(M - x_s p_x) \quad (5.16)$$

这里，λ_1 和 λ_2 为拉格朗日乘数。

最优化的一般条件为：

$$\frac{\partial L}{\partial x_e} = \frac{\partial u_e}{\partial x_e} - \lambda_1 c_x = 0 \qquad (5.17)$$

$$\frac{\partial L}{\partial x_s} = \frac{\partial u_s}{\partial x_s} - \lambda_2 p_x = 0 \qquad (5.18)$$

$$\frac{\partial L}{\partial g} = \frac{\partial u_e}{\partial g} + \frac{\partial u_s}{\partial g} - \lambda_1 c_g = 0 \qquad (5.19)$$

由此可得：

$$\frac{\partial u_e / \partial g}{\partial u_e / \partial x_e} = \frac{c_g}{c_x} - \frac{\partial u_s / \partial g}{\partial u_e / \partial x_e} \qquad (5.20)$$

根据上述模型分析，可知：

第一，因为生态资本投资产生正的外部效应，所以 $\frac{\partial u_s}{\partial g} > 0$，$\frac{\partial u_s / \partial g}{\partial u_e / \partial x_e} > 0$。社会收益最大化所要求的条件 $\frac{\partial u_e / \partial g}{\partial u_e / \partial x_e}$ 的值，小于纳什均衡时的条件值，而 $\frac{\partial u_e}{\partial x_e} > 0$，故社会收益达到帕累托最优时 $\frac{\partial u_e}{\partial g}$ 更小，这便意味着企业应提供更多的生态型产品，也就是当社会收益达到帕累托最优时，应有更多的企业进行生态资本投资，从而提供更多的生态型产品。

第二，设 $\frac{c_g'}{c_x} = \frac{c_g}{c_x} - \frac{\partial u_s / \partial g}{\partial u_e / \partial x_e}$，则 $c_g < c_g'$，即社会收益最大化，普通型产品的边际资源耗费不变时，生态型产品的边际资源耗费必然下降，其重要途径就是扩大生态型产品生产规模。由此可见，生态资本投资能够增进社会收益水平，使其向帕累托最优逼近，纳什均衡不一定是帕累托最优。

第三，生态资本投资对社会收益帕累托改进的关键，在于生态资本投资收益外溢从而改进其他社会成员的效用。

第四，如果普通型产品会产生负的外部性效应，则 $\frac{\partial u_s / \partial g}{\partial u_e / \partial x_e} < 0$，$\frac{\partial u_s}{\partial g} < 0$。由此可知，如果生态资本投资主体提供较少的普通型产品或不提供普通型产品，则社会收益就更能达到帕累托最优。

以上分析是从纯数理的角度，探讨了生态资本投资的社会收益形成机理。在现实社会中，同样存在很多通过生态资本投资而获得社会收益的案例。

第二节 生态脆弱地区生态资本运营收益形成的影响因素

一、生态资本运营收益形成的影响条件

条件分析针对的是制约和影响事物各个发展阶段的外部因素,生态资本投资收益形成的影响条件主要包括以下四点:

(一) 生态效用:生态资本投资收益形成的认知条件

效用是消费者对某物品或者服务需求满足程度的度量,一种物品或服务效用的大小取决于其使用价值和稀缺性。生态环境资源要素能否成为生态资本取决于人们对该要素使用价值和其稀缺性的认识。生态资本是生态资本运营的客体要素,是生态资本运营的对象。[①] 关于生态资本的稀缺性认识直观地反映出其效用的变化,从传统时代到工业化和城市化进程的不断推进,人们对生态资本稀缺性的认识日益深刻,生态环境和资源更成为现代可持续发展的一种关键资本。

生态资本的功能经历了国家还债能力、人类环境福利、生命支持功能、生产支持功能、生态系统整体服务功能等若干阶段,每一阶段认识的不断深入源于人们对于每种功能所对应的使用价值及其稀缺性的认识。总体而言,生态资本的功能表现为支持生产或者提供生态服务。支持生产表现在为动植物提供良好健康的成长环境,提供生态服务表现在促进所在区域的生态环境质量优良并对更大区域甚至整个生物圈的稳定都产生极大贡献。生态资本投资收益的形成

[①] 黄鹂、严立冬:《生态资本运营构成要素研究:功能论视角》,载于《河南社会科学》2013年第3期。

要求发现新的生态型生产要素,即生态资本的形成阶段,这一阶段要求通过生态辨识不断发现生态系统中可用于生产的新的生态型生产要素,一种生态资源是否能够成其为生态型生产要素,取决于人们对其使用价值的判断及其稀缺性的认识。因此,生态效用是生态资本投资收益的认知条件。

(二) 生态需求:生态资本投资收益形成的约束条件

生态需求是人类为了满足自身再生产需要而产生的对生态产品的直接需求,不包括生产过程中消费的生态产品。生态需求的本质是生态系统的一个有机组成部分,是生命之网中的一个结点。人本质上是生态的,因此生态本性是人的最基本属性,它体现在人的生态需求,而该需求的满足则是这种本性实现的表现形式。由于生态需求的满足是通过生态产品的生产与消费实现的,因此,要使生态需求的满足程度不断提高,就必须不断地扩大社会生态产品的生产能力,而生态产品的生产离不开生态资本投资。

一般来说,不同类型的人群会有不同的生态需求。从个体的角度来看,生态需求的异质性本质上由人类个体成长环境的异质性决定的,成长环境的异质性主要源于家庭、学校和社会。在一个社会中,个人对社会中环境问题和环境事件的不同感知和阅历,不断地修正个体对环境的认识,从而修正他的生态需求。

人们对生态产品的保留价格往往是由人们的生态需求决定。生态需求越强烈的人,对生态产品的保留价格越高。因此,生态资本投资的基本力量是公众与政府,其通常方式都是"公众推着政府往前走",生态资本投资收益的形成要求将生态型生态要素投入到生态过程中,并经过生态产品的市场购买实现投资收益。因此,生态需求是生态资本投资收益形成的约束条件。

(三) 生态技术:生态资本投资收益形成的支持条件

生态技术是利用生态系统原理和生态设计原则,对系统从输入到转换再到输出的全部过程进行合理设计,达到既合理利用资源、获得良好的经济社会效益,又将生产过程对生态环境的破坏控制在较低水平的一种科学技术。生态技术在生产过程中以生产安全无污染的优质营养生态产品为目标,包括生物防治技术、无机肥料技术、食品安全生产技术、农产品质量标准体系和检测技术等，借助生态技术进步提高资源利用率和综合效益。

生态资本投资收益形成的核心环节是通过生态资本的形态变换实现价值转化，其中，生态资本的投入和形态变换是关键，而生态资本的投入和形态变换必须通过生态技术的运用才能顺利进行，一方面，生态资本投资收益的形成要求不断发现新的生态环境资源型生产要素，并将它们与其他生产要素相结合才能生产出满足人们绿色消费的新型生态产品；另一方面，生态资本投资收益的形成要求通过技术加工变换生态资本的形态，通过生态资本的形态变换将生态价值转化到生态产品或生态服务中去。此外，生态资本投资收益形成过程中，如何减少污染排放、降低生产成本、增加产品附加值、提高产品生态位等，都直接或间接地依靠生态技术的支持。由此可见，生态技术的使用决定着生态资本形态变换的方式，进而决定生态资本投资收益形成的程度。因此，生态技术是生态资本投资收益形成的支持条件。

（四）生态市场：生态资本投资收益形成的保障条件

资本投资的方式是市场交易，即资本投资中资产形态的变化、生产要素价值的转换和传递都是为了实现资本的价值，而资本价值只有通过市场交易才能形成货币价值，因而必须借助于市场的功能并与其他资本相结合，才能使得资本的流动、裂变不受时间和空间限制，从而最大限度地扩大市场容量。生态资本作为资本也必然遵循资本投资的市场规律，即生态资本投资收益的形成总是由生态资源转化为生态产品或生态服务，生态产品或生态服务通过生态市场的生态交易实现其交换价值，从而实现生态资本价值的货币化。生态资本投资在其中不断实现收益的良性循环，生态市场则成为前一轮生态资本投资收益的归属点和新一轮投资出发点的关键节点。

生态市场是生态商品经济发展的必然产物，包括生态投资市场、生态技术市场和生态交易市场，分别对应于生态资本投资收益形成的资本积累、资本投放和资本扩张。生态产品消费市场是生态资本投资收益形成的保障。只有通过生态产品消费市场，消费者才能有效购买生态产品，生产者的利润才能最终实现。诸如绿色农产品和生态旅游市场的发展就是生态资本投资实现收益形成的重要依托条件。

上面仅是就生态资本投资收益形成的一般影响条件进行了探讨。根据投资主体的不同，生态资本投资可以粗略地分为两类，即生态资本公共投资和生态资本私人投资，而且这两类投资活动在投资方式与投资目标等方面也存在差异。例如，政府进行生态资本投资的目标，可能偏重于保障经济可持续发展、培育新的经济增长点等；而企业进行生态资本投资的目标，则更侧重于获得最大经济利益、增强企业综合竞争力等。因此，有必要对生态资本公共投资与私人投资收益形成的影响因素进行分别讨论。

二、生态资本公共投资收益形成的影响因素

（一）生态资本公共投资的主导性分析

1. "市场"和"政府"都是广义资本结构的调整手段

广义资本结构的调整手段①，可以分为"科层机制""市场机制""互惠机制"三大类。在生态产品的供给方面，由于公共基础设施、环境保护等公共产品无法由市场机制提供，所以生态资本公共投资（福利性投资）为生态资本私人投资（功利性投资）奠定了基础，二者互为依托。因此，在生态资本投资过程中，应该尽量发挥"政府—市场—社会"三种调控机制的耦合效应，即以政府调控机制为主导、市场机制为基础、公众参与机制为补充，实现"三种"调节机制（科层机制、市场机制、互惠制衡）的协同。

2. 生态资本公共投资是"生态型公共产品"供给的必然要求

生态资本公共投资是指以公共部门为主体的生态资本投资活动（包括国有企业投资）。② 投资的合理范围应由公共财政支出边界决定，而公共财政存在的理由源自"市场失灵"。因此，生态资本公共投资的边界既是一个理论命题，也是一个实践框架。在生态市场发育水平不断提高的背景下，需要运用的生态资

---

① 广义的资本结构是一个经济体中物质资本、金融资本、人力资本、社会资本和生态资本存量的相对份额。随着工业化进程的加快，物质资本、金融资本、人力资本和社会资本的存量都有了显著的增加，但生态资本却呈现出短缺的现状，其具体表现便是资源耗竭、环境污染和生态破坏。此时便应该通过对生态资本进行投资来增加生态资本的存量，并进而调整广义资本的结构。
② 由于政府是公共部门的核心或主体（国企往往是政府的附属物），因此这里的公共投资与政府投资在研究范畴上具有一定的重叠与交叉。而实际上，公共投资的主体既可以是政府，也可以是私人。

本公共投资来弥补市场缺陷的领域也会不断收缩。在现实经济状态下，需要将市场机制的基础作用与政府的主导作用较好地结合起来。

3. 生态资本产权私有化具有一定的风险

生态资本产权不能完全私有化的现实情况使得生态资本公共投资有其必要性，虽然权利的排他性的确可以激励权利所有者并提升生产效率，但生态资本产权私有化具有一定风险：（1）当产权中的当事人存在多个时就取决于各方实施产权的成本和各方达到同意的可能性。针对其他外部效应，个体可以通过合适的转移支付进行相关谈判并实现较好效果，但将生态资本产权私有化往往会产生分配不公的问题，尤其对于穷人的权利是一种剥夺，例如，18世纪英国的"圈地运动"就是生态资本产权私有化风险的表现。（2）从效率角度来讲，私人所有者的时间贴现率可能高于整个社会的实际贴现率，因此，生态资本消耗的速率会更快，这是生态资本产权私有化的风险之二。（3）私有化易造成财产所有者过高的讨价还价能力，使相关方的合作难以为继，这是生态资本产权私有化的风险之三。（4）私有产权的可贸易性有可能会损害资源的受益者之间长期关系的维系，而这种情况可能会阻碍人们进行资源保护方面的投资，这便是生态资本产权私有化的风险之四。

（二）中央与地方政府生态资本投资行为的博弈分析

生态资本公共投资主体由中央政府与地方政府组成。假设中央政府对地方政府的生态资本投资补贴率为 s，即地方政府每进行1元的生态资本投资，中央政府补贴地方政府 s 元。随着 s 值的增加，中央政府可以引导地方政府进行生态资本投资，使地方政府的生态资本投资偏好发生变化。站在地方政府的立场上看，s 的值当然是越大越好。

在假设中央政府和地方政府都是追求利益最大化的理性经济主体前提下，提出如下命题：（1）生态资本投资补贴率 s 与地方政府投资取向变化正相关。因此，在资金约束条件下，中央政府可以通过变化 s 的值引导地方政府生态资本投资取向变化，进而加强生态资本投资收益形成的能力。（2）对中央政府而言，存在一个最优的生态资本投资补贴率 s^*。（3）中央政府的补贴对象越多，即补贴环节越少补贴越直接，生态资本公共投资收益率越高。即提高生态资本公共投资收益率的基本途径是减少中间环节，实行生态资本投资直接补贴。

假设中央政府的收益函数为：

$$R_C = (E_C + E_L)^\gamma (I_C + I_L)^\beta \qquad (5.21)$$

假设地方政府的收益函数为：

$$R_L = (E_C + E_L)^\alpha (I_C + I_L)^\beta \qquad (5.22)$$

假定中央政府可用于投资的总预算资金为 B_C，第 i 个地方政府用于投资的资金为 B_{Li}，i = 1, 2, …, n。

E_C、E_L 分别代表中央和地方政府用于生态资本投资的数量，I_C、I_L 分别代表中央和地方政府用于物质资本投资的数量。$0 < \alpha$、β、$\gamma < 1$，$\alpha + \beta \leq 1$，$\beta + \gamma \leq 1$。并且假定，$\alpha < \gamma$。

在给定预算约束 $E_C + I_C = B_C$，$E_L + I_L = B_L$ 的前提下，最优化收益函数，得到的模型结果是：

中央政府的反应函数为：

$$E_C^* = \max\left[\frac{\gamma}{\beta + \gamma}(B_C + B_L) - E_L, 0\right] \qquad (5.23)$$

地方政府的反应函数为：

$$E_L^* = \max\left[\frac{\alpha}{\alpha + \beta}(B_C + B_L) - E_C, 0\right] \qquad (5.24)$$

因此，中央政府理想的生态资本投资为：

$$\frac{\gamma}{\beta + \gamma}(B_C + B_L) \qquad (5.25)$$

地方政府理想的生态资本投资为：

$$\frac{\alpha}{\alpha + \beta}(B_C + B_L) \qquad (5.26)$$

由于 $\alpha < \gamma$，因此式（5.25）严格大于式（5.26）。根据反应函数可知：如果中央政府没有足够的财力来实现其最优生态资本投资，那么中央政府就不能达到最优目标。特别是，如果中央政府用于投资的资金低于式（5.26）的话，那么生态资本投资的数量就为式（5.26）。

设定中央政府的生态资本投资补贴率为 s，即地方政府每出 1 元钱用于生态资本投资，中央政府将补贴 s 元。第 i 个地方政府决定 B_{Li} 的投资分配，以达到效用最大化。中央政府把生态资本投资外的资金用于第 i 个地区的物质资本投资，其数值为 I_{Ci}，收益函数采用柯布－道格拉斯生产函数形式。因此，第 i 个地方政府的投资收益函数为：
$$R_i = (E_i + sE_i)^\alpha (I_{Ci} + I_i)^\beta \quad i = 1, 2, \cdots, n \quad (5.27)$$

其中，E_i、I_i 分别为第 i 个地方政府用于生态资本和物质资本的投资。其中，$0 < \alpha, \beta < 1$，$\alpha + \beta \leq 1$。

假定地方政府的目标是在满足预算约束的前提下，实现收益最大化函数，即：
$$\max_{(E_i, I_i)} R_i = (E_i + sE_i)^\alpha (I_{Ci} + I_i)^\beta \quad i = 1, 2, \cdots, n \quad (5.28)$$
$$\text{s.t.} \quad E_i + I_i \leq B_{Li} \quad i = 1, 2, \cdots, n \quad (5.29)$$
$$\sum_{i=1}^{n} sE_i + \sum_{i=1}^{n} I_{ci} \leq B_c \quad (5.30)$$

假定预算约束的等式成立。求解上述最优化问题，由一阶条件得到第 i 个地方政府的反应函数为：

$$E_i = \frac{\alpha \left(\frac{B_c}{n} + B_{Li} \right)}{(\alpha + \beta)\left(\frac{s}{n} + 1\right)} - \frac{\frac{\alpha}{n} \sum_{j \neq i} sE_j}{(\alpha + \beta)\left(\frac{s}{n} + 1\right)}, \quad i = 1, 2, \cdots, n \quad (5.31)$$

为方便求解，假设 $I_{ci} = I_{cj}$，这就意味着中央政府用于生态资本投资后，剩余的资金将平均分配给各个地方政府用于物质资本投资；假设 $B_{Li} = B_{Lj}$，这便意味着每个地方预算资金一样多；同时假设 $\sum_{i=1}^{n} B_{Li} = B_L$ 对任意 i、j 均成立。解此问题得到第 i 个地方政府用于生态资本投资的数量为：

$$E_i = \frac{\frac{\alpha}{n}(B_L + B_C)}{\alpha(1+s) + \beta\left(1 + \frac{s}{n}\right)}, \quad i = 1, 2, \cdots, n \quad (5.32)$$

将各级政府进行生态资本投资的数量求和，得到全国用于生态资本的总投资为：

$$\sum_{i=1}^{n}(E_i + sE_i) = \frac{\alpha(1+s)}{\alpha(1+s) + \beta\left(1 + \frac{s}{n}\right)}(B_L + B_C) \quad (5.33)$$

相对于原模型中地方政府的最优解（地方政府的反应函数），地方政府用于生态资本的资金变化为：

$$\Delta E = \sum_{i=1}^{n} E_i - \frac{\beta}{\alpha + \beta}(B_C + B_L) + E_C$$
$$= \sum_{i=1}^{n}(E_i + sE_i) - \frac{\beta}{\alpha + \beta}(B_C + B_L)$$

$$= \frac{\alpha\beta s\left(1-\frac{1}{n}\right)}{\left[\alpha(1+s)+\beta\left(1+\frac{s}{n}\right)\right](\alpha+\beta)} \quad (5.34)$$

显然，当 n>1 时，式（5.34）严格大于零。也就是说地方政府用于生态资本投资的资金增加了。这说明中央政府采用生态资本投资补贴率 s 的政策的确可以引导地方政府的投资向生态资本倾斜；另外由式（5.34）知，即使中央预算资金少于式（5.26），这样的政策也会使全国的生态资本投资高于式（5.26），从而向中央政府的最优目标靠近。注意式（5.34）同样代表了当中央预算资金低于式（5.26）时，实施这项政策后全国生态资本投资的变化。

由于：

$$\frac{\partial(\Delta E)}{\partial s} = \frac{\alpha\beta\left(1-\frac{1}{n}\right)(\alpha+\beta)^2}{\left[\alpha(1+s)+\beta\left(1+\frac{s}{n}\right)\right]^2(\alpha+\beta)^2} = \frac{\alpha\beta\left(1-\frac{1}{n}\right)}{\left[\alpha(1+s)+\beta\left(1+\frac{s}{n}\right)\right]^2} \geq 0 \quad (5.35)$$

因此，s 越大 ΔE 越大，地方政府的生态资本投资额越多。这就为提高中央政府预算的比例提供了部分依据。因为中央政府预算比例过低，则没有足够的资金来满足 s 值增加所引起的资金需求。若中央政府预算为零，则在 $\alpha < \gamma$ 条件下，中央政府的最优生态资本投资永远达不到。因此中央政府为了增加控制力，就要掌握更多的资源，提高生态资本投资在总预算中的比例。

（三）补贴率对生态资本公共投资收益形成的影响分析

式（5.25）代表着中央政府的理想生态资本投资，式（5.34）代表能实现的生态资本投资，令式（5.25）等于式（5.34）得：

$$\frac{\gamma}{\gamma+\beta}(B_C+B_L) = \frac{\alpha(1+s)}{\alpha(1+s)+\beta\left(1+\frac{s}{n}\right)}(B_C+B_L) \quad (5.36)$$

解出 s 得：

$$s^* = \frac{\gamma-\alpha}{\alpha-\frac{\gamma}{n}} \quad (5.37)$$

这意味着当中央政府与地方政府对生态资本投资的偏好稳定的情况下，即

α、γ、n 相对稳定时，s^* 就比较稳定，这时就为最优生态资本补贴率 s^*。这样，中央政府就可以设定 $s = s^*$，以实现生态资本投资收益的最优。

当 $s < s^*$ 时，就会使生态资本的投资达不到中央政府认定的最优。

当 $s > s^*$ 时，就会使生态资本出现过度投资的现象。

当 $n = 1$ 时 $s^* = -1$。这就是说地方政府每进行 1 元钱的生态资本投资，就要倒贴给中央政府 1 元钱。这意味着若达到中央政府最优，中央政府必须控制全部生态资本投资，即中央政府要有足够的预算资金去实现最优，这也为提高中央政府预算比例提供了一定解释。

进一步分析：当 $\alpha - \frac{\gamma}{n} < 0$，即 $n \leqslant \left[\frac{\gamma}{n}\right]$ 时，$s^* < 0$，这意味 $\alpha < \gamma$，中央政府对生态资本投资的评价远远高于地方政府，因而中央政府为了达到最优，就必须掌握更多的资金。这样中央政府的预算比例必须提高。

（四）投资乘数对生态资本公共投资收益形成的影响分析

设 $\alpha - \frac{\gamma}{n} > 0$，由 $\frac{\partial s^*}{\partial n} = -\frac{\gamma - \alpha}{\left(\alpha - \frac{\gamma}{n}\right)^2} \frac{\gamma}{n^2} < 0$，可以得出：n 越大，$s^*$ 越小。

这意味着在中央政府预算资金相对不足的情况下，只需要增大 n，即增加直接补贴对象，也就是说预算资金直接补贴到更基层一级，中央政府就有可能用较少的资金来实现其所期望的生态资本投资收益最优。因为中央政府设定 n 的大小有着绝对的权利，因此在预算资金相对不足时，可以通过收益 n 来改变自己对生态资本投资方向的收益率。这也从一个侧面说明减少中间环节可以增大中央政府的控制力。另外，假设现在政府已达到最优生态资本投资。由于某种原因，α 发生了变化。

$$\frac{\partial s^*}{\partial \alpha} = \frac{\frac{\gamma}{n} - \gamma}{\left(\alpha - \frac{\gamma}{n}\right)^2} < 0 \tag{5.38}$$

由式（5.38）可知，若 α 变大，那么最优的生态资本投资补贴率就会降低。这时如果已实施的生态资本投资补贴率已经高于最优补贴率，会引起生态资本投资过度。同样，若 α 变小，会引起生态资本投资低于最优。

假设现在政府已达到最优生态资本投资。由于某种原因，γ 发生了变化。

$$\frac{\partial s^*}{\partial \gamma} = \frac{\alpha - \dfrac{\alpha}{n}}{\left(\alpha - \dfrac{\gamma}{n}\right)^2} > 0 \tag{5.39}$$

可以看出，若 γ 变大，也就是说中央政府对生态资本投资的乘数升高，那么最优生态资本补贴率就会升高。这意味着正在实施的生态资本投资补贴率已经低于最优补贴率，将引起生态资本投资不足。同样，若 γ 变小，也就是说中央政府对生态资本投资的乘数降低，正在实施的生态资本投资补贴率会导致生态资本投资过度。

通过以上分析，可以得出以下五点结论：

第一，中央政府和地方政府对生态资本投资收益弹性（中央政府的收益弹性大）的不同，使得地方政府对生态资本投资不足，生态资本投资主要由中央政府进行，如果中央政府的投资不足，就无法实现全社会生态资本投资最优。

第二，生态资本投资补贴率 s 是中央政府实现预算约束条件下通过生态资本投资收益形成的重要手段。s 值的变化可以引导地方政府生态资本投资偏好的变化，s 值越大，地方政府越偏爱生态资本投资，s 值过大会造成生态资本投资过度。当全社会生态资本投资不足，中央政府生态资本产业投资预算约束的条件下，中央政府可以通过生态资本投资补贴率 s 这个作为政策变量，改变地方政府对生态资本投资的偏好，促进生态资本投资收益的形成。

第三，在一定假设条件下，中央政府存在最优的生态资本投资补贴率 s^*，并且 s^* 与直接补贴对象数目正相关。因此，在预算资金约束条件下，中央政府可以通过加大预算资金直接补贴对象数目，减少补贴的中间环节来加强生态资本投资收益形成能力和提高生态资本投资效率。中央政府在预算资金相对不足时，可以通过调整直接生态资本投资补贴对象数目，减少补贴的中间环节，来改变自己对生态资本投资方向的收益率，增强生态资本投资收益形成能力，并进而提高生态资本投资效率。

第四，地方政府生态资本投资乘数 α 增加，最优的生态资本投资补贴率就会降低；中央政府生态资本投资乘数 γ 增加，最优生态资本补贴率就会升高。

第五，如果考虑到财政分权所引起的地方政府竞争，那么税收竞争、经济建设性投资支出、生态资本投资支出以及当地政府的环境规制，都会对生态资本公共投资收益的形成产生影响。因此，对于生态资本投资而言，需要更高层级的政府通过制度创新，实现地方政府间的跨区域生态资本投资合作。

三、生态资本私人投资收益形成的影响因素

（一）生态资本私人投资不足的客观现实性分析

生态资本公共投资依旧是生态资本投资的主导力量，但也需要生态资本私人投资的对全社会生态资本投资结构进行优化，促进生态资本投资效率的提升。但由于生态服务具有公共物品属性、生态资本投资具有明显的社会公益性，导致私人投资者会存在很大的投资顾虑。例如，可再生能源工厂、林业工程等这样从长远来看有利于生态资本持续循环利用，实现生态资本增值与发挥生态资本共生功能的方案，却往往会因为经济原因而遭到私人投资者的摒弃。这是由于生态资本投资活动需要大量的前期投资，而收益却得在未来几年甚至几十年陆续形成和实现。对于这种未来收益，在进行成本收益核算时，往往会引入一个经济学的观点——"贴现"，结果是未来的收益将被低估，人们会更加偏好当前收益。这便是生态资本私人投资不足的客观现实原因。

（二）生态偏好对生态资本私人投资收益形成的影响分析

生态资本投资的"三驾马车"分别是社会公众、企业和政府，公众的生态偏好是"三驾马车"的发动机和驱动力。只有当家庭内物质享受产生的边际效用低于环境改善的效用时，公众的生态偏好会在经济发展和生活质量提高时产生。[①] 在国外，生态化绿色消费已经成为一种大众化的消费模式。在英国，目前对绿色食品的需求量大大超过了本国潜在的生产能力，每年进口量占该类食品消费总量的80%，德国则高达98%，这表明绿色产品有着巨大的市场潜力。在日本对家庭主妇的调查中，91.6%的消费者对绿色食品（有机农产品）感兴趣，觉得有安全性的占88.3%。2003年初公布的一份市场调研报告表明，大约50%

---

① 也有不少学者认为环境质量的需求收入弹性大于1，即清洁环境及其保护是一种"奢侈品"。值得注意的是，随着北京及华东地区近期雾霾天气的增多，普通民众对环境污染空前关注，也在一定程度上提升了公众的生态偏好。

的法国人、80%的德国人在超级市场购物时，都愿意挑选环保商品。在美国，有83%的消费者声称他们关心大公司的环境记录，有84%的消费者在购买产品的时候会考虑公司环保方面的声誉。①

（三）贴现率对生态资本私人投资收益形成的影响分析

贴现率是指费用效益分析中用来作为基准的资金收益率。由于投资是一定投资主体为了获取预期不确定效益而将现期的一定收入转化为资本的行为与过程，投资与否取决于利息率与资本边际效率的比较。对于生态资本而言，贴现率部分地由物质资本的利润所决定，当竞争性固定资本比率不足时，生态资本将被转化，因此，如果其他资本产品能产生相对较大的利润，就意味着只有少数资本能以生态资本的形式存在。事实上，"理性人"行为策略也会受到四个内部变量的影响，这四个变量分别是预期收益、预期成本、内在规范和贴现率。人们选择的策略会共同与外部世界产生结果，并影响未来对行动收益和成本的预期。同时，贴现率还会受到地方社区人们在比较未来与当前的相对重要性时所共有的一般规范的影响。贴现率对生态资本私人投资收益形成的影响如图5-4所示。

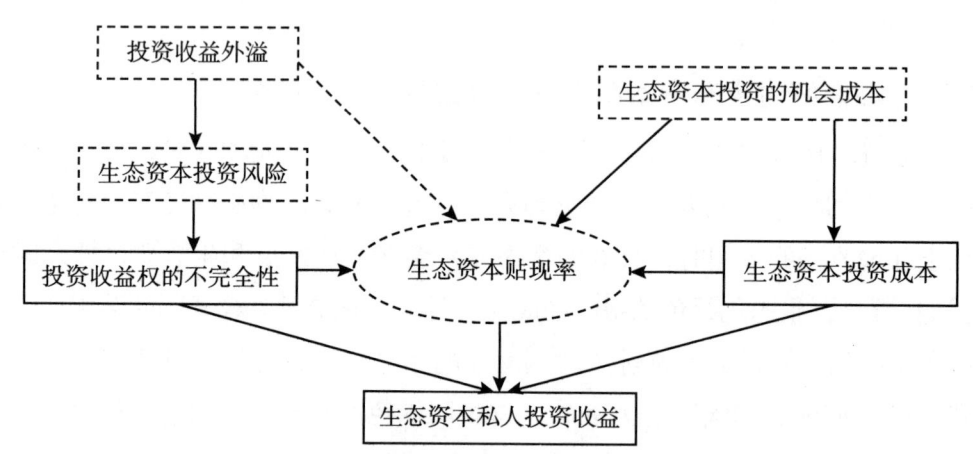

图 5-4 贴现率对生态资本私人投资收益形成的影响示意图

---

① ALBA, J. W. AND HUTCHINSON, J. W., Dimensions of Consumer Expertise [J]. *Journal of Consumer Research*, Vol. 13, March, pp. 411–454, 1987.

(四) 投资风险对生态资本私人投资收益形成的影响

毫无疑问,投资收益才是私人投资者进行生态资本投资的主要动力,而生态资本投资的经济收益回收风险依旧较高,这一情况限制了生态资本私人投资的发展。生态资本投资风险较高的另一个表现则是治理污染的企业成本高于不进行治理污染的企业,其原因在于中国目前还没有将环境容量作为严格监管的有限资源,企业和社会大众对环境污染整治的费用远低于污染损害补偿的费用,使得废弃物排放具有明显的外部性。如果不能将外部成本内部化,生态资本私人投资就很难获得经济收益。

值得注意的是,生态资本投资的收益并不是全部都能以使用价值的形式体现出来,还有相当一部分收益表现在非经济方面。投资收益的间接性与投资主体的多元性的并存,使建立明晰的生态资本产权结构成为困难,更是加剧了投资风险。生态资本投资属于一种周期较长的投资,投资周期长本身就意味着不确定因素增多,使投资的市场风险加大。短期来看较好的投资项目,有可能经不起时间的考验。

第三节 生态脆弱地区生态资本投资收益形成的政策创新

生态资本投资在保护生态环境的同时,能够为社会提供生态产品和生态服务,具有公共品属性和正外部性。这就使得生态资本投资往往因缺乏激励而投资不足,正外部性活动由于无法获得补偿而难以持续,因此,便应当建立健全生态资本投资收益形成的政策保障。

一、生态资本价值核算政策

生态资本价值核算政策的关键是建立健全绿色核算政策。即针对当前缺乏对生态资本变动情况的全面核算，特别是缺乏对生态资本破坏和环境污染造成经济损失的核算而提出的一种核算体系。

环境问题表面上是人类社会经济活动的副产品，实际上反映的是人与人、人与自然之间，经济利益和环境利益矛盾冲突的结果。世界各国已经在生态资本价值核算体系方面进行了大量探索，有一定代表性和特色的核算模式有：联合国综合环境与经济核算体系（SEEA）、世界银行的持续经济福利指标（ISEW）及在此基础上发展的真实进步指标（GPI）、世界银行的国民财富（NW）和真实储蓄率（GS）、欧洲环境的经济信息收集体系（SERIEE）、包括环境账户的国民核算矩阵（NAMEA）和包括环境账户的社会核算矩阵（SAMEA）、欧洲环境压力指数和欧洲综合经济与环境指数体系、环境和自然资源核算项目（ENRAP）等。

应该说，绿色 GDP 是对 GDP 的完善和发展。绿色 GDP 核算[1]强调生态资本在经济建设中的投入效益，自然资源环境既是经济活动的载体，又是生产要素，建设和保护自然资源环境也是发展生产力。尽管目前绿色 GDP 核算方法仍处于探索阶段，操作层面的问题没有完全解决，但将环境资源成本纳入国民经济核算体系是大势所趋[2]。实行绿色 GDP 核算，也许能对"行政区经济"进行某种程度的修正。"行政区经济""父母官"意识大大刺激地方政府只从本地利益出发，想方设法扩大本地经济规模，维护本地区利益。现实生产和生活中的环境污染案例表明，上游的"福星"往往是下游的"灾星"。因为很多生产行为在污染下游的同时，却为本地贡献了税收和就业机会，"利"在当地，"害"却转移给下游或周边地区。因绿色 GDP 核算体系中考虑到资源环境因素，生产过程中排放的有害物质对环境造成的负面影响需要从经济总量中扣除，不能只看到发展、繁荣的一面，还要看到对资源环境消极影响的一面。以绿色 GDP 考核官员政绩，对"污染一任、造福一方""吃祖宗饭、断子孙路"的不可持续的短期行为可进行一定程度的抑制。

---

[1] 值得注意的是，为系统全面测度和衡量人类经济社会发展态势，仅仅依靠绿色 GDP 还是远远不够的，还需要类似反映收入分配状况的指标如基尼系数，反映效率状况的指标如全要素生产率，反映就业状况的指标如失业率，反映经济运行状况的指标如通胀率，以至反映人自身健康、教育、文化、娱乐状况的指标如人类发展指标乃至幸福指数等做进一步补充。

[2] 绿色 GDP 概念提出以后，虽国内外学者纷纷对其开展研究和探索，但是到目前为止，尚未形成统一的、公认的、权威的绿色 GDP 定义和核算方法。

二、生态资本产权交易政策

生态资本运营收益是以生态资本的交易和相应产权安排为条件的。国内的生态资本产权安排是以政府主导的强制性制度变迁为空间的。只要政府许可或退出，并通过法律制度做出安排，生态资本产权就会进入。强制性制度变迁能否启动和实现，取决于政府的意愿，而其是否有效率，则取决于强制性制度与诱致性制度的相容性。生态资本的重要特征之一在于其使用权的可扩散性和收益权的不可排他性。因此，在生态资本管理方面，为适应绿色经济发展要求，关键是要健全一套促进创新的激励机制，重点是依法保护生态资本投资者的收益权。

生态资本产权是投资者进行生态资本投资收益分配的依据，只有建立具有制度化、法律化的生态资本产权关系，才能保障生态资本投资者的利益，进而提高他们的投资积极性。生态资本产权的交易，是指生态资本产权在不同经济主体之间的让渡。交易价格的形成、相关信息的传递及交易活动的进行规则，共同构成了生态资本产权交易市场的运行机制。生态资本产权交易市场通过为交易双方提供一个平台，使生态资本产权交易主体因为受一定动机或外在压力的驱使，能够按一定的方式、一定的价格来促使生态资本产权交易的达成。在生态资本产权的交易关系中，必须遵从既定和合理的秩序。生态资本产权的排他性可以减少不确定性并增进秩序的稳定性，同时，由于排他性的存在，生态资本产权主体才能用产权去进行交易，排他性是生态资本产权可交易性的基础。生态资本产权可交易性是生态资本流动的具体表现形式，按照帕累托最优资源配置原理，只要生态资本创造收益的潜在空间存在，自由竞争和选择机制就必然会促使生态资本向更有效和更充分利用的市场转移，从而达到生态资本投资收益最大化状态。因此，生态资本产权交易制度的重要意义，便在于调整生态资本产权格局所既定的结构效率。也就是说，在初始生态资本产权格局约束了生态资本运行和效率发挥时，只要交易成本低于原有产权格局造成的效率损失，则可以通过生态资本的交易进行调整。显然，生态资本产权的可交易性是提高生态资本配置效率的充分条件和实现生态资本产权功能的内在条件。

在生态资本运营过程中，应坚持"谁投资、谁受益"的原则，认定并协调个人、企业、政府之间的生态资本产权关系。由于生态资本产权归属并不唯一，产权的行使要受到投资各方的共同制约，生态资本载体和其非载体都无权单方面决定。对生态资本的处置、交换和收益分配，都需要各方共同解决。共同解决意味着交易和契约必须是平等的，一方不能对另一方进行强制。在市场经济条件下，平等交易和契约解决可能是唯一有效的办法，因此，必须建立生态资本产权认定与协调机制。认定生态资本产权并不在于划分生态资本产权权能，其关键在于确定个人、企业、政府分别行使生态资本产权的方式和侧重点。生态资本产权的协调一般只包括个人与企业之间的产权关系，只有当生态资本的天然载体发生国际流动时，才需要协调政府与企业、个人之间的产权关系。

三、生态资本运营保险政策

生态资本运营的风险，是由于对生态资本属性认识不够，利用和引导不到位，加之各种难以或无法预料、控制的外界环境变动因素的作用，而导致生态资本运营收益具有不确定性，或者说是，生态资本运营损失的发生具有一定的或然性。生态资本运营收益的不确定性，表现为实际收益低于预期收益的可能；生态资本运营损失发生的可能性，则表现为实际收益低于投资成本的可能。其收益并不是全部都能以使用价值的形式体现出来，还有相当一部分收益表现在非经济方面。尽管目前学术界对生态资本价值衡量的研究已经进入到理论建模和量化分析的阶段，但是尚未取得突破性进展，没有找到令人信服和精确计算生态资本价值的方法。投资收益的间接性与投资主体的多元性并存，使建立明晰的生态资本产权结构较为困难，这更加剧了投资风险。较之物质资本投资，生态资本投资往往具有更大的风险，包括投资周期时间长、受自然因素影响较大等，而且这些风险存在于生态资本投资的全过程中。

生态资本运营保险政策旨在通过募集社会资金来分散生态资本投资风险，它关系到当期生态资本和未来生态资本的基本权益能否得到有效保障。生态资本运营是风险性、社会性和基础性投资活动，其发展涉及面宽，影响面大，一旦发生风险不但将可能影响到一国的经济增长与发展，甚至有可能影响到一国社会与政治的稳定。对于私人投资者来说，生态资本运营毕竟属于商业性投资，存在风险是必然的，因此必须通过完善商业风险化解制度来应对或解决。值得注意的是，生态资本运营保险并不是对整个投资目的和结果进行保险，即生态资本运营保险并不是投资险，而是财产险。这样，中国的《保险法》将适用于生态资本运营保险合同。

四、生态资本运营基金政策

基于生态资本运营的规模大、风险高、技术性强等特点，应当设立生态资本运营共同基金。在条件成熟的情况下，由专业的信托投资公司以一定的方式，募集公众的资金，然后委托专业的经理人进行生态资本运营。当投资产生收益时，投资者可依据其所占的投资比例来分享基金的增长收益，而投资公司或基金公司则可以赚取基金的管理费用。这样就可以集中社会上可能用于生态资本运营的资金，满足公众可能出现的生态资本运营需求。生态资本运营共同基金制度中的基金托管人、基金的募集、基金份额的交易、基金份额的申购与赎回、基金的运作与信息披露、基金合同的终止与基金财产清算、基金份额持有人权利及其行使监督管理等制度均可参照《证券投资基金法》的规定进行。但是，对于基金管理人应当有一定的限制，即基金管理人必须保证将资金投资于生态资本。同时在基金的募集时，要明确基金的用途在于生态资本存量的维持与增加。

考虑到生态资本运营基金具有一定的公益性，投资的方式应当采用开放式基金的管理模式。当然政府也可以向共同基金投入一定的资金或设立专门的基金，以用于生态资本投资或生态技术研发等基础研究。鉴于政府对生态资本运营效率负有最终责任，因此由政府进行基金投入或者设立专门基金是义不容辞的。生态资本运营中那些风险性较大的技术创新及带有外化经济性的活动，已经突破了企业降低生产成本的局限，企业投资积极性并不高，因此也需要一定的社会资金予以资助或奖励。在实践过程中，一些地方已经建立了政府环境保护基金、污染源治理专项基金、环境保护基金会和非政府组织、环境保护团体等多种形式的环境保护基金和资金渠道，这些都将为生态资本运营基金政策的完善提供可靠保障。

第六章
生态脆弱地区生态资本运营补偿式扶贫机制与政策

生态资本运营补偿式扶贫是生态脆弱地区生态资本运营的重要方面，对于将生态资本运营所产生的外部效应内部化，进而实现社会公平、缩小地区间贫富差距具有重要意义。本章从生态脆弱地区生态资本运营的溢出效应分析入手，将溢出效应分解为经济效应、生态效应和社会效应，将上述溢出效应所产生的外部效应内部化作为生态资本运营补偿式扶贫机制设立的目标；为生态资本运营补偿式扶贫机制的科学性，进而基于农户视角对生态资本运营补偿式扶贫满意度进行了评价并分析了主要影响因素；从农村基层村委、新型农业经营主体、绿色产品的消费者三大主体调查分析了生态资本运营补偿式扶贫的政策需求，并据此从纵向和横向两个维度提出了生态脆弱地区生态资本运营补偿式扶贫机制创新思路和措施。

第一节　生态脆弱地区生态资本运营的溢出效应分析

一、生态资本运营溢出效应的概念

进入 21 世纪以来，人们在不断反思觉醒，进而全面探索"拯救地球、延续文明"之道，环境保护应运而生，绿色浪潮席卷全球，循环经济方兴未艾，低碳发展热潮迭起。当代中国与当今世界正处在一个绿色大转型、绿色大变革的特殊阶段，人类文明正在实现从工业文明到生态文明的历史演替，一个崭新的生态文明时代正在到来。在生态文明新时代，生态生产力水平在客观上制约着经济生产力水平，生态环境承载力与生态资源贡献率直接影响经济增长的速度与质量，生态化发展已经成为世界经济发展的主旋律。生态化发展的核心是生态经济，生态经济的支撑是生态资本良性运营。由于生态资本有限性、生态利益外溢性、生态系统整体性和生态利益公平分配原则，极易导致生态资本运营过程中产生各种矛盾和不协调，而其最根本的原因是生态要素在空间上具有流转性，从而促使区域生态资本运营效应的不对称性、复杂性、多样性和特殊性，在空间表现上就是生态资本运营的溢出效应。生态资本运营溢出效应的产生根源于生态服务功能的空间流转性，即生态系统的某些服务功能可能会通过一定途径和媒介在空间上发生位移，转到系统之外，在具备适当条件的外部地区产生相应的功能。很多重要的生态系统服务功能都具有空间转移的特点（见表6-1）。因此，生态脆弱地区的生态环境建设不仅涉及地域内部的人地关系，还牵涉地域外部的地域关系。我们既要考虑该地域与其相关联的同级地域之间的相互作用而形成的相关地域关系，还要考虑该地域与更高级别地域之间的相互作用而形成的背景地域关系。与此同时，还要重视生态脆弱地区人地关系问题与地域关系问题之间的转换，即冲突、问题的转嫁与协调或利益的转移。由此看来，某生态脆弱地区的生态环境及其建设问题不仅是本地域的人地冲突所形成，也与相关地域和背景地域有关。前者表现为本域性生态环境问题，后者表现为他域性生态环境问题。某地域的生态环境建设，不仅可以协调本域性的人地关系，而且可以协调他域性的人地关系。[①]

表6-1　　　　　　　　　生态系统服务功能流转特征

生态服务功能	传递介质	路径特征	传递范围（千米）	衰减情况
大气调节	大气	面状	$10^2 \sim 10^4$	逐渐衰减
气候调节	大气	面状	$10 \sim 10^3$	逐渐衰减
水供应	河流	线状	$10 \sim 10^3$	损失较少
水调节	大气、河流	面状、线状	$10 \sim 10^2$	逐渐衰减
侵蚀控制	河流、大气	线状、面状	$10 \sim 10^2$	逐渐衰减
传粉	大气、河流、昆虫	不规则	$10^{-2} \sim 10^2$	逐渐衰减
养分循环	大气、河流、土壤	不规则	$10^{-2} \sim 10^2$	逐渐衰减
食物生产	人类	线状	$10 \sim 10^3$	损失较少
文化娱乐	文化娱乐	线状	$10 \sim 10^3$	损失较少

资料来源：李双成、郑度、张镱锂：《环境与生态系统资本价值评估的区域范式》，载于《地理科学》2002年第3期。

[①] 康慕谊、董世魁、秦艳红：《西部生态建设与生态补偿——目标、行动、问题、对策》，中国环境科学出版社2005年版，第34~36页。

二、生态资本运营溢出效应的分解

可持续发展理论强调三个方面的内容：一是经济的可持续发展。即在实现经济增长的同时要保障生态环境的健康发展，更加重视经济增长质量，而不再单纯追求数量上的简单增加，这就要求通过经济发展方式的转变实现经济增长、环境保护以及资源可持续利用。二是生态的可持续发展。实现生态可持续是生态资本运营的初衷，要在生态环境承载力日渐降低的条件下，保持不减少并逐步恢复其原本能力的条件下，保证社会经济发展的需要。三是社会的可持续发展。社会的不断往前发展，是身处其中的成员的共同目标，不论是出于何种考虑，社会的进步、可持续发展的本质是一样的。进行生态资本运营是实现可持续发展的必要条件。生态资本运营的必要条件之一就是将生态资源转化为生态资本，使其在保持生态资本存量非减性的条件下进行经营，生态资本运营这一过程能够带来生态、经济以及社会三方面的影响，进行生态资本运营的效应不仅体现在环境保护方面，而且还对保持一定水平的经济效应、社会效应具有正向作用，因此生态资本运营效应也体现在生态效应、经济效应和社会效应三个方面。

（一）生态资本运营的经济溢出效应

"十三五"规划中明确提出，中国经济发展状况已经从原有的高速增长转变为目前以及今后很长一段时间的中高速增长，同时更加注重发展质量，经济结构与发展动力均出现了显著变化。党的十八届五中全会首次提出了"创新、协调、绿色、开放、共享"的五大发展新理念，新理念强调要把创新摆在国家发展全局的核心位置，要正确处理发展中的重大关系。可见，无论是经济新常态下的新旧动能转换，还是强调创新的重要战略地位，最终都指向了经济发展，发展是解决中国一切问题的基础和关键。因此，经济效应是生态资本运营效应的重要方面，其主要体现在以下两个方面：

（1）提高生态资本利用率，降低环境治理成本。生态资本运营作为一种全新的生态经济发展形式，具备环境友好的特点，主要体现在低污染、低消耗、高循环，与自然发展相吻合，将社会经济和自然发展协同发展为主旨，从践行新发展理念与社会发展规律到全体社会成员的思想与行为方式等全面走向可持续发展道路上来，真正做到了生态资源综合利用效率提高、生态环境遭受破坏减少、环境污染情况好转的社会经济系统运转有序的生态发展模式，从而实现经济与环境协同发展的双赢局面。

（2）提升生态资本价值，为经济发展奠定生态基础和积累生态财富。生态资本运营是一种新型的生态资源经营模式，在生态环境实现保护修复以及生态资本存量不减少的前提下，实现了生态、经济、社会三大效应的协调与统一，保持生态资本现有数量的非减性甚至是增加，进而生态资本的价值就得到了提升。因此，在探究生态资本运营经济效应时，生态资本的价值提升和生态财富积累是题中应有之义。

（二）生态资本运营的生态溢出效应

一直以来，中国生态脆弱地区的资源面临较为严重的问题，由于不科学利用导致的资源过度开发与浪费现象并存，构成了制约生态脆弱地区实现绿色发展和高质量发展的重要因素。目前，国家对区域协调发展高度重视、对生态文明建设要求迫切以及科学技术不断发展。在此背景下，生态资本运营摒弃了传统的通过透支生态环境换取经济发展的固化思维，而贯彻一种绿色可持续的新型、一体化的发展形式，因此现阶段就是将社会活动、生态资源的循环利用与功能协调作为一个生态系统整体，通过这个统一体来践行协调统一的绿色发展之路，在实现法律法规、资源利用以及全社会形态发生良性改变的条件下，真正做到生态—经济—社会"三位一体"的可持续发展。生态资本运营就是将包括水、土、气、生物资源等在内的多种生态环境资源转化为一种可以量化的资本，然后再投入到市场中去，这一运营过程能够使生态资源利用更加有效，同时对农业农村生态环境的不良影响也随之降低，通过生态化技术的推广，持续地进行研究探索适合的模式来实现生态价值。人类本身的健康状况、生存环境的状况、生存生活系统的生态链关系的和谐性等都是生态资本运营所实现的重要财富之一，也是整个社会财富的基础与最终来源。

优良的生态环境资源是运营生态资本所必须的条件，再将其转化为有价值的生态资本进而实现运营，而有价值的生态资源都是在进行生态资本运营之前通过先进的科学技术、前沿的思想理念以及大量的资金投入得以实现的，唯有在这些因素的共同作用下，才能生产出或是建设出具有运营价值的生态资源，这一过程是生态资源实现良性积累的过程，是在充分发挥其原有的生态价值的条件下，增加了其生态存量的过程。因此，生态资本运营效应的研究中，其生态效应占据着不可或缺的重要位置，也就是生态资本运营的生态效应。

（三）生态资本运营的社会溢出效应

现如今，资源日益匮乏短缺，如何保障资源的可持续利用，应该满足的条件：一是对消耗再生资源的速度进行管控，保证其小于再生速度；二是严格管控不可再生资源的使用速度，必须小于它的替代资源的产生速度，确保可持续利用；三是向自然排放污染物的速度不能大于环境自身能够分解的速度，这些条件就是为了保证自然资源的非减性以及非缺性。因而必须全方位节约生态资源，提高综合利用率和循环率，避免不可持续的生产方式，对社会所产生的收益具有持续性。在运营生态资本过程中，生产方式、生活方式、消费方式以及生产技术都会发生变化，生产方式、生活方式和消费方式更加绿色化、生态化，生态生产技术日益成熟化、规模化，基础设施配套必须跟上生态资本运营的发展速度，随着生产方式的转变、技术水平的提高以及产业结构的调整，现代化的步伐越来越快，成果也有目共睹。这显示了生态资本运营所产生的社会层面的效应。

第二节 生态脆弱地区生态资本运营补偿式扶贫满意度评价及其影响因素

一、满意度评价指标体系构建原则

生态资本运营补偿式扶贫满意度的评价指标体系要依据一定标准来选取，既不能盲目将所有与满意度评价相关的因素都选取，也不能遗漏比较重要的因素，而是要依据一定原则来选取指标。

(一) 科学性原则

在选取生态资本运营补偿式扶贫满意度的评价指标时，应该多次认真观察、不断测试、与相关专家评议等，不断修正。要将定性与定量的方式结合起来展开调查研究，站在不同角度对生态资本运营补偿式扶贫进行衡量。只有坚持科学性原则，选取恰当的满意度评价指标，才可能得到比较客观的评价结果。

(二) 系统性原则

系统性原则是指在对生态资本运营补偿式扶贫满意度进行研究时，要树立整体观念，所选取的指标要能够综合反映出农户对补偿式扶贫满意度的内容。生态资本运营补偿式扶贫过程以及效果中的每个要素都受到多种复杂因素的相互影响与制约。因此，需要把生态资本运营补偿式扶贫满意度评价指标视为一个系统问题，并在进行研究时将多种因素综合起来考虑。

(三) 定性与定量相结合原则

在开展生态资本运营补偿式扶贫满意度研究时，应当尽可能采用比较客观的定量性指标，同时测定的方法需要反映所研究问题的真实性和可靠度，以便进行观察和测量，也更加容易被评价对象所接受，也有利于获取较为客观的研究结果。但由于生态资本运营补偿式扶贫满意度研究包含的内容比较丰富，有些指标无法量化，若要对生态资本运营补偿式扶贫满意度进行较为客观的评价，需要把那些无法量化的内容采用定性的指标来分析。因此，评价指标体系的构建应该采取定性与定量相结合的方法。

(四) 地域特殊性原则

不同的生态脆弱地区有其自身特殊性，因而在选取指标时，要充分考虑地域的特殊性问题。由于地域的特殊性，对某些地区适用的指标可能换在别的地方并不适用，因此在选择指标时，不仅要将一般性指标综合考虑进来，而且还要兼顾不同地域的特殊性指标。

二、满意度评价指标体系构建

(一) 指标设置

由于一般对扶贫帮扶工作的评价主要是由政府部门来实施,而这并不能全面考察扶贫工作的开展情况。因此,从农户视角通过满意度评价来对生态资本运营补偿式扶贫进行研究能使结果更具有广泛性和代表性。因为农户是扶贫工作的直接参与者与受益方,对扶贫工作有比较深的直接感受,其对扶贫工作的感受在很大程度上能够说明扶贫工作的开展效果。因此,构建农户对生态资本运营补偿式扶贫满意度评价指标体系的首要问题就是,要明确生态资本运营补偿式扶贫的哪些方面决定了农户的满意度,同时也要考虑如何获取与量化这些因素。满意度评价指标体系是一个综合性系统,涉及面较多,该指标体系主要包括项目对自身需求满足程度、项目公开公平性、项目对象参与程度、项目效果满意度以及总体满意度等方面。

农户是通过参与生态资本运营补偿式扶贫项目来感知扶贫效果。因此,应选择与农户体验或与农户直接相关的因素。综合考虑,本书最终选取补偿设计、补偿实施和补偿效果三个方面,具体分为政府对补偿政策重视程度、补偿政策的宣传力度、补偿方式的科学性、补偿标准的适度性、补偿资金的到位率、补偿资金的透明度、补偿政策的执行力度、补偿政策的实施效果八个指标来评价农户生态资本运营补偿式扶贫满意度(见表6-2)。

表6-2　　农户生态资本运营补偿式扶贫满意度评价指标体系

目标层	准则层	操作层	
生态资本运营补偿式扶贫满意度	补偿设计满意度 B_1	政府对补偿政策的重视程度	C_1
		补偿政策的宣传力度	C_2
		补偿方式的科学性	C_3
	补偿实施满意度 B_2	补偿标准的适度性	C_4
		补偿资金的到位率	C_5
	补偿效果满意度 B_3	补偿资金的透明度	C_6
		补偿政策的执行力度	C_7
		补偿政策的实施效果	C_8

(二) 权重确定方法

构建农户对生态资本运营补偿式扶贫满意度的评价指标体系，需要确定各指标权重。基于专家评判的层次分析法（AHP）是比较常见的核算评价指标权重的方法。层次分析法（AHP）是把研究的问题分层次细化，具体操作上一般按目标层、准则层、操作层的顺序将要研究的问题分解为不同的层次结构，邀请专家对细分了的问题进行打分，然后求解判断矩阵特征向量，求得每一层次的各元素对上一层次元素的优先权重，通过加权的方法递归，即可获得最终权重。但由于人们的主观判断存在差异，使得判断矩阵可能会出现不一致的情况，即 $a_{ij} \neq a_{ik} \times a_{kj}$。而邱菀华教授提出的群组决策特征根法（GEM），则可以完全解决 AHP 法的不一致性问题。GEM 法是基于寻找理想专家的思路，即找到一个与群组专家评分向量（S_1，S_2，…，S_n）具有最小夹角的理想评分向量 S^* 作为系统决策评价的最优方案。因此本研究将层次分析法与群组决策特征根法结合起来使用，即采用 AHP – GEM 法。

(三) 权重核算

采用 AHP – GEM 方法来确定各项评价指标的权重，首先需要邀请专家对指标进行打分。为了进一步接近真实结果，本书除了邀请"三农"研究领域的 15 位专家学者，同时还邀请了湖北省农业农村厅、丹江口库区的 8 位工作人员，共 23 位专家组成专家评判小组，运用 AHP 法对评价指标进行打分。采用 AHP – GEM 法，对数据进行归一化处理后，最终得到操作层各指标权重（见表 6 – 3）。

表 6 – 3　　农户生态资本运营补偿式扶贫满意度评价指标权重

目标层	准则层指标权重	操作层指标权重
生态资本运营补偿式扶贫满意度	补偿设计满意度 46%	政府对补偿政策的重视程度 14%
		补偿政策的宣传力度 11%
		补偿方式的科学性 13%
		补偿标准的适度性 8%
	补偿实施满意度 35%	补偿资金的到位率 11%
		补偿资金的透明度 8%
		补偿政策的执行力度 16%
	补偿效果满意度 19%	补偿政策的实施效果 19%

三、满意度评价数据收集与统计

（一）指标度量

满意度是人们将自身对现实的评价与主观期望之间进行对比产生的一种心理状态。作为对满意程度的量化描述，当人们内心的期望超过对现实的评价时，就会产生满意的感觉，超过的程度越深，满意的感觉就会越强，反之亦然。本书在满意度指标的衡量上采用的是常用的李克特量表法，将满意度指标划分为五个等级，即非常不满意、比较不满意、一般满意、比较满意、非常满意，分别赋值1、2、3、4、5。

（二）数据收集

本书所使用的微观数据来源于本书课题组对湖北省十堰市所辖的三区四县一市（均在丹江口库区）开展的问卷调查工作。研究中的样本县是指地级市所辖的县、县级市和区，包括竹山县、郧西县、竹溪县、房县、丹江口市、茅箭区、张湾区和郧阳区，这涵盖了十堰市的绝大部分区域，基本能够代表整个十堰市。

本次调查是为了了解丹江口库区农户生态资本运营补偿式扶贫满意度情况。问卷调查采取随机抽样的形式，共发出问卷450份，收集了户主的基本特征、农户家庭特征、农户所在地交通状况，以及对生态资本运营补偿式扶贫政策的了解程度，对扶贫开发工作的认识与感知等方面的信息。一共收回问卷432份，去除只作答了部分或者空白问卷后获得有效问卷411份，将这411份有效问卷录入Excel表中，其中，选择题答案（非常满意、比较满意、一般满意、比较不满意、非常不满意）转化成对应的数字（5、4、3、2、1）录入。

（三）数据统计

1. 样本基本情况

在获取的411份有效问卷中，被调查者男性有286人，占总人数的69.59%，女性有125人，占总人数的30.41%。在被调查者的年龄结构中，41~50岁人数最多，达到218人，31~40岁人数为113人，这两部分人群作为家庭的主要劳动力，在被调查者中占据较大比重，达总人数的80.54%。在受教育程度方面，具有高中学历人数最多，占总样本的45.98%，这与目前实际受教育水平现状基本吻合。在农户家庭收入结构中，2万~6万的家庭年收入占最大比例，达57.66%，而处于低收入与高收入水平的人数较少，这与农村经济情况相符。在农户家庭规模方面，家庭人口数为4人及以上的占最大比例，这与农村家庭结构基本相符（见表6-4）。

表6-4　　　　　　　　　　　样本基本信息统计

变量	条件范围	人数	百分比（%）
性别	男	286	69.59
	女	125	30.41
年龄	20岁及以下	5	1.22
	21~30岁	34	8.27
	31~40岁	113	27.49
	41~50岁	218	53.04
	51岁及以上	41	9.98
受教育程度	初中及以下	180	43.8
	高中	189	45.98
	本（专）科	42	10.22
	硕士及以上	0	0.00
家庭规模	1人	15	3.65
	2人	32	7.79
	3人	76	18.49
	4人及以上	288	70.07
家庭年收入（元）	2万以下	115	27.98
	2万~6万	206	50.12
	6万~10万	52	12.65
	10万~14万	26	6.33
	14万以上	12	2.92

2. 农户生态资本运营补偿式扶贫满意度情况

在补偿设计、补偿实施和补偿效果三个方面分别从补偿标准的适度性、补偿资金的透明度、补偿政策的实施效果这三个指标来看，对补偿标准的适度性非常满意的人数占样本总人数的 2.92%，比较满意的占 4.62%，比较不满意的占 21.41%，非常不满意的占 55.96%；对补偿资金的透明度非常满意的人数占样本总人数的 2.19%，比较满意的占 3.90%，比较不满意的占 38.44%，非常不满意的占 22.14%；对补偿政策的实施效果非常满意的人数占样本总人数的 1.95%，比较满意的占 5.11%，比较不满意的占 48.66%，非常不满意的占 28.00%。从中可以发现，农户对补偿标准、补偿资金的透明度以及补偿政策的实施效果不太满意（见表 6-5）。

表 6-5　　　　农户生态资本运营补偿式扶贫满意度调查　　　　单位：%

项目		满意程度					总计
		非常满意占比	比较满意占比	一般满意占比	比较不满意占比	非常不满意占比	
补偿设计	政府对补偿政策的重视程度	13.87	21.90	22.87	6.81	34.55	100
	补偿政策的宣传力度	9.00	9.50	33.33	9.00	39.17	100
	补偿方式的科学性	4.62	28.95	29.20	6.57	30.66	100
	补偿标准的适度性	2.92	4.62	15.09	21.41	55.96	100
补偿实施	补偿资金的到位率	2.43	8.27	45.57	6.08	37.47	100
	补偿资金的透明度	2.19	3.90	33.33	38.44	22.14	100
	补偿政策的执行力度	1.70	3.65	26.52	33.58	34.55	100
补偿效果	补偿政策的实施效果	1.95	5.11	17.28	48.66	28.00	100

四、满意度评价过程与结果分析

（一）数据处理

评价指标存在量纲单位不一致的情况，缺乏可比性，会对最终的数据分析产生一定影响。因此，为了消除量纲单位对数据的影响，需要进行无量纲化处理。本书选择最小——最大标准化方法消除数据的量纲，具体而言就是找出样本组数据中的最大值和最小值，将某个原始值通过最大值与最小值之间的差值标准化映射在区间［0，1］中，其计算公式为：

$$X^* = \frac{X - X_{min}}{X_{max} - X_{min}} \tag{6.1}$$

其中，X 为原始数据，X_{max} 为样本数据中的最大值，X_{min} 为样本数据中的最小值，X^* 为对原始数据经标准化处理后得到的数据。

（二）生态资本运营补偿式扶贫满意度评价结果

经评价结果显示，农户对生态资本运营补偿式扶贫的补偿设计、补偿实施和补偿效果的总体平均满意度分别为 0.203、0.125、0.06，这说明当前在丹江口库区开展的生态资本运营补偿式扶贫工作效果还不够好，农户满意程度较低。从具体指标来看，农户对生态资本运营补偿标准的适度性平均满意度为 0.016，这说明当前在对丹江口库区实施的生态资本运营补偿政策中，对农户的补偿金额标准还比较低，生态资本运营补偿对农户损失的弥补程度较低。农户对补偿资金到位率的平均满意度为 0.044，对补偿资金透明程度的平均满意度为 0.031（见表 6-6）。这两项指标说明生态资本运营补偿政策在实施过程中可能存在补偿资金被挪用，补偿资金使用不透明的现象，因此，要提高丹江口库区生态资本运营补偿政策扶贫效果，需要加强对生态资本运营补偿资金使用的管理。

表 6-6　　农户生态资本运营补偿式扶贫满意度评价结果

准则层指标	操作层指标	操作层指标权重（%）	平均满意度
补偿设计	政府对补偿政策的重视程度	14	0.073
	补偿政策的宣传力度	11	0.045
	补偿方式的科学性	13	0.069
	补偿标准是否适度	8	0.016
补偿实施	补偿资金的到位率	11	0.044
	补偿资金的透明度	8	0.031
	补偿政策的执行力度	16	0.05
补偿效果	补偿政策的实施效果	19	0.06

五、满意度的影响因素分析

(一)影响因素确定

从既有相关研究看,除了扶贫开发政策本身的效果之外,作为扶贫对象的个人特征、家庭状况,以及经济、社会、文化背景等因素都影响着扶贫开发项目的满意度(刘小珉,2016)。由于研究区域的条件状况不同,得到的结论也不尽相同。在前人研究的基础上,本书认为农户生态资本运营补偿式扶贫满意度的影响因素主要包括以下四个方面:个人基本特征、农户家庭特征、地理因素以及农户对生态资本运营补偿式扶贫的认知情况等。解释变量包括个人基本特征,具体指户主性别、年龄、受教育程度及是否接受农技培训;农户家庭特征,具体指农户家庭规模、家庭耕地面积、家庭是否有病患、家庭是否加入农民专业合作社、是否获取生态资本运营补偿以及收入状况;地理因素,具体指农户所在地村外交通是否便利;农户对生态资本运营补偿式扶贫认知,具体指农户是否了解生态资本运营补偿扶贫政策。

(二)变量设置

本书以每个农户对生态资本运营补偿式扶贫的满意度作为因变量,以被调查农户的户主个人特征、家庭特征、地理因素、对生态资本运营补偿式扶贫认知四个方面作为自变量(见表6-7)。

表6-7　　　　　　　　　变量及变量解释

自变量分类	具体名称	代码	变量解释
户主个人特征	性别	X_1	男=1,女=0
	年龄	X_2	20岁及以下=1,21~30岁=2,31~40岁=3,41~50岁=4,51岁及以上=5
	受教育程度	X_3	初中及以下=0,高中=1,本(专)科=2,硕士及以上=3
	是否参加农技培训	X_4	是=1,否=0

续表

自变量分类	具体名称	代码	变量解释
农户家庭特征	家庭规模	X_5	农户家庭人口数量
	家庭耕地面积	X_6	农户家庭耕地面积
	家庭是否有病患	X_7	是 = 1, 否 = 0
	是否获取生态资本运营补偿	X_8	是 = 1, 否 = 0
	收入状况	X_9	农户家庭收入水平
	是否加入合作社	X_{10}	是 = 1, 否 = 0
地理因素	村外交通是否便利	X_{11}	是 = 1, 否 = 0
农户对生态资本运营补偿式扶贫的认知	是否了解生态资本运营补偿政策	X_{12}	是 = 1, 否 = 0

(三) 评价结果及分析

1. 评价结果

通过对相关数据进行分析，可以得到各个自变量与满意度的相关性程度，结果如表6–8所示。

表6–8　　　生态资本运营补偿式扶贫满意度影响因素分析

自变量	因变量：农户生态资本运营式扶贫满意度
性别	0.153**
年龄	0.295**
受教育程度	−0.276**
户主是否参加农技培训	0.010
家庭规模	−0.638**
家庭耕地面积	−0.145**
家庭是否有病患	−0.331**
是否获取生态补偿	0.322**
收入状况	0.110*
是否加入合作社	0.061
村外交通是否便利	−0.013
是否了解生态资本运营补偿政策	0.593**

注：** 表示在0.01水平（双侧）上显著相关，* 表示在0.005水平（双侧）上显著相关。

2. 结果分析

（1）户主个人特征。从表6-8可以看出，户主的性别、年龄、受教育程度对农户满意度具有显著影响，而农户是否参加农技培训对满意度影响不显著。其中，户主性别对生态资本运营补偿式扶贫满意度具有显著正向影响，这与肖元和严茉（2012）等的研究结果相符，说明男性满意度更高。这可能与长期以来生态脆弱贫困农村地区，女性被排除在社会事务之外，女性对新知识以及政策了解程度较低，故而其满意度较低。而一般认为，男性可能更能接受新事物，对生态资本运营补偿式扶贫工作也更加积极，所以男性对扶贫满意度可能会更高。根据相关性分析结果，可以发现户主的年龄对满意度具有显著正向影响，户主的年龄越大，满意度越高。其原因可能是，随着户主年龄增加，无法再外出务工从事其他工作，他们更可能参与到扶贫工程中去，其满意度相对更高。此外，户主的受教育程度对生态资本运营补偿式扶贫满意度具有显著负向影响，户主受教育程度越高，满意度越低。其可能原因是，随着户主文化水平的提高，其对扶贫的期望可能更大，而实际扶贫效果又达不到其内心期望，故而其满意度较低。

（2）农户家庭特征。从表6-8可以看出，农户家庭规模、家庭耕地面积、家庭是否有病患、是否取得生态资本运营补偿、收入状况对农户满意度具有显著影响，而是否参加农民专业合作社对农户满意度影响不显著。其中，农户家庭规模对农户满意度具有显著负向影响，农户家庭人口数越多，其满意度越低。其可能的原因是随着农户家庭人口数增多，其要抚养的家庭成员也会相应增多，家庭负担较重，将生态资本运营补偿式扶贫的效益平均到每一个家庭成员身上，其平均数较小，故而其满意度也会较小。家庭耕地面积这一因素对农户满意度影响为负且显著，也就是说家庭拥有的耕地面积越多，农户满意度越低。产生这种现象的原因可能是由于耕地面积越多，导致平摊到单位面积的补助资金显得少了点，农户的期望值没有得到完全实现，因此降低了满意度。家庭是否有病患这一因素对农户满意度也具有显著的负向影响，家庭有病患的农户满意度较低，其原因可能是，家庭负担重，需要救助，希望获得的补偿额相对较多。是否获取生态资本运营补偿对农户满意度具有显著的正向影响，获得生态资本运营补偿的农户相比没有获得生态资本运营补偿的农户满意度较高，其原因可能是生态资本运营补偿弥补了部分农户保护生态所付出的成本，因此其满意程度较高。收入状况这一因素对农户满意度具有正向影响，也就是说生态脆弱地区农村贫困户对生态资本运营补偿式扶贫工作的满意度高于非贫困户，其原因可能是扶贫政策项目主要是向贫困户倾斜，给予贫困户的扶持也较多，贫困户受益相应较多，其满意度也会较高。

（3）地理因素。从表6-8中可以看出，村外交通是否便利对农户满意度的影响不显著。其原因可能是由于随着农村基础设施建设的深入开展，改善了农村的交通状况，且从调查样本来看，目前大多数农户认为村外交通便利，因此其对满意度的影响并不显著。

（4）农户对生态资本运营补偿式扶贫的认知。从表6-8中可以看出，是否了解生态资本运营补偿式扶贫政策对农户满意度具有显著的正向影响。也就是说，对生态资本运营补偿式扶贫政策比较了解的农户其满意程度较高，其原因可能是对生态资本运营补偿式扶贫政策越了解，越能帮助其积极参与到扶贫工作中，其满意程度也就越高。

第三节 生态脆弱地区生态资本运营补偿式扶贫政策需求调查分析

为进一步了解相关主体对生态资本运营补偿式扶贫政策的需求，本书选取了湖北省十堰市的农村基层村委和新型农业经营主体作为对象，进行深度调查和访谈。农村基层村委扮演村务管理者和政策执行者的重要角色，对农业多项政策和村里基本情况较为了解，新型农业经营主体代表了未来农业经营的发展方向，因此，对其进行调查能为完善政策设计提供一定的参考价值。

一、农村基层村委的政策需求调查分析

（一）农村基层村委对生态资本运营的认知度

生态资本运营的核心是认可生态资本有价，而后通过生态资本运营转化并

获取经济效益,因此,在认知方面可选择环境保护和经济发展的权衡问题,或者转化为"绿水青山"和"金山银山"的问题。通过调查发现,当前大部分村干部[①]基本意识到了保护环境的重要性,也有一部分村干部认为保护环境并不意味着要付出经济发展的代价,二者可以齐头并进。这说明大部分农村基层干部对生态资本运营有一定认知。

(二) 农村基层村委对生态补偿政策的满意度

在生态补偿政策方面,可以从天然公益林补偿、绿色农业投入品补贴和生态旅游补贴三个方面开展调查。通过调查发现,大部分村委干部对天然公益林补偿很满意,极少数村委干部认为补贴力度一般,补贴还应大幅度加强。而在绿色农业投入品补贴方面,从2015年开始,部分村已经开始实施惠农卡的政策。即给予农户一张银行卡,利用此银行卡到指定的店铺购买绿色农业投入品,这些投入品就会获得一定的折扣,以此来吸引农业经营主体购买对环境破坏较小的农业投入品。对此项政策,多数村委干部觉得很满意,少部分村委干部对政策实施效果评价一般,认为必要性不大,觉得想法很好但并不一定能获得良好的效果。在生态旅游补贴政策方面,由于生态保护成绩突出,政府的补贴投入较大,近年来生态旅游发展事业蒸蒸日上。大部分村委干部认为这项政策实施得很好,个别村委干部认为这个政策对村里影响不大。

(三) 农村基层村委对生态补偿政策的新需求

本书课题组进一步对农村基层村委干部对生态补偿政策支持方面的新需求进行了解。发现多数村委干部都希望财政政策能够更好保护各村的生态环境,一部分村委干部希望通过财政政策吸引更多社会组织和力量关注,拓宽资金来源渠道,有少部分村委干部希望能增加更多财政资金投入,个别村委干部还有一些其他想法(见图6-1)。

---

① 本次调查在村级层面共发放20份访谈问卷,由于是一对一与村委主要干部进行访谈,问卷质量较高,共回收问卷20份,均为有效问卷。

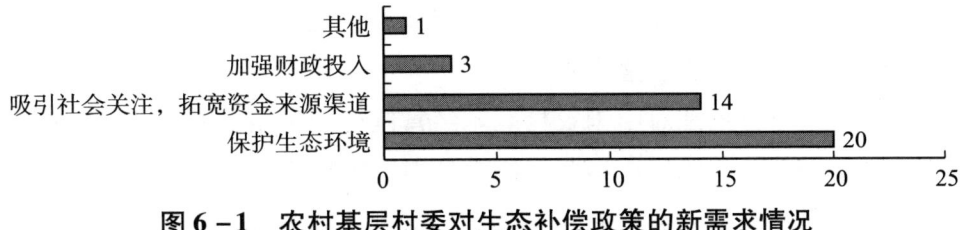

```
其他                            1
加强财政投入                    3
吸引社会关注，拓宽资金来源渠道   14
保护生态环境                   20
       0    5    10   15   20   25
```

图 6-1 农村基层村委对生态补偿政策的新需求情况

通过对基层村委的需求调查发现，大部分村委都认同生态资本运营发展模式，认为这是一个环境和经济双赢的方式。在财政对绿色农业的相关支持政策方面，大部分村委都是持满意态度。而在基层村委对生态补偿政策的新需求方面，认为要以乡村生态资本运营为前提，主要从环境和经济方面提出了新需求：一是对乡村环境的整治。生态资本运营通过保护乡村环境为基础，实现了生态资本的保值和增值，村委干部们希望财政投入资金能够更好推动生态资本运营对乡村环境的保护和治理。二是发挥财政资金的引导作用，吸引更多社会资本参与乡村生态资本运营。仅凭财政资金的支持是难以完全达到预期目的的，想要获得更好的生态效益、经济效益和社会效益，实现生态资本运营益贫效应的发挥，还需依靠财政政策吸引社会资本的目光，推行 PPP 模式，吸引更多社会资金流入乡村生态资本运营项目。

二、新型农业经营主体的政策需求调查分析

在新型农业经营主体方面，主要采取抽样调查法进行，合计发放问卷 379 份。剔除无效问卷并经过适当筛选，获得有效问卷 370 份，有效率为 98.23%。

（一）新型农业经营体系的内涵

党的十八大报告明确提出，要坚持和完善农村基本经营制度，依法维护农民土地承包经营权、宅基地使用权、集体收益分配权，壮大集体经济实力，发展农民专业合作和股份合作，培育新型经营主体，发展多种形式规模经营，构建集约化、专业化、组织化、社会化相结合的新型农业经营体系。新型农业经营体系是指通过大力培育新型农业经营主体，逐步形成以家庭承包经营为基础，

专业大户、家庭农场、农民专业合作社、农业产业化龙头企业为骨干,其他组织形式为补充的新型农业经营体系。

新型农业经营体系是对中国农村基本经营制度的丰富与发展。以家庭承包经营为基础、统分结合的双层经营体制,是中国农村改革取得的重大历史性成果,是广大农民在党的领导下的伟大创造。这一体制不仅适合中国国情,而且适应社会主义市场经济体制的要求,符合农业生产的特点,极大地调动了农民积极性和解放发展了农村生产力,为改革开放以来中国农业农村所发生的历史性变化提供了坚实制度基础,是中国特色社会主义制度的重要组成部分,必须毫不动摇长期坚持。这一基本经营制度,是在农村改革的伟大实践中形成的,并在农村改革的深化中不断丰富、完善、发展。构建集约化、专业化、组织化、社会化相结合的新型农业经营体系,就是适应发展现代农业需要,着力在"统"和"分"两个层次推进农业经营体制机制创新,加快农业经营方式实现"两个转变"[①]。

新型农业经营体系充分体现了发展现代农业的客观要求。国际经验表明,现代农业需要相适应的经营方式,集约化、规模化、组织化、社会化是现代农业对经营方式的内在要求。合作社在传递市场信息、普及生产技术、提供社会服务、组织引导农民按照市场需求进行生产和销售等方面发挥着重要作用,是组织和服务农民的重要组织形式,发达国家农民普遍参加合作社。发展现代农业、实现农业现代化,是中国农业发展的重要目标。构建集约化、专业化、组织化、社会化相结合的新型农业经营体系,使农业经营方式更好体现集约化、规模化、组织化、社会化要求,有利于加快中国现代农业发展,推动农业更好更快实现现代化。

新型农业经营体系是应对当前农业经营方式面临新挑战的有效举措。当前中国农村正发生深刻变化,农业经营方式面临诸多新挑战,经营规模小、方式粗放、劳动力老龄化、组织化程度低、服务体系不健全是突出表现。构建集约化、专业化、组织化、社会化相结合的新型农业经营体系,大力培育专业大户、家庭农场、专业合作社等新型农业经营主体,发展多种形式的农业规模经营和社会化服务,有利于有效化解这些新问题和新挑战,保障中国农业高质量发展。

---

① 即家庭经营要向采用先进科技和生产手段的方向转变,统一经营要向发展农户联合与合作,形成多元化、多层次、多形式经营服务体系的方向转变。

（二）新型农业经营主体的脱贫致富带动效应分析[①]

依靠新型农业经营主体，可较好解决贫困农户在参与农业产业发展中碰到的一系列问题。比如过去一些地区依托扶贫资金，免费给贫困户发放种苗，但由于农户没有种植和养殖技术，结果往往是种不出、养不好，产量不高、效益低下。为解决此类问题，新型农业经营主体大有可为：在产前环节，为贫困户提供优良种苗；在产中环节，以标准化、规范化、常态化方式做好贫困户的技术培训和上门上户技术指导，推出技术示范样板；在产后环节，帮助贫困户广开销售渠道，增强其脱贫致富的信心。

依靠新型农业经营主体，有利于创新生态产业精准扶贫模式。在互联网时代，距离不是问题，产品才是关键。生态脆弱贫困地区独特的自然生态环境是最大的资源优势，可扬长避短，大力发展生态种养、种养平衡、循环农业。例如，近年来，长沙一些省级贫困村依托新型农业经营主体，开展"水稻+稻田生态高效种养"、林下养鸡、果园养鸡等，经济、社会和生态效益都很不错。通过推广种养平衡，完全可以实现中国提出的化肥农药零增长目标；把种植、养殖结合在一起，既符合生态农业、循环农业发展方向，也有利于生态脆弱贫困地区充分利用资源，实现生态增值、脱贫致富。比如，开展"水稻+鱼虾菜果"立体生态种养，充分利用了稻田、水体和田埂三个空间，实现了田园美、产业强、生态优、效益高。这对耕地面积相对较少、土地资源十分有限的生态脆弱贫困地区来说，是最现实也最容易实现的绿色农业模式之一。

基于新型农业经营主体在生态产业精准扶贫中具有"帮贫带富"的特殊意义，一方面，要按照"规模化、专业化、标准化"发展思路和"有理想、有情怀、有抱负、懂技术、会经营、善管理、有效益"要求，培育壮大生态脆弱贫困地区新型农业经营主体带头人队伍；另一方面，要支持新型农业经营主体以"公司+农户""合作社+大户""家庭农场+贫困户"等多种方式，建设标准化、规范化农业产业化示范基地，既可使龙头企业获得优质农产品原料，又可提高贫困户生产水平。为此，要推动新型农业经营主体与贫困农户建立紧密型利益联结机制，采取保底收购、按股分红、利润返还等多种方式，让贫困农户

[①] 陈锡文：《构建新型农业经营体系　加快发展现代农业步伐》，载于《经济研究》2013年第2期。

更多分享绿色农产品加工销售带来的收益，切实提高其在生态产业精准扶贫中的引领带动能力；要鼓励建设涵盖良种示范、农机作业、抗旱排涝、统防统治、农资配送、产品销售等服务的多元化、多类型农民专业合作社，发挥生态脆弱贫困地区农民合作组织的引领作用。

在培育新型农业经营主体带头人的同时，要着力抓好生态脆弱贫困地区新型职业农民培育和跟踪服务，实现培育目标精准、培育机制长效。为此，要通过农业职业教育和培训，提高新型农业经营主体带头人的生产技能和经营管理水平；围绕乡村生态产业精准扶贫项目，对建档立卡贫困户开展有针对性的种养、加工等方面的技术培训。培训内容要对接生态产业发展和岗位要求，实行专题化、系统化培训，有效提高贫困农民的职业技能水平，确保培育对象"学得到、带得走、用得上、脱得贫、致得富"。要围绕补齐经营管理和市场营销等传统农民培训中的短板，通过精心培育、长效管理、大力扶持，让新型职业农民真正成为生态脆弱贫困地区发展现代农业、推进生态产业精准扶贫的主力军和生力军。

（三）新型农业经营主体对生态资本运营补偿政策的新需求

新型农业经营主体对生态资本运营补偿政策的需求主要是从收益方面出发。因为现阶段经营主体大部分是农民，农产品的交易是他们赖以生存的方式，农业生态资本运营关系到他们的生计，提高农业生态资本运营的经济收益是他们普遍的需求。在绿色农产品生产方面，新型经营主体的需求主要分为投入品补贴和技术补贴。投入品补贴指的是针对农业经营中的绿色农业投入品方面的补贴，如低价的种子和惠农卡的推行等，技术补贴是希望财政能加强对运营过程中的技术培训补贴。由于农业生态资本运营相对于传统农业经营来说经营过程更为复杂，部分经营主体不能很好地掌握相关技术，需要有针对性的补偿来提高运营效率。在绿色农产品销售方面，由于农业生态资本运营要求减少有害农业投入品的使用，而绿色农业投入品相对普通投入品来说价格可能更高，这在无形之中增加了经营主体的投入成本。不仅如此，由于跟普通农产品对比，绿色农产品的价格更高，在一定程度上对销量产生影响，种种原因综合会影响经营主体的收益，因此，经营主体在销售方面的政策需求主要是，通过财政补贴降低产品生产成本和拓宽销售渠道两个方面。

第四节 生态脆弱地区生态资本运营补偿式扶贫政策创新

一、政策创新目标与原则

（一）政策制定者的目标

生态脆弱地区生态资本运营补偿式扶贫政策制定者的目标是为了更好地推动生态资本运营，促进生态价值的实现，推动区域绿色减贫。在政策制定上要符合生态脆弱地区当前经济社会发展形势，兼顾绿色发展与经济需求，实现人民生态福祉的增进、农业经营主体经济收益提升、生态资源环境价值增值，以绿色发展为引领，打造人与自然和谐共生的新局面。

（二）政策执行者的目标

生态脆弱地区生态资本运营补偿式扶贫政策执行者的目标是理解和充分落实各项政策，做好相关项目跟进，并对政策实施效果进行考评。通过解读与利用相关政策，有步骤有规划地推进生态资本运营的全面进行，为生态资本的有效运营提供强力支撑，实现生态脆弱地区的"绿水青山"有效转化为"金山银山"。

（三）政策接受者的目标

生态脆弱地区生态资本运营补偿式扶贫政策的接受者主要是生态资本运营主体，包括相关企业和农户等。生态资本运营补偿式扶贫政策的目标主要是为了提高运营主体的经济收益，提高其参与热情，进而提升生态资本的经济效率，促进生态资本运营整体收益最大化；吸引社会资本的流入，从而提升公众的绿色素养，注重生态导向，建立生态资本运营的长效机制。

（四）统筹发展原则

生态脆弱地区生态资本运营补偿式扶贫政策的统筹发展原则主要包括统筹资金的合理配置、社会经济的协调发展、政策的着力点和政策力度。生态资本运营补偿式扶贫政策的创新需要把握统筹永续发展原则，对涉及生态脆弱地区经济、社会、农业经营主体以及生态环境等各方面内容进行全盘考虑，将经济发展和生态环境协同起来。促进生态资本运营的支持政策手段众多，其共同目的是鼓励经济社会绿色化发展，促进生态经济的增长。然而，每种政策手段各具特点且作用领域各异，若不进行科学规划，可能会产生各自作用效果相互抵消的情况，甚至产生反作用。因此，多种政策需相互配合，尽量避免冲突所带来的负面影响。

（五）公共财政原则

生态资本运营具有部分公共物品的属性，要遵循公共财政原则，将向生态资本运营提供公共产品置于政策框架之内，让生态资本运营的主体享受到政府所提供的公共产品和公共服务。在进行支持政策设计时，要将此原则作为设计考量的标准。

（六）效率性原则

效率性原则指的是在设计政策时要充分考虑客观规律，认识到政策投入不是无限的也不是万能的，在设计之前要进行可行性和成本效益分析，尽可能提高政策支持生态资本运营的效率。要以较短的时间、较少的人员、较低的经济耗费、办较多的事、取得尽可能大的效益，使设计出的政策具有最大合理性。

二、纵向生态资本运营补偿式扶贫政策创新

纵向生态资本运营补偿式扶贫机制与政策注重的是对区域生态资本增量的

管理，即对再投入新增资本（技术资本、经济资本、社会资本等）的管理经营活动。具体表现为通过技术投入、产业融合与制度创新等方式，促使生态资本价值充分实现，并将部分收益投入区域生态资本积累。

（一）支持生态技术研发与应用

1. 设置生态技术研发专项资金

生态技术研发是生态资本运营能否开展的命脉。生态技术研发难度大、收益低，导致难以吸引到足够的科技人才投身到生态技术的研究中来，进一步抑制了增量生态资本运营。针对当前的状况，应该增加对减缓生态脆弱性方面的技术研发投入，吸引更多人才投身到生态脆弱地区的生态修复和环境保护技术研究中来。一方面，应该在科技人才引进方面给予更多优惠条件，吸引科研院所的专家学者积极投身到生态技术的研发当中来，为他们创造更为便利的工作及生活条件。另一方面，应该加大对科技创新经费方面的投入，设立专门的生态科技创新基金，吸引更多的科研项目开展生态技术基础研究。

2. 出台生态技术应用的优惠条件

生态技术的有效应用是生态资本运营良好发展的推动力，生态资本要实现保值增值对运营过程中的技术、方式和手段有一定要求。部分主体由于运营困难往往望而却步，影响生态资本运营的推进。针对此情况，应出台对生态技术应用的优惠政策，吸引更多主体加入生态资本运营行列。一方面，对积极应用新兴生态技术的主体给予补贴，以减少运营主体因经费不足或因经费过高而放弃生态技术使用的概率。另一方面，对良好应用生态技术的运营主体给予奖励，不同的运营主体对技术的应用往往具有差异性，定期对应用生态技术的运营主体进行反馈，对熟练且能充分应用生态技术的优秀运营主体给予资金或技术奖励，提高各主体应用生态技术的热情。

（二）支持生态项目运作

1. 设立生态资本运营项目专项资金

为更好地推动生态脆弱地区的生态项目运作，帮助运营主体减少资金困难，应设立生态脆弱地区生态资本运营项目专项资金，对生态资本运营项目进行支持。专项资金项主要分为四个方面：（1）优惠政策类。放宽生态资本运营项目的申请条件，并为项目提供一定资金支持与技术指导；优化项目运作的外部环境，构建生态产品市场体系，强化绿色消费理念；降低生态资本运营项目盈利税率，增强生态资本运营的盈利能力。（2）补贴政策类。在实施被认可的项目时，可向当地有关部门提出申请给予相应补贴。例如，在购买绿色农药时，政府应按规定给予一定的补贴。（3）专项扶持政策类。主要是政府对某些专门的生态资本运营项目进行重点扶持，而这类项目需具有强带动性、高可行性、多种效益、推动生态脆弱地区发展且对生态环境无害等多种特性。（4）奖励政策类。对生态资本运营的优质项目进行奖励，所有涉及生态资本运营的项目都有资格参与评审，不同的项目分别按照不同的标准进行评比。优质项目根据产生的成果和综合效应进行评估，特殊项目另行评估。例如，优秀生态资本运营主体培训单位、优秀生态旅游区等。

2. 放宽生态资本运营项目信贷条件

除了设立生态资本运营项目专项资金外，放宽信贷担保条件也刻不容缓。在生态脆弱地区建立健全生态资本运营信贷担保体系，加快推进担保机构向基层延伸，分批支持有条件的地方尽快建立完整的担保体系，实现实质性运营。担保的重点服务对象主要集中在进行生态资本运营项目如绿色农业、生态旅游和公益林保护等方面的运营主体上。从而使各运营主体能够享受到简单迅速、费用合理的信贷担保服务，更好地参与增量生态资本运营中。

（三）支持生态价值补偿

生态价值补偿是实现生态资本价值的重要途径。现阶段，由于生态环境具有较强的公共性与外部性，生态价值补偿的实际主体主要是政府，补偿对象大多数为地方政府与农户，补偿资金来源主要为中央与地方财政支出，给政府造成的财政压力较大。为此，政府在支持生态脆弱地区生态价值补偿过程中，应该明确补偿资金数额，拓宽补偿资金来源渠道，提升补偿资金的利用效率。在具体操作上，主要包括：（1）建立生态资源与环境价值核算体系。需要联合经济学、自然科学、生态学等方面的专家，对区域生态系统能力与价值进行科学评估，并对生态系统内部的自然资源与生态系统整体功能的相关性进行测度，以此作为区域生态价值补偿资金数额度量的基础。（2）拓宽生态价值补偿资金的来源渠道。建立多元化的生态价值资金来源渠道，一方面，出台生态资源耗用税，对生产经营活动产生负外部性较大的主体进行征税，不仅能促进其技术的绿色化，也能为生态价值补偿资金注入新的血液。另一方面，对生态环境受益者收取生态环境维护费。（3）提升生态价值补偿资金的利用效率。提升补偿资金的利用效率，最重要的是发挥好市场这一手段的作用。一是通过支持排污价格与收费机制的完善，拉近污染收费与治理成本的差距，对政策执行不力的区域减少相应的财政补助。二是通过推进支持排污权有偿使用和试点工作，树立生态有价的价值理念。三是健全市场化运营机制。培育生态环境治理的社会组织与机构，推动生态脆弱地区生态建设设施市场化运作，提升补偿资金使用效率。

三、横向生态资本运营补偿式扶贫政策创新

横向生态资本运营补偿式扶贫机制与政策注重在生态资产存量的品质、结构、配置上的优化，包括生态环境质量品位的提升、生态系统整体功能的增强、生态资产的合理配置。存量生态资本运营的核心是将生态资产盘活，这也是生态资本获得增值的必要环节。通过调研发现，主体在存量生态资本运营过程中需要财政支持，且主要集中在生态环境保育、生态系统修复与生态资产流转等方面。

（一）支持生态环境保育

1. 增加生态脆弱地区生态保育的资金配比

进行存量生态资本运营的前提是，要对现有生态资本进行保育。中国工业化、城市化水平不断提升，生态脆弱地区的人为干扰因素压力较大，环境污染、生态损毁愈发严重，资源瓶颈日益凸显，区域生态资本存量状况不容乐观。因此，强化对生态脆弱地区生态环境的保育，需要增强生态资源利用的持续性，协同好生态脆弱地区生态环境的"保护"和"复育"工作。首先，完善财政的体制性补贴政策，在针对各生态脆弱地区财政税收收入增长激励奖补政策的核算中，选择生态保育区建设补偿作为转移支付的评估基础。其次，强化专项转移支付力度。对不同生态脆弱地区的专项性转移支付要有一定的差异性，如对

生态主体功能强的生态保育区予以倾斜。再次，允许生态脆弱地区地方政府发放生态债券，帮助重点生态保育区政府筹集生态基础设施建设资金。

2. 设置生态环境保护税目

在工业化不断推进的过程中，往往将生态环境作为牺牲品。目前，生态脆弱地区环境面临突出的污染问题，设立生态环境保护税可以减缓污染面积扩大，促进区域经济社会绿色化转型。一是征收农业用水资源保护税。水资源是农业生产发展的关键资源，水质的好坏关系到农产品的安全问题，征税的对象主要是工业废水与畜牧业养殖排放，而在种植业污水排放方面的税收要结合各地实际情况来定夺，针对规模化经营的农户可以进行征收排污税，而针对中小农户家庭经营则需予以一定生态补偿资金，引导其进行绿色生产。二是出台区域生态环境保护税。征收的范围应该控制在一定区域内，在污染存在明显外部性特征的区域进行征收，对该区域内的企业从业类型与生态环境的影响关系，收取一定比例的区域环境保护税，并将税款用于区域生态环境保护中。

（二）支持生态系统修复

1. 提升生态系统修复资金利用效率

政策支持生态脆弱地区生态系统修复的首要任务是提升生态修复资金的利用效率。这就要求抓住重点，将资金投入到生态系统修复的关键问题上。资金投入的重点应该集中在环境污染治理方面，避免脆弱生态环境的进一步恶化，其次是具有绿色发展效应的项目。同时，不同区域的生态功能不同，同一功能区域的生态环境问题危机程度也不一样，这就需要针对不同受损程度的生态问题采取差异性的资金投入政策。

2. 拓展生态系统修复资金的筹资渠道

"巧妇难为无米之炊"。财政支持并不是生态脆弱地区生态环境修复资金来源的唯一渠道，必须建立多元的筹资渠道，将政府、企业、社会组织等都纳入生态修复投资主体范畴。一是充分发挥政府财政政策的导向作用，主持生态修复重点工程，对公共性强且具有正外部性的生态脆弱区域进行重点投入。二是逐渐明确其他主体在生态脆弱地区生态系统修复中的作用，鼓励其参与承接小型生态修复工程，可以采取政府购买的形式引导相关主体参与生态系统修复项目。三是争取社会组织的援助，开放生态系统修复基金的窗口进行社会筹资，并放开一定的生态系统修复的监督权,引入第三方监督机制。

3. 增强生态系统修复资金使用监管

公共政策支持生态系统修复的必要环节是加强生态系统修复资金使用的监管。政府部门应该完善资金使用监管制度,增强生态系统修复资金监管。为此,应明确规定对各级财政的投入金额、投入方式以及监督检查的监管。做到资金使用信息公开,每隔半年各地区的各级财政就要公布对生态系统修复的具体支出情况,保障公众的知情权。

(三) 支持生态资产流转

1. 财政支持生态资产流出

财政对生态资产流出的支持主要表现为两个方面:一是维护流出主体的生态资产权益;二是鼓励流出主体流出闲置的生态资产。维护流出方生态资产的合法权益最根本的在于遵从其意愿,不能强制其进行生态资产流出,对愿意流出生态资产的主体予以合理补偿。在鼓励流出闲置生态资产方面,则需要政府联合基层村委按照一定标准予以相应的奖励。

2. 财政支持生态资产流入

财政对生态资产的流入需要在风险管控、资金投入与政策扶持上做好文章。一是加强生态资产流转风险防范,提供风险资金与保险产品。风险资金能对生态资产流入风险进行有效预防与控制,而保险产品则对生态资产流入风险分散有一定作用。二是建立生态资产流转基金。通过向中央财政申请专项预算资金的拨款,对重点生态功能区生态资本运营实际主体予以专项补助。三是实施税收减免政策。税收减免政策的推行是支持生态资产流入的一种手段,激发企业、农户、社会组织等主体参与到生态资产承包经营中来。

3. 财政支持生态资产流转中介服务发展

财政对生态资产流转服务的支持在于构建生态资产流转服务体系。首先,设置专项资金成立流转服务机构,为流转服务机构的运转、经营提供必要的资金来源。其次,对生态资产承包纠纷委员会予以财政拨款,以应对可能出现的生态资产流转纠纷。最后,对生态资产运营指导中心提供扶持,为相关主体的生态资产运营项目提供服务与支持。

第七章
生态脆弱地区生态资本运营安全调控机理与产业发展政策

生态资本运营安全是生态资本供给和需求相互制衡的结果，对生态资本运营安全进行科学调控是保证生态资本可持续运营的基石。本章从界定生态脆弱地区生态资本运营安全的概念入手，在结合 PSR 模型系统阐释生态脆弱地区生态资本运营安全调控机理的基础上，对贵州省生态资本运营安全的系统综合协调度、系统协调率进行了评价；以浙江省丽水市为例阐释生态产业融合发展路径，构建了以生态农业为基本点、生态工业为支撑点、生态服务业为增长点的生态经济体系；从供给要素和制度创新两个方面构建了生态产品供给体系。通过对生态脆弱地区生态资本运营安全进行科学调控和生态产业的健康发展，能够保障生态产品供给稳定的同时又足量地满足需求。

第一节　生态脆弱地区生态资本运营安全调控机理分析[①]

一、生态安全与生态资本运营安全的概念

生态安全是指一个国家或地区人们生存和发展所需的生态环境处于不受或少受破坏与威胁的状态。即使生物与环境，生物与生物，人类与生态系统之间保持着正常的功能与结构，当一个生态系统所提供服务的质量或数量出现异常现象时，就表明该生态系统的生态安全受到了破坏。如草原退化，表明草原生态系统受到了破坏。生态安全是政治安全、经济安全和军事安全的物质基础，它不但是国家安全的组成部分，而且是重要的基础。

生态资本运营安全既要求保障生态资本供给的稳定，又要求生态资本足量地满足生态需求和经济社会发展需求，它是生态资本供给和需求相互制衡的结果。生态资本运营安全包括三方面的核心内容：一是充足的生态资本数量；二是稳定的生态产品和服务供应；三是合理的生态产品和服务价格。生态资本运营安全的基础是健

---

① 本节部分观点和内容曾作为国家自然科学基金项目（71303261）的阶段性成果，以《生态脆弱地区农业生态资本运营安全调控机理分析》为题，发表于《中国地质大学学报（社会科学版）》2015 年第 15 卷第 5 期。

康的生态系统循环，生态系统循环包括天然循环与人工循环，或称自然循环与社会经济系统循环。因此，调控生态脆弱地区的生态资本运营安全，要在遵循自然规律的基础上，充分发挥生态系统的自我调节功能，给予适当的人工干预措施。

二、生态资本安全运营调控机理理论分析

本书的区域定位在生态脆弱地区，借用 PSR 概念模型分析其生态资本运营的安全调控问题，从理论上分析生态脆弱地区生态资本运营安全调控机理，分别从压力、状态、响应层构建了生态脆弱地区生态资本运营安全性评价指标体系，测算了贵州省 2006～2016 年的压力、状态、响应层指标值和系统协调率，从而为合理运营生态资本提供科学依据，避免"扶贫—开发—破坏—贫困"的恶性循环，以实现生态脆弱地区经济社会的绿色发展、包容性发展。

（一）PSR 概念的界定

"压力—状态—响应"（Pressure – State – Response，PSR）概念模型主要是用以解释发生了什么、为什么发生以及如何应对和反应这三个问题。"压力"（P）是造成发展不可持续的人类活动、消费模式或经济系统中的一些因素，它是影响可持续发展的"负效应"——消耗生态资源和产生环境污染；"状态"（S）反映可持续发展中各系统的状态，它既反映经济的状态又反映生态系统的状态，表示发生了什么，因而是问题的核心；"响应"（R）过程表明人们在促进可持续发展进程中所采取的有效对策，是"正效应"——减少对生态资源的耗竭和对环境的污染，对生态资源实行投资。"状态"的变化不会只与一个或一类特定的因素有关，也不是只与一个或一类特定的反应有关，而是与许多因素包括自然的、社会的各因素都有关，各因素之间相互作用的过程和程度是相当复杂的。

（二）生态资本运营安全的 PSR 因素分析

生态资本运营安全的 PSR 框架从总体上反映了生态资本运营安全与经济发展之间的相互依存、相互制约的关系。人口增长、经济社会高速发展给生态资本运营安全带来了巨大的压力（P），人类耗竭性地攫取生态资源，通过各种经

济活动向生态系统排放污染物，改变了生态资源的质量和生态资源存量的状态（S），反之也影响了人类自身的发展和后代人的福利。压力和生态资本运营安全问题向生态资本运营理论研究和安全管理决策提出了挑战，要求采取应对措施（R）。首先要对区域（如生态脆弱地区）生态资源状况和开发潜力、生态资源供求态势、生态资本运营安全管理政策、生态技术发展水平和社会经济状况等做出精确的诊断和评价；然后依照可持续发展目标制定出体现生态资源最优配置和代际公平的开发、利用和保护政策；最终还要对生态资本运营安全状况进行动态监测和评估，对政策执行效果实时跟踪，以便适时调整生态资本运营安全管理政策，确保生态资本运营安全和经济社会可持续发展。

（三）生态脆弱地区生态资本运营安全的调控机理

生态资本运营安全调控机理的核心是要对影响生态资本运营安全的相关因素予以筛选，在此基础上进行分类，以便客观地描述同类因子内部以及非同类因子之间的耦合关系，解释各因素对生态资本运营安全的影响过程、结果和调控方式。在研究过程中，把生态脆弱地区的生态、经济和社会作为一个系统来观察，有助于理解和分析与其有关的各要素相互作用过程及影响程度。利用"PSR"概念框架可以简单地揭示这一过程，同时解释影响生态资本运营安全的各类因子的相互作用过程及所产生的结果，从而揭示生态资本运营安全的机理（见图7-1）。

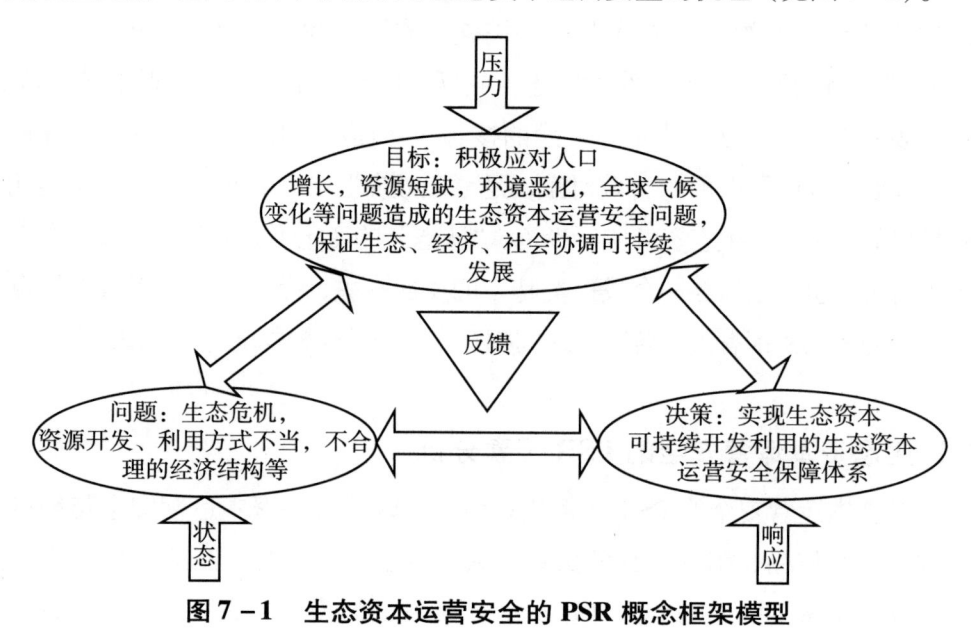

图7-1 生态资本运营安全的PSR概念框架模型

中国的生态脆弱地区大多也是资源供给区、生态贫困区。生态脆弱地区安全科学地运营生态资本，有利于推进资源价格改革，建立反映生态资本稀缺性的市场化配置机制，杜绝不合理的生态资本开发方式，切实提高生态产品生产力和脆弱区的发展能力，变资源"诅咒"为资源"保佑"。保护和扩大自然界提供生态产品能力的过程也是创造价值的过程，保护生态环境、提供生态产品的活动也是发展。总体上看，中国提供工业品的能力迅速增强，提供生态产品的能力却在减弱，而随着人们生活水平的提高，人们对生态产品的需求在不断增强。因此，必须把提供生态产品作为发展的重要内容，把增强生态产品生产能力作为生态资本安全运营的重要任务。在 PSR 模型中，"人地关系"是一个以时间为方向轴的开放性螺旋形循环链关系。反映在生态脆弱地区生态资本运营实践中，生态资本运营的安全性是一个动态过程，并呈现出阶段性变化，其"压力—状态—响应"演变过程如图 7-2 所示。

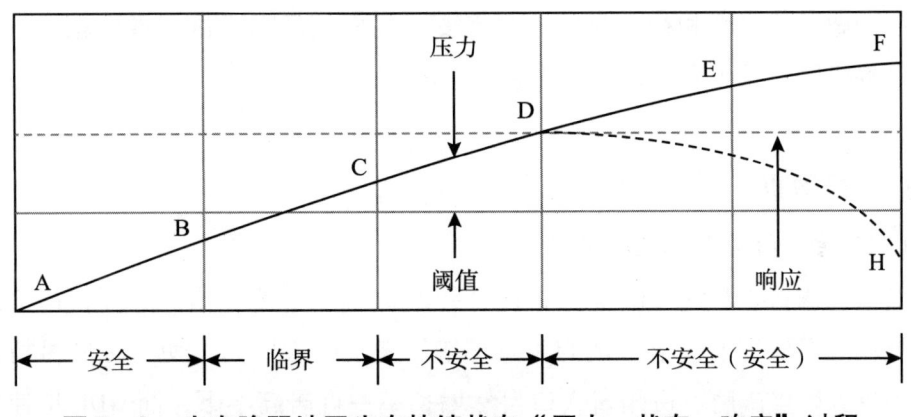

图 7-2 生态脆弱地区生态持续状态"压力—状态—响应"过程

随着生态脆弱地区人口增长与社会经济的发展，人类活动的压力呈非线性上升的趋势。当人类活动的压力小于生态资本运营的安全调控阈值时，区域生态系统要素之间保持动态平衡，处于良好的生态状态（见图 7-2 A-B 段）；当人类活动的压力接近或刚刚超过生态资本运营的安全调控阈值时，区域生态系统的结构和功能受到损害，处于临界状态（见图 7-2 B-C 段）；如果人类活动的压力继续加大，会造成生态系统的恶化，甚至出现不可逆的变化（见图 7-2 C-F 段）；采取调控措施对生态系统进行人工恢复，如提高生态资本运营的安全调控阈值，或者降低人类活动压力，会使生态系统向临界状态，乃至良好状态恢复（见图7-2 D-H段）。因此，要更加珍惜生态资本，而珍惜生态资源的有效途径就是安全、合理、科学地运营生态资本，使生态脆弱地区生态资本存量保持非减性，甚至不断增加。

三、生态资本安全运营调控机理实证分析：以贵州为例[①]

贵州省属于典型的喀斯特地貌，区域内土壤成分主要以碳酸盐为主，可溶性碳酸盐岩的出露面积高达13万平方千米，占据贵州省土地总面积的73%，是中国南方典型的生态脆弱地区和生态贫困地区，其经济发展和生态可持续错综复杂的关系一直受到广泛关注。本节基于PSR的视角，试图从贵州省在经济社会、资源环境和自然灾害压力下的生态资源、生态环境、生态服务状况及其对相应压力做出的经济和社会响应的动态变化过程，来阐述贵州省生态资本运营安全调控机理，具体测算贵州省生态资本运营的安全水平。

（一）分层数据

1. 压力层（P）指标及数据

随着贵州省改革的不断深入，社会经济取得了长足发展。然而，社会经济的发展在一定程度上也给当地的生态环境带来了巨大压力，使得区域可持续发展能力受到严重威胁。贵州省人口自然增长率一直居高不下，而GDP增速却明显放缓；伴随贵州省社会经济的发展，由于人口的快速增长，人地矛盾日益突出。例如，近年来，贵州省粮食消费总量、生产生活用水总量、能源消费总量、化肥和农药的消耗量不断增加（见表7-1）。2016年，全省粮食需求量达到435.5万吨，用水总量为100.3亿立方米，能源消费量为9 444.8万吨标准煤，农药使用量为13 677.0吨，化肥使用量为103.67万吨。并且，贵州省属典型的喀斯特地貌，生态系统脆弱、敏感性强、环境容量小、生态系统承载力低，极易产生水土流失、石漠化等自然灾害。

---

① 本部分资料来源于《贵州省统计年鉴》（2006~2016）。

表 7-1　　2006~2016 年贵州省生态资本运营安全压力层数据汇总

指标 年份	GDP 增长率 (%)	人口自然 增长率 (%)	粮食 消费量 (万吨)	用水总 量(亿 立方米)	能源 消费总量 (万吨煤)	农药 使用量 (吨)	氮磷钾 农用化肥 (万吨)	农作物 受灾面积 (万公顷)
2006	11.6	7.3	701.5	100.0	6 172.5	10 637.0	100.3	138.3
2007	13.7	6.7	667.2	98.0	6 799.7	10 722.0	105.3	52.5
2008	10.2	6.7	670.2	101.9	7 084.0	12 920.0	107.8	211.9
2009	11.4	7.0	612.5	100.4	7 566.3	12 464.0	112	89.2
2010	12.8	7.4	572.7	101.5	8 175.4	12 938.0	117.6	195.6
2011	15.0	6.4	558.1	101.4	9 068.0	14 469.0	126.4	253.8
2012	13.6	6.3	511.0	104.1	9 185.0	15 035.0	133.6	234.9
2013	12.5	5.9	445.9	92.6	8 715.5	13 744.0	99.5	157.8
2014	10.8	5.8	476.4	95.3	9 015.2	13 425.0	101.3	62.8
2015	10.7	5.8	453.2	97.5	9 319.6	13 722.0	103.3	21.7
2016	10.5	6.5	435.5	100.3	9 444.8	13 677.0	103.4	32.9

资料来源：贵州省统计年鉴（2006~2016 年）。

2. 状态层（S）指标及数据

随着人口数量和 GDP 的快速增长，粮食、水、能源等资源需求快速增加，在化肥、农药对环境破坏不断加剧以及频繁自然灾害的压力下，贵州省生态资本运营的状态也在发生着快速变化（见表 7-2）。

表 7-2　　2006~2016 年贵州省生态资本运营状态指标数据汇总表

指标 年份	森林 覆盖 (%)	人均粮 食产量 (kg)	每平方米 人口密度 (人)	人均耕 地面积 (亩)	人均生活 污水排放 量(吨)	人均水 资源量 (立方米)	万元产值 耗能(吨 标准煤)	自然灾害 直接经济损 失(亿元)
2006	39.93	300.00	213.50	1.41	11.03	2 060.00	2.73	59.10
2007	39.93	293.00	213.80	1.37	11.84	2 649.30	2.62	38.27
2008	39.93	307.00	215.51	1.42	12.28	2 824.00	2.45	48.72
2009	39.93	308.00	215.80	1.43	12.92	2 226.00	2.35	35.60
2010	40.52	306.00	197.40	1.55	13.42	2 726.80	2.25	179.77
2011	31.61	252.59	197.10	1.28	13.72	1 802.11	1.71	25.07

续表

年份\指标	森林覆盖（%）	人均粮食产量（kg）	每平方米人口密度（人）	人均耕地面积（亩）	人均生活污水排放量（吨）	人均水资源量（立方米）	万元产值耗能（吨标准煤）	自然灾害直接经济损失（亿元）
2012	33.87	311.00	231.61	1.34	13.74	1 513.60	1.64	68.34
2013	48.23	296.43	243.30	0.59	14.16	2 169.00	1.38	140.06
2014	49.41	327.66	245.53	0.62	15.78	3 458.00	1.30	196.76
2015	50.17	339.60	249.50	0.65	16.89	3 269.00	1.20	73.76
2016	52.06	343.17	252.76	0.67	17.01	2 999.00	0.88	173.70

资料来源：贵州省统计年鉴（2006~2016年）。

3. 响应层（R）指标及数据

贵州省认识到在经济社会快速发展、生态资源需求快速增长、生态环境污染以及自然灾害等多重压力下，其生态资源萎缩、生态环境破坏、生态服务功能下降的现实状况，也做出了积极回应。不仅从经济上加大了对生态资本运营主体以及对象的投入，而且还从社会角度做出了一系列响应。就经济响应而言，通过多种方式不断增加区域内农民人均收入，不断加大农业机械化和环境污染治理投入；就社会响应而言，通过延长农村劳动力平均受教育年限和开展业余培训来提高提高农村劳动力科学文化素质，对水土流失严重和不易耕种的土地进行退耕还林，并提倡用清洁无污染的可再生能源（见表7-3）。

表7-3　　　2006~2016年贵州省生态资本运营安全响应层指标数据汇总

年份\指标	农民人均收入（元）	农业机械化投资（亿元）	环境污染治理投资（亿元）	农村劳动力平均受教育年限（年）	农业技术培训（万人）	退耕还林造林面积（千公顷）	水电占比（%）	水土流失治理面积（万公顷）
2006	2 097.00	3.29	19.80	6.79	17.82	5.47	10.80	266.05
2007	2 347.00	4.62	22.47	6.86	29.26	60.00	11.40	249.08
2008	2 667.00	6.82	23.24	7.02	33.04	45.94	10.50	256.72
2009	3 188.30	8.05	21.27	7.05	34.06	33.27	10.60	270.21
2010	3 448.30	10.52	30.04	7.14	34.10	36.67	10.40	281.13
2011	3 849.50	11.67	64.93	7.07	35.57	18.67	10.70	295.62
2012	4 439.50	12.47	68.96	7.08	36.77	15.33	10.90	401.95

续表

年份\指标	农民人均收入（元）	农业机械化投资（亿元）	环境污染治理投资（亿元）	农村劳动力平均受教育年限（年）	农业技术培训（万人）	退耕还林造林面积（千公顷）	水电占比（%）	水土流失治理面积（万公顷）
2013	5 434.00	16.73	109.75	7.24	36.82	12.04	10.57	581.76
2014	6 671.00	15.15	170.43	7.51	37.20	4.67	14.41	604.62
2015	7 387.00	14.74	137.51	7.85	36.80	46.67	17.66	629.80
2016	8 090.00	13.21	118.40	8.03	33.90	86.66	16.99	655.62

资料来源：贵州省统计年鉴（2006~2016年）。

（二）确定指标权重

本书选择客观赋权法中的熵权法进行指标权重确定。虽然该方法也有很多缺点，但其计算简便且能保证权重赋值的相对准确性与实用性。熵权法是根据指标值提供的信息量，也就是以客观定量数据为基础，算得一个指数来确定指标的权重。结合贵州省生态资本运营安全性评价所选指标数据实际，运用熵权法确定权重的具体计算步骤如下：

第一，形成原始数据矩阵。本书共选定24项评价指标，11个样本（即参与评价的年份数），X_{ij}为第i项指标在第j年的原始数据，其中，i = 1, 2, 3, …, 24，j = 1, 2, 3, …, 10, 11。故原始数据矩阵为$D_1 = \{X_{ij}\}_{24 \times 11}$。

第二，通过（1）$X'_{ij} = \frac{X_{ij} - X_{min}}{X_{max} - X_{min}}$或（2）$X'_{ij} = \frac{X_{max} - X_{ij}}{X_{max} - X_{min}}$将原始数据无纲量化。其中，$X'_{ij}$为无纲量化数据，$X_{max}$、$X_{min}$是第i项指标的最大值和最小值，若标准化后的值越大对总体评价效果越好则选（1），反之，则选择（2）。将原始数据进行无纲量化处理，形成新的样本数据矩阵$D_2 = \{X'_{ij}\}_{24 \times 11}$。

第三，算出第i项指标在第j年样本数据比重Y_{ij}。计算公式为：

$$Y_{ij} = \frac{X'_{ij}}{\sum_{1}^{m} X'_{ij}}$$

由此可建立数据的比重矩阵$D = \{Y_{ij}\}_{24 \times 11}$。

第四，计算第j项指标的信息熵值e_j：$e_j = -K \sum_{1}^{m} Y_{ij} \ln Y_{ij}$，其中K为常数，一般定义$K = 1/\ln m$。

第五，算出第 j 项指标效用值 f_j：$d_j = 1 - e_j$。

第六，算出第 j 项指的权重值 r_j：$r_j = \dfrac{d_j}{\sum_1^m d_j}$。

通过以上步骤计算获得的贵州省生态资本运营安全的 PSR 模型的指标权重如表 7-4 所示。

表 7-4　贵州省生态资本运营安全评价指标体系及指标权重

目标层	系统层	要素层	指标层	单位	系统权重	指标权重
贵州农业生态资本运营安全度 A	压力 B_1	经济社会 C_1	GDP 年均增长率 D_1	%	0.271	0.046
			人口自然增长率 D_2	‰		0.046
		资源需求 C_2	粮食消费总量 D_3	万吨		0.048
			用水总量 D_4	亿立方米		0.010
			能源消耗总量 D_5	万吨标煤		0.017
		资源破坏 C_3	农药使用总量 D_6	吨		0.022
			氮磷钾消耗总量 D_7	万吨		0.040
		自然灾害 C_4	农作物受灾面积 D_8	万公顷		0.041
	状态 B_2	生态资源 C_5	地区森林覆盖率 D_9	%	0.245	0.023
			人均水资源量 D_{10}	立方米/人		0.021
		生态环境 C_6	人口密度 D_{11}	人/平方公里		0.038
			人均耕地面积 D_{12}	亩/人		0.046
			人均生活污水排放量 D_{13}	吨/人		0.027
		生态服务 C_7	人均粮食产量 D_{14}	千克/人		0.007
			万元产值耗能 D_{15}	吨标煤/万元		0.025
			自然灾害直接经济损失 D_{16}	亿元		0.059
	响应 B_3	经济响应 C_8	农民人均收入 D_{17}	元	0.484	0.050
			农业机械化投入 D_{18}	亿元		0.022
			环境污染治理投入 D_{19}	亿元		0.085
		社会响应 C_9	农村劳力平均教育年限 D_{20}	年		0.046
			农业技术培训人次 D_{21}	万人次		0.002
			退耕还林造林面积 D_{22}	千公顷		0.054
			水电占总能源比重 D_{23}	%		0.137
			水土流失治理面积 D_{24}	万公顷		0.088

(三) 评价结果及分析

1. 系统综合协调度评价结果及分析

一方面，用各项指标权重乘以对应指标的标准化数据，将数据按照压力、状态、响应三个子系统进行数据汇总；另一方面，求出三个子系统的协调系数，具体公式如下：

$$C = w_{B_1} \sum_{i=1}^{8} r_i I + w_{B_2} \sum_{i=9}^{16} r_i I + w_{B_3} \sum_{i=17}^{24} r_i I$$

其中，C 为系统综合协调度，w_{B_1}、w_{B_2}、w_{B_3} 为系统指标权重，I 为系统标准化数据。具体结果如图 7-3 所示。

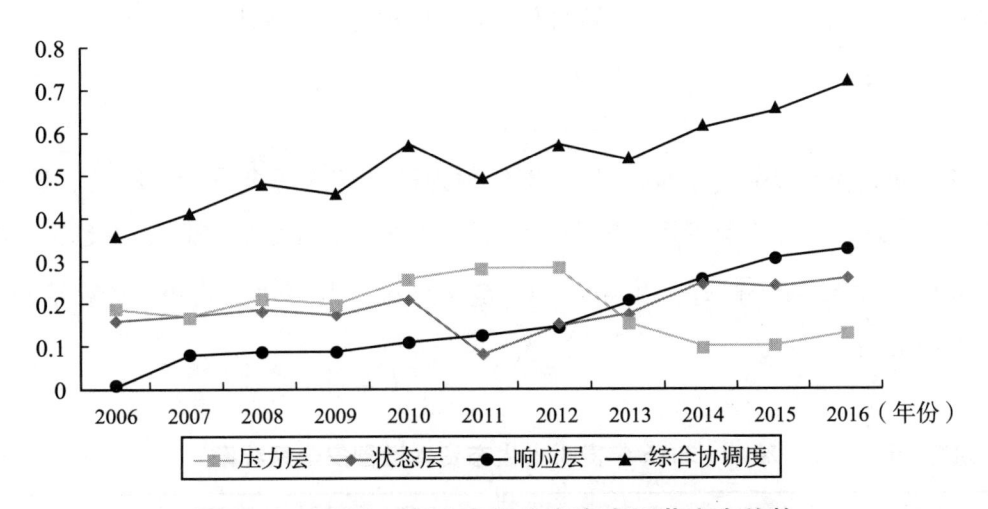

图 7-3　2006~2016 贵州生态资本运营安全趋势

总体看来，贵州省生态资本运营安全的三个子系统呈现出密切的联系，系统压力增加会带来系统状态体系的恶化，但响应能力的提升能有效缓解压力对状态的影响效果。从综合协调度来看，贵州省生态资本运营安全总体上向着更好的方向发展，从 2006 年的 0.357 逐渐上升到 2016 年的 0.723，从 [0.3, 0.4] 不太安全的区间步入了 [0.7, 0.8] 的基本安全的区间。

具体而言，能较清晰地看出从 2006~2008 年贵州省生态资本运营在持续压力下，状态从 2006~2008 年增长较为缓慢，但该压力仍然处在生态系统自我修复的能力范围之内，在相关部门加强响应的情况下，从 2006~2008 年贵州生态资本运营状态也有一个平稳的上升过程；2008~2013年，在压力增加和响应提升双重作用的情况下，生态资本运营状态开始了一个大幅震荡的过程，特别是2010~2011年这一震荡过程明显变强，主要原因是2011年GDP达到15.0%的超高速增长和农药超过11%的增长，加之当年南方持续干旱，带来了区域内大面积粮食绝收、水资源严重匮乏，在政府各部门和当地人民一道积极响应、克服困难的情况下，才使得生态资本运行状况没有继续恶化。2012~2016年随着贵州省生态资本运营压力持续下降，响应能力的不断加强，使得生态资本运营的状态不断回升。

2. 系统协调率评价结果及分析

为了进一步描述三个子系统之间的关系，找到三个系统运行安全的内在规律，本书运用系统协调率来刻画系统间的变异的匹配程度。具体计算公式如下：

$$CI = \frac{C_1 + C_2 + C_3}{\sqrt{C_1^2 + C_2^2 + C_3^2}} (1 \leqslant CI \leqslant \sqrt{3})$$

其中，CI为系统协调率，C_1、C_2、C_3分别为三系统的综合得分，压力、状态、响应三子系统综合值越接近，整个系统越趋于平稳，系统抗风险能力越强，故而协调率越接近于$\sqrt{3}$越好，并将$\sqrt{3} - CI$定义系统协调率理想差Φ。计算结果如表7-5所示。

表7-5　　2006~2016年贵州省生态资本运营安全系统率

年份	协调率	Φ	年份	协调率	Φ
2006	0.820	0.913	2012	0.875	0.857
2007	0.865	0.867	2013	0.915	0.817
2008	0.864	0.868	2014	0.913	0.819
2009	0.870	0.862	2015	0.929	0.803
2010	0.867	0.865	2016	0.926	0.806
2011	0.854	0.878			

从表7-5中能明显看出，2006~2016年的系统协调率理想差均大于0.1，特别是2006年更是大于0.9，表明近十年来的压力、状态、响应子系统之间呈现出严重的不匹配，也表明生态资本运营安全问题可能比较严重，其主要原因

是三个子系统中能快速变化的是压力系统和响应系统，特别是压力体系中的自然风险带来的灾难可能是主因。但随着政府相关部门、社会组织及个人的积极响应，系统协调率的理想差逐年缩小，生态资本运营趋于稳定。

第二节　生态脆弱地区农村生态产业融合发展路径[①]

一、农村生态产业融合的必要性

农村地区第一、二、三产业融合是中国现代农村发展的全新理念，以其不断促进农业产业链拓展的优势，能明显提高农产品附加值，强化农业基础性地位，保证农民持续增收，是农业供给侧结构性改革的科学选择，也是实施乡村产业振兴、坚持农业农村优先发展的有效途径。农村三产融合是基于马克思的社会分工理论，对农村经济资源相对禀赋进行战略调整，通过技术创新增加单位内劳动投入，用社会分工服务规模化弥补土地规模化分工不足，提高农业供给多样性和销售创新性，从而能突破市场约束。随着农业技术普及和农业产业化发展，早有农业产业内横向融合和产业外纵向融合现象，许多农村地区呈现农业与第二产业和第三产业融合发展的良好趋势。但是，由于中国农村三产融合处于初级阶段，仍存在许多现实困境。随着中国进入转型升级攻关期，可以借助农村生态文明建设的契机，以"两山"理念为指导，对农村三产绿色发展进行规划，促使农村第一、二、三产业融合向农村生态第一、二、三产业融合的方向发展，逐步实现生态农业"接二连三"的融合发展目标，从而为农村经济发展与生态环境保护提供双重动力。

农村三产融合发展是提高农业产业整体竞争力、破解农业生产领域中深层

---

① 本节部分观点和内容曾作为国家自然科学基金项目（71673302）的阶段性成果，以《山区生态产业融合发展路径研究》为题，发表于《生态经济》2019年第35卷第6期。

矛盾、培育新型农业经营主体、发展适度规模经营以及构建现代农业经济体系的有效途径。中国农村第一、二、三产业融合还处于起步阶段，整理已有研究发现：一方面，学界达成了推动农村三产融合发展的共识，积极开展三产融合的内涵外延、实践案例、政策环境、模式机制和实现路径等方面的研究，这为本书提供了有益参考；另一方面，由于多数研究都是基于国家或省级层面的宏观探讨，所以难以落实到具体的微观实践。近年来，随着生态文明融入经济、社会、政治、文化发展过程中，农业绿色化和农村现代化也要遵循生物生长和生态环境规律，需要以保护农业生态环境为前提，谋求绿色健康的可持续发展之路。农村第一、二、三产业发展也需要从传统三产融合转向生态型三产融合，突出绿色发展理念，践行新产业新业态新模式，为农业农村发展注入新活力。

二、生态产业融合发展的生态经济体系构建

基于构建生态文明体系和践行绿色发展理念，农村产业融合应该基于一致的发展目标和追求：遵循自然发展规律，实现生态产业化与产业生态化有机结合，这也是生态经济化与经济生态化的具体体现。"万物各得其和以生，各得其养以成"。因此，发展生态产业需要尊重自然、保护自然、顺应自然、敬畏自然，从中提取"绿色发展资金"的同时也需要存入"绿色发展资金"，并且在技术升级、要素整合、市场拓展等融合发展方面还要基于同样的绿色发展追求，提高农村产业融合的整体性发展水平。自然资源是山区和农村最大的资源优势，需要立足于这个最大的实际来发展传统农业、工业和服务业。本书以浙江省丽水市为例，对农村生态产业融合发展进行深入分析。丽水市是全国首批"生态文明先行示范区"和"国家级生态保护与建设示范专区"，位于浙江省西南部欠发达地区，"九山半水半分田"的地势曾是该地农业农村发展的掣肘，同时又提供丰富的自然资源，是山区农村的典型代表。现今，丽水市境内不仅森林覆盖率达80.79%、林木绿化率达81.62%，生态脆弱性明显降低，而且还为生态农业、生态工业、生态服务业的发展提供了良好的发展环境，实现了"生态文明建设、脱贫攻坚、乡村振兴协同推进"，是农村三产成功遵循生态规律发展的实践典范。全市立足于自身生态资源禀赋，结合人们生产、生活、生态的需要，

协调发展生态农业、生态工业、生态服务业，打造出集经济效益、社会效益、生态效益于一体的生态经济体系[①]，如图7-4所示。

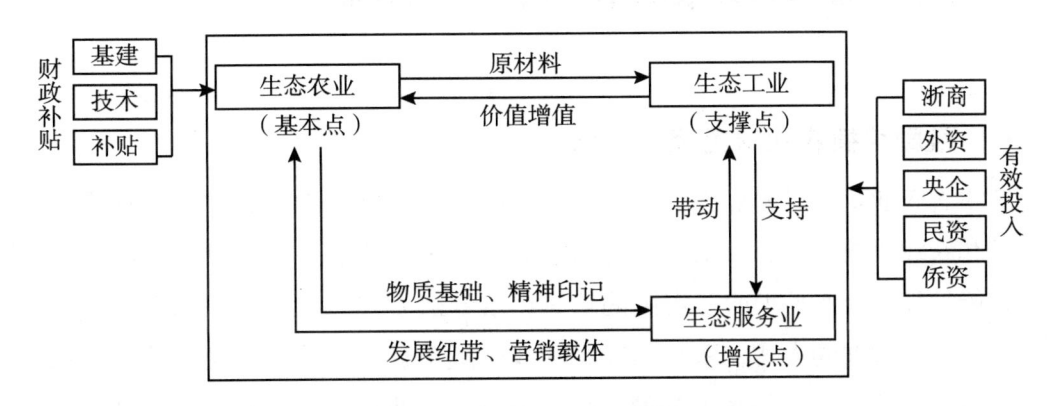

图7-4 农村生态经济体系

通过图7-4可以看出，丽水市农村生态产业形成了一顺一逆两个闭合循环圈，其中，生态农业是实现农村生态三产融合的基本，它既是生态工业原材料的来源，也是生态旅游业的物质基础、文化基础、人力基础和精神印记；生态工业是实现农村生态三产融合的支撑，既能为生态农产品提供二次及再次深加工的再创价值，又能为生态旅游业的发展提供配套硬件技术和资金设备支持；生态服务业以农旅休闲业为代表，是实现农村生态三产融合的经济增长点，具有"一业带百业"的功能，不仅是生态农业的发展纽带和营销载体，也带动相关生态工业的绿色发展。与此同时，农村生态产业经济体中三产相互影响，不论哪个环节出现问题都会影响到其他两个环节。例如，若是在农村生态经济发展前期先以创收为主要目标，放宽对工业项目生态指标的限制，那么高能耗和高污染企业恶性掠夺当地生态资源，影响农村生态经济体所依附的生态环境，给生态链造成恶性循环，最终将导致经济链的恶性循环。丽水市通过构建农村生态经济体系，采取同时同步同计划的方式，加大政策支持与财政帮扶对生态农业的倾斜，将"浙商回归"工程作为生态经济的突破点，集合浙商、外资、央企、民资和侨资的有效投资优势，创新驱动发展，推动农村生态产业融合发展。[②]

[①②] 邓远建、马翼飞、梅怡明：《山区生态产业融合发展路径研究——以浙江省丽水市为例》，载于《生态经济》2019年第6期，第49~55页。

三、生态产业融合发展的基本点：生态农业

（一）鼓励培植农业绿色经营理念

生态农业是促进农业绿色发展的最佳模式。这就需要加强政府与地方专业院校和农业机构的合作，对农户进行多种形式的再教育。开展生产经营型、专业技能型和社会服务型职业农民的培训，培养热爱"三农"、有知识、懂技术、会经营、善管理的人才，以加强农民职业化队伍建设，提高农民整体水平和先进绿色经营理念。以丽水市为例，由于该市是农业市，其农业人口占到全市人口一半以上，传统农业发展方式中人为干扰因素少，反而更具生态有机农业发展优势。现今，生态有价的理念深入人心，丽水市农户发展绿色生态农业既有政府支持，也有内在动力。例如，遂昌县农户自主研发"活竹酒"，以其蕴含竹类活性物和多种稀有氨基酸，寻求发展绿色生态农业的商机，逐渐有更多农户开始主动关注绿色农产品生产，积极申请有机产品认证。政府通过鼓励种植有机茶、生态鱼等绿色农产品，既能促进绿色农业发展相关政策、技术的推行和落实，也能推动农户"双创"的积极性，还能为市场提供更多品种和种类的无公害、绿色、有机的生态型农产品。

（二）致力打造绿色农产品品牌

随着人们生活条件越来越好，人们对食品安全和农产品质量要求也随之提高。我国农业农村部门提出的公共品牌绿色农产品，代表着农产品的安全优质，恰好满足了人们这一消费需要。绿色农产品生产基地，对农产品生产过程严格控制，使农业生态环境保护、农民收益增加和农产品质量安全得到统一发展。通过建设绿色农产品品牌进一步提高农业生产附加值。丽水市有中国首个覆盖全市域的农产品区域公用精品农业品牌"丽水山耕"，由浙江省农业农村厅和丽水市政府为构建绿色农业发展先行示范区签订共建协议，为丽水全市实现农业绿色发展提供机制和制度保障，也为丽水市农户发展绿色农业提供更多机会。目前，平台入驻企业中农业产业化龙头企业225家、专业合作社246家、家庭农

场 175 家，2017 年销售额达 41.7 亿元，农村产权交易额累计达 4.23 亿元，提高了农业产业的整体质量和水平，绿色农产品的生态溢价增加。如遂昌生态米达 100 元每公斤、原生态土鸡达 160 元每千克，高山蔬菜售价高于传统农产品经济效益。目前，生态丽水累计有"三品"① 认证农产品 1 036 个，生态精品农产品 657 个，为绿色农业创造出更多发展机遇，为农户带来更可观的农业收入，促进了生态农业产业内部的融合发展，也为农业绿色发展注入了强劲动力。②

（三）发挥生态农业的基础作用

随着人们对绿色健康食品的需求增加，绿色农产品加工需求也相应增加，对农产品加工产业发展提出了新的技术要求。一方面，推动了生态农产品加工产业的发展，另一方面，也促使生态农产品加工产业内部改造和升级。例如，遂昌县土耕手作的农耕体验吸引了大批游客，在传播传统农耕文化的同时，也为丽水市第三产业的发展创造出更多机遇，即丽水农村生态农业充分发挥出好山好水的生态价值，实现农业产业自身发展的同时，也为农村二、三产业提供新的发展机遇。因此，生态农业在农村生态一、二、三产融合发展中占据基础性地位，为丽水市农户开创出立足于生态农业的全新发家致富之路提供了有利条件。

四、生态产业融合发展的支撑点：生态工业

（一）严格审批传统工业企业项目

随着工业文明的兴起和深入推进，GDP 成为各国综合国力的重要排名指标，而一些企业在承担经济发展重任的同时，也成为重大污染的制造者。要想改变传统经济发展方式，既需要面对强大的发展压力，也要面对转变发展方式带来的风险和不确定性。自 2008 年以来，丽水市政府一方面专门划定出工业区域，通过制定和实施生态文明建设纲要，落实生态主体功能区规划，将全市 95% 以

---

① "三品"是指无公害农产品、绿色食品和有机食品。
② 丁罡、许伟明：《金生丽水　绿透江南》，载于《人民日报》2016 年 8 月 1 日。

上的区域列为限制工业进入的生态保护区,将环境保护和生态建设指标作为考核的重要内容。另一方面,严格审批和工业企业有关的项目,工业项目入园也设定了非常严格的环保、节能审查制度,并且实行环保"一票否决"制,严禁高能耗、高污染、不符合生态标准的项目入园,因环境影响共否决了 1/5 的工业审批项目,全市万元 GDP 能耗累计下降 20%。在环境污染和资源约束双重压力下,丽水市不仅有低碳发展、循环发展、绿色发展等新思考,更做出了执行和落实这些新思考的具体实践。①

(二) 吸引高新技术企业入驻投资

发展生态工业并不是对传统工业的简单抛弃,也不是对新兴产业的盲目追逐。对于前者来说,传统工业中的企业,如果能够采用新型技术,使用清洁能源,进行绿色生产,积极转变企业的发展方式,实现企业内部发展方式的转型升级,就应当得到鼓励和发展;对于后者来说,高新技术企业拥有低耗、高产、零污染的优势,具备环境友好的特点,但是高新技术产业一般入驻在科技与经济相对发达的地区,因此需要地方政府根据自身优势吸引高新技术企业入驻。丽水市经过十多年的坚持与发展,环境质量位于全国地级市前列,吸引了许多生物医药产业、生态合成革产业等环境要求严格的高新技术产业投资,加上数量众多的城市功能配套服务业等非工业项目进入开发区,丽水市工业产业开启由传统工业靠行政性优惠吸引客商向生态工业优化综合投资环境、提高服务水平吸引客商的转变。并且通过不断瞄准科技含量高、经济效益好、投资规模大、产品档次高的生态工业项目,坚持生态效益、社会效益为先,给予政策优惠,吸引生态企业入驻,丽水市生态产业集聚,总投资超百亿元,促进了生态工业发展。

(三) 发挥生态工业的支撑作用

通过发展生态工业,创造了绿色 GDP,虽然牺牲了短期发展的经济收益,但获得了长期发展的经济、生态、社会综合收益。一是增加了对生态农业发展环境的支持,二是保障了工业资源利用高效化和发展生态化,为第三产业的发展提供了良好的支持条件。不仅为丽水工业发展带来更多更好地发展空间,也为减少

---

① 《2009 年丽水市生态环境功能区规划》。https://www.docin.com/p-2020061317.html.

环境污染做出了突出贡献，既有利于保护一、三产业生态发展赖以生存的资源与环境，也为连接生态农业和生态服务业来打造生态经济体系提供了重要支撑。

五、生态产业融合发展的增长点：生态服务业

（一）延长服务业内部产业链

服务业作为第三产业，具有很强的辐射和带动效应，可以通过延长服务业内部产业链谋求进一步发展。近年来，丽水市以旅游业立市，既是转变发展方式，提高第三产业在第一、二、三产业中的比例，优化传统产业发展结构的尝试，也是发挥地方特色，探索绿色发展路径的创新举措。丽水市特色小镇的发展，就是基于延长服务业内部产业链的一次有益探索。例如，龙泉市青瓷小镇的核心项目披云青瓷文化园留有原国营龙泉瓷厂的风貌，园内自建青瓷博物馆的参观区、休闲区、体验区，传播青瓷文化历史，提供手工陶瓷休闲体验，销售自制青瓷产品，园区外有一系列青瓷特色产品门店、青瓷酒店和餐饮店，加上青瓷小镇内其他创意设计基地、青瓷研发与产业集聚发展基地，再配套国际陶瓷会展中心、旅游休闲度假中心等项目，是生态旅游业带动第一、二、三产业融合发展的典型，也是延长产业内部产业链后规模效应和集聚效应的成功展示。

（二）发挥地方绿水青山优势

绿水青山既是自然财富、生态财富，又是社会财富、经济财富。丽水市拥有国家级传统村落 77 个，占浙江全省总和的 1/2，有海拔 1 000 米以上的山峰 3 500 多座，空气新鲜、环境优美、高山食品生态健康。丽水市通过利用山区先天自然优势，在社会主要矛盾转变的新时代，抓住机遇谋求发展。而今，丽水市"丽水山居"农家乐综合体和精品民宿区域共用品牌声名鹊起，民宿业得到蓬勃发展。例如，夏天避暑的游客络绎不绝，遂昌县高坪乡茶树坪村万亩杜鹃花盛开时期游客日流量过万，打麻糍、磨豆腐等传统农活手艺既吸引游客参观

也得到了传承,还作为当地有名的"伴手礼"① 对外销售。另外,通过农村生态旅游业的发展,野菜、自耕自种的绿色农产品、自酿米酒等成为畅销产品,天然竹笋、野山茶油、山珍菌菇、高山蔬菜等原汁原味的绿色农产品也有了更多的市场需求。多数经营民宿的农户,靠着自家的农家小院,两个劳动力每年收入十万元左右。丽水能够把绿水青山变成金山银山,是农户和政府齐心协力奋斗的结果。

(三) 发挥生态服务业的拉力作用

习近平总书记指出:"保护生态环境就是保护自然价值和增值自然资本,就是保护经济社会发展潜力和后劲,使绿水青山持续发挥生态效益和经济社会效益。"② 得天独厚的生态环境是丽水市最大的发展优势,为生态休闲旅游业提供了坚实的基础。近年来,丽水市农村生态服务业以农旅结合的农业休闲旅游业为代表,将传统旅游业根据已有资源进行转型升级,助力丽水全域旅游发展,同时促进形成生态农业和生态工业相结合的新业态,不断提升丽水农村生态旅游业的乘数效应。

第三节 生态脆弱地区生态产品供给体系建设

一、生态产品的内涵及其价值实现

(一) 生态产品的内涵及分类

生态产品是指生态系统通过生物生产与人类生产共同作用为人类福祉提供

---

① 伴手礼是指出门到外地时,为亲友买的礼物,一般是当地的特产、纪念品等。"伴手"是伴人送手礼,也就是古人"伴礼"的意思。另外,也指婚礼结束后送给宾客的结婚回礼。伴手礼出自连横《台湾语典》记载:"伴手费曰伴手。俗赴亲友之家,每带饼饵为相见之礼。而台北曰手讯;谓手之以相问讯也。"
② 习近平总书记 2018 年 5 月 18 日在全国生态环境保护大会上的讲话。

的最终产品或服务，是与农产品和工业产品并列的、满足人类美好生活需求的生活必需品。该内涵突出强调了三个方面：一是市场交易。能够进入市场交易必须是能够体现劳动价值的产品，生态产品是人类保护、恢复与经营的结果，因此可供给市场进行交换，而单纯地将生态服务价值放入市场，操作难度大，不易实现。二是人类消费。产品的核心是其有用性，且能够满足人们的一定需求，生态产品生产的目的即是满足人们日益增长的美好生活需要，生态系统提供福祉能被人们使用和消费。三是终端产品。终端产品或服务是由生态系统过程和功能产生的具体的、可感知的、可测量的结果，它与特定人类收益直接关联，不需要通过其他生态功能和过程而直接影响人类收益，可以说生态功能和过程是产生人类福祉的手段，属于中间自然组分，它们的价值包含在终端组分中。

根据生物生产、人类生产参与的程度以及服务类型，生态产品可划分为公共性生态产品和经营性生态产品两类。公共性生态产品是指生态系统通过生物生产过程为人类提供的自然产品，包括清新空气、干净水源、安全土壤和清洁海洋等人居环境产品和物种保育、气候变化调节和生态系统减灾等维系生态安全的产品。经营性生态产品是由生物生产与人类生产共同作用为人类提供的产品，包括农林产品、生物质能等物质原料产品和旅游休憩、健康休养、文化产品等依托自然资源开展的精神文化服务等。

（二）生态产品的特点

生态产品具有四个本质特征，包括生物生产性、人类收益性、经济稀缺性和保护成效性，为区分识别生态产品奠定了坚实的理论基础。

1. 生物生产性

生态产品生产离不开人类的保护、恢复与经营，是人类生产与生物生产共同作用形成的实物产品或服务产品。将人作为生物的一部分，就可将人类生产扩展至生态生产范畴。生态产品必须是由生物生产过程参与或产生的，具有持续性和可再生性的服务或产品，单纯由自然界物理化学过程产生的、不可再生性的服务不应纳入其中。例如，煤、石油、天然气、盐业资源等矿产原材料是长期地质过程产生的，再如海洋内河航运、水电、闪电过程产生的空气负离子、海洋或地表水体通过吸收热量而产生的温度调节服务等仅仅是生态系统中物理化学过程产生的，这些没有生物生产过程参与的生态系统服务是不可持续更新的，随着人类的开发利用会逐渐减少或者造成生态环境破坏。

2. 人类收益性

生态产品必须最终对人类福祉产生直接收益，而不对人类福祉产生直接收益，或仅是生态系统自身维持功能，或生态系统服务中间过程产生的一些服务收益不应被纳入生态产品。有些生态功能和过程对于生态系统自身的维持非常重要，但对人类福祉却不直接产生收益，而有些生态系统服务虽然对人类有益，但这些服务只通过其他功能和过程才会产生对人类有益的物质产品和服务。例如，生物地球化学循环、土壤形成、植被蒸腾、水文循环过程等生态系统维持功能对人类福祉并没有产生直接收益。再如，植物授粉服务、病虫害控制等生态系统支持服务对于粮食林木生产是一个必不可少的过程，但这种收益最终在人类收获的农林产品中得到了体现，如果将这些服务纳入生态产品概念，则会造成内涵重复。

3. 经济稀缺性

生态产品必须具有经济稀缺性，而数量无限的、或人类没有能力获取控制的产品不应纳入生态产品。目前，相对于丰富的物质产品和文化产品而言，生态产品是稀缺的。生态产品的稀缺性是其价值产生的前提，其稀缺性与人类社会经济发展具有一定相关性。自工业革命以来，生态环境遭到破坏，使生态产品供给能力呈下降趋势。随着人们生活水平提高，对生态产品的需求量越来越大，使生态产品供不应求。除此之外，仍然有一些生态系统服务在数量上是无限的或是人类无法控制利用的，如阳光、风等气象条件等。如果将这些数量巨大的生态资源纳入生态产品，就会使一些区域的生态产品价值在很大程度上取决于其地理位置或自然本底情况。因此，宜人气候等不应被纳入生态产品中。

4. 保护成效性

生态产品必须能够灵敏地体现出人类保护、恢复或破坏活动对生态系统影响或改变。而主要取决于其地理区位、自然状况，或是人类无法控制的，不应被纳入生态产品。大部分生态系统服务对人类活动敏感，随着人类保护或恢复措施而增加，随着人类过度利用或破坏而减少，能够充分反映出区域生态系统保护或恢复的成效。但也有一些生态系统服务对人类活动不敏感，或者数量特别巨大且不受人类控制，或者在人类活动影响下几乎不变化。例如，海洋对于温度的调节作用受人类活动影响非常小，且远远大于陆地植被的温度调节作用；阳光、风等气候资源几乎不受人类活动的影响和控制。

（三）生态产品价值实现途径

为实现多样化的生态产品价值，需要建立多样化的生态产品价值实现途径。加快促进生态产品价值实现，需遵循"界定产权、科学计价、更好地实现与增加生态价值"的思路，采取有针对性的措施，更多运用经济手段最大限度地实现生态产品价值，促进环境保护与生态改善。从生态文明建设角度出发，生态产品价值实现的主要方式主要包括生态保护补偿、生态权属交易、经营开发利用、绿色金融扶持、刺激经济发展、政策制度激励等措施。

1. 生态保护补偿

生态保护补偿是公共性生态产品最重要的经济价值实现手段，是指政府等主体从社会公共利益出发，向在生态保护中限制发展区域的生态产品生产者，支付其劳动价值和机会成本的行为，包括生态建设投资、财政补贴补助、财政转移支付、生态产品交易等。公共性生态产品生产者的权利通过使公共性生态产品的价值实现而实现，这样才能够保障与社会所需要的公共性生态产品的供给量。该路径应由政府主导，以市场为主体，多元参与，充分发挥财政与金融资本的协同效应。

2. 生态权属交易

生态权属交易是公共性生态产品通过市场交易的价值实现方式，主要包括碳排放权、取水权、排污权、用能权等产权交易。在某种意义上，生态权属交易可以被视为一种"市场创造"，而且是一种大尺度的"市场创造"，对于全球生态系统动态平衡的维持，能起到很多政府干预或控制所不能起到的作用。但由于生态产品难以像物质产品交易那样进行实物交割，而是在虚拟市场交易上开展的权利转让，因此，必须健全与之相适应的制度技术体系。该路径应由政府管制和监督，需财政引导和绿色金融支持。在技术和制度条件允许下，应尽可能地开发生态产权交易产品，扩大生态产权交易种类及配额，扩大公共生态产品的生态产权市场。

3. 经营开发利用

经营开发利用是经营性生态产品的主要价值实现方式，是指生态产品生产者通过物质原料利用和精神文化开发与受益者本着互惠互利、平等协商原则而开展的直接交易。随着中国市场化体制改革不断深化，生态产权日渐明晰，使得生态环境资源逐渐成为产业资本投资运营的经济资产，从而产生以良好自然生态环境为基础，以提供生态产品为主要手段，以实现价值增值为目标导向的生态产业化经营活动。该路径应以市场为主体，需要强化政府政策引导，加强财政税收、绿色金融等政策联动，并合理引导消费方式，鼓励消费生态产品、绿色产品。

4. 绿色金融扶持

绿色金融扶持则是利用绿色信贷、绿色债券、绿色保险等金融手段鼓励生态产品生产供给。生态保护补偿、生态权属交易、经营开发利用、生态资本收益等生态产品价值实现路径都离不开金融业的资金支持，即离不开绿色金融，可以说绿色金融是所有生态产品生产供给及其价值实现的支持手段。但绿色金融发展，需要加强法制建设以及政府主导干预，才能充分发挥绿色金融政策在生态产品生产供给及其价值实现中的信号和投资引导作用。

5. 刺激经济发展

刺激经济发展是指因良好的生态环境吸引高新企业入驻和高端人才引进，以及由于自然环境造成的房屋价格的差别而间接实现的价值。以贵州省为例，该省因其独特的地形地貌、自然生态环境、穿堂风"有限但重要的优势"建成绿色隧道数据中心等配套设施的大数据产业，深入实施大数据战略行动，全力推进数字经济加速发展，并成立全国首个大数据国家工程实验室，贵阳成为首个国家大数据及网络安全示范试点城市。城市的生态环境因素（比如，海洋景观、绿地景观等）对房地产有着积极的间接拉动作用，增加地价含金量，带动地价上升，从而使自然生态价值得以实现。

二、生态产品供给主体

（一）政府

生态产品作为人类生存和发展的三大产品之一，由于生态产品具有的公共产品或准公共产品的性质，政府（包括中央政府和地方政府）必须承担起提供生态产品的重要主体责任。政府作为生态产品的主要供给者，主要通过以下方式：一是加大对森林生态系统、湿地系统、土地沙化石漠化治理，旱涝灾害治理、生态补偿资金的投入，从而增加生态产品的生产面积；二是作为制度的供给者，尽快出台各种鼓励生态产品生产的政策措施和制度保障；三是直接提供生态产品。

（二）私人（企业）

奥斯特罗姆（Ostrom）认为，部分公共产品应由私人提供，从而可有效解决公共产品供给不足的问题。在此基础上，科尔内斯（Cornes）和桑德勒（Sandler）以家庭消费品为例，进一步构建了基于产品特征的"标准模型"，从而为公共产品的私人（企业）供给的可能性和可行性提供了理论基础。对私人供给生态产品主要是一些具有多功能性农产品，这些多功能性的农产品也具有准公共产品的性质，如退耕还林、退耕还草工程等。以退耕还林为例，通过退耕还林工程的实施，不仅可以为农户（私人）带来一定的钱粮补助，而且像经济林果、园艺产品，甚至一些薪柴等都能成为水土保持、防风固沙、净化空气，甚至可能成为森林景观的生态产品。对于企业而言，主要是一些具有盈利性质的私人企业，通过提供生态产品来进行社会公益行为，承担一定的企业社会责任，同时，产品的生态性更是提高企业产品附加值的有力渠道。还有一些就是直接从事环境领域工作的企业，如一些城市垃圾处理企业，它们通过城镇垃圾减量化、垃圾资源化的末端处理，使得城镇环境变好、气候空气变优、水源地变清洁等，其实就是为社会提供了生态产品。

（三）NGO 组织

作为生态产品供给者之一的 NGO 主要是一些大型的环保组织、多边援助组织以及一些扶贫组织。环保组织可以通过大量环保宣传，一方面，使"提供生态产品也是创造价值的过程，保护生态环境、提供生态产品的活动也是发展"这样的理念不断深入人心，人们的生态观念、环保理念不断形成；另一方面，它们投资一些生态资源，用经营生态产品所获得的收入再投入到环境保护当中。而多边援助组织及一些扶贫组织通过在欠发达地区或生态脆弱地区以扶贫为目的，以项目为载体，较长时间在该区域扶持生态发展，从而有效地保护了环境，使整个社会收益，或者也可在该区域非营利地经营生态产品，将经营产品的收入用来对当地居民的培训，帮助居民进行生态生产和生态消费。

三、生态产品供给的制度创新

（一）健全生态产品供给的激励机制

中国山地、水生态、森林、农田、湖泊、草地与湿地生态系统管理的目标必须尽快实现从"以增加面积为主"向以"提高单位面积生态系统服务能力为主"的战略转变。部门协调与社会参与机制是生态系统管理的基本保障。国内案例研究表明，完善立法、机构与政策，可以大大提高国家、省（区）和县城层面的生态系统管理水平和生态产品供给能力。第一，统筹部署全国的生态脆弱地区自然保护与生态建设。将生态资本保护与生态建设有机地结合起来，来指导各部门、各地区和重要流域生态保护与建设的规划与协调管理，实现生态系统管理"全国一盘棋"。第二，分类管理、突出重点，提高生态脆弱地区森林、草地、湿地等生态系统的服务能力。应采取多种措施来提高森林、草地和湿地生态系统服务的能力，在一些关键地区尤为如此。第三，加强生态脆弱地区各级政府在生态产品供给管理方面的综合协调，努力形成全社会共同参与的新局面。生态产品供给管理的成功取决于各级政府在生态保护与建设中的有效协调，取决于各类社会团体（包括企业、社区、NGO 等）的广泛参与。第四，推进生态脆弱地区实施区域生态补偿政策，增强对生态系统保护和建设的长期投入。近十多年中央政府的工程项目投入和财政补贴在森林、草地和湿地生态系统恢复与重建方面起到了决定性的作用。第五，加强生态脆弱地区生态系统监测与评估，提高对生态产品供给管理的科技支撑能力。建议建立国家层面的生态系统观测研究网络，开展 5 年一次的生态脆弱地区生态系统状况评估，推动气候变化与生态系统适应性的监测、研究与示范，开展生态系统管理的教育与培训工作，切实提升生态产品的供给能力。

(二) 尽快出台生态产品政府采购制度

鉴于生态产品的经济学属性，政府应尽快出台生态产品的政府采购制度。一是尽快构建生态产品的政府采购机制。中央政府应把生态产品纳入中央财政预算及公共财政支持的范围，加强技术手段创新，尽快构建生态系统服务价值的科学核算，从而确定合理的价值标准。加大资金投入力度，设立生态产品基金征缴小组，特别是根据国家主体功能区定位，针对生态脆弱地区生态功能区的基金要加大财政转移支付的力度，以激励对生态功能区的修复。二是尽快出台政府采购的法律法规。通过出台相关法律法规政策，用以规范生态产品采购的基本原则、生态产品的采购范围，明确生态产品政府采购的资金来源、采购标准以及相关利益主体的权利义务，特别是通过法律法规来严格考核评估办法、严明责任追究等。同时，要大力提倡生态脆弱地区地方政府出台地方性、规范性文件或法规，不断推进生态产品交易的长效化、制度化和法制化。

(三) 加强生态产品市场法律体系建设

要增加生态产品的供给，完善的市场法律法规体系是保障。通过制定完备的法律法规体系，使生产者和消费者在决策时能将环境的代价纳入自己的决策范畴。特别是通过法律法规来确认生态产品的差异化补偿，针对生产规模大、提供生态产品多的供给者要作为重点补偿对象，以激励其加大对生态产品的供给。同时，完善法律法规以改变主要依赖环境资源的传统经济发展模式，激励产业向生态产业转型。

(四) 建立生态产品的供求信息系统

生态产品的信息系统主要指建立国家生态产品及其质量的供求信息系统。这一信息系统的构建，不但是企业所需要的，更是政府进行宏观调控的一个基础信息来源。它主要由两方面的内容组成，一方面是提供生态产品供求信息、价格信息和与之相关联的生态产品的储运、保险、包装、检疫、检测等完备的信息，通过这些信息，使生态产品的供给方做出生态产品的生产决策。另一方面是关于生态产品的品种和质量信息，其中最重要的是生态产品的技术指标体系，这一信息是生态产品的需求者全面了解生态产品的重要信息。因为透明的技术指标体系，既是对其他生态产品进行合格检测的标尺，又是对自己产品规范生产保质保量达标的标尺，同时要说明国际通行规则及其指标要求，当然还要包括对不合格产品的曝光信息。

第八章
生态脆弱地区生态资本运营式扶贫的保障政策与措施

生态脆弱地区生态资本运营式扶贫的可持续运转是完善的内部机制与良好的外部环境共同作用的结果，恰当的保障政策与措施是良好外部环境形成的必要条件。本章遵循由"宏观—微观""意识—物质"的逻辑顺序，从生态脆弱地区生态资本运营式扶贫的生态文化保障入手，在明晰生态文化价值取向的基础上，提出了生态文化保护的激励机制和补偿政策，从产前、产中、产后三个环节和政府、市场两类主体的角度构建了生态制度保障，从绿色农业、循环工业、现代服务业三个维度提出了技术创新保障思路，从强调政府的主体责任与协调府际关系两个方面阐释了环境治理保障措施，进而从生态文化、生态制度、生态技术与生态环境治理四个方面，建立了较为完善的生态脆弱地区生态资本运营式扶贫的保障体系。

第一节　生态脆弱地区生态资本运营式扶贫的生态文化保障

一、生态文化的价值取向

文化是一个社会历史范畴，一般是指人类生产生活中蕴含着的人的内在思想、观念、精神和价值系统。从原始社会开始，人类就创造了不同的文化，从渔猎文化、农耕文化到工业文化，开创了农业文明、工业文明等不同文明形态。在此过程中，世界各族人民也都创造了自己的独特文化。自工业革命以来，工业文明独占鳌头，占据社会文化的主流。

随着资源短缺、环境污染和生态恶化等工业文明主导下产生的问题日趋严重，人类开始意识到工业文明发展的缺陷，转向探索经济社会与人口、资源、环境相协调的可持续发展道路。而想彻底解决这三大生态问题，必须践行可持续发展的观念，打造人与自然和谐共生的全新关系，其核心就是生态文化价值观。生态文化是当代人基于对自身、对自然以及对人与自然关系重新审视的背景下，将生态学理论渗透于人类社会的价值观、道德观、经济法则、生产生活方式及管理体系等一系列人类行为的文化总和。其实质是人类在饱受环境问题困扰和惩罚后展现出的全新文化姿态和文化选择，是人类用以缓解和解决人与自然之间的冲突关系而创造出来的一种新的文明形式。[1] 生态文化符合客观自然规律，顺应了时代发展的要求，是具有旺盛生命力的科学文化价值观。在全面、深入认识以及反思工业文明所带来的环境问题后，人们必须充分认识到生态文化的现实意义，只有这样，才能建立科学的社会文化体系，才能更好地发挥文化价值对生态环境保护与建设的促进作用。概言之，生态文化主张人与自然和谐相处，强调人口、资源、环境与社会经济协调发展和整体生态化，是实现可持续发展的思想保障。[2] 生态文化建设是对人与自然关系的全新诠释，它否定了人类凌驾于自然之上的主宰地位，摒弃了原有的对自然生态系统纯粹的开发利用模式，提倡人与自然之间和谐共生发展，强调人类是自然界的一员，其发展也离不开自然。在生态文化理念指导下，要求在不断开发自然的同时，要注重反哺自然，保护其生态与物种多样性；强调在资源稀缺的条件下，通过科技进步提升资源利用效率，以最少的资源投入实现人类最大化的发展和利益。

21世纪开始，"先污染、再治理"的发展模式才逐步被淘汰，生态文化建设成为必然选择。尤其在生态脆弱地区，不先进行生态文化建设，经济发展和社会进步都将缺乏资源和环境支撑。生态文化建设的目标是打造完整的生态文化体系，完善和健全法律法规及相关管理制度的保障和约束作用，通过开展生态文化教育和宣传生态文化建设的科学知识，引导和推动人们的生产生活向绿色生态、高效清洁的方向改变，实现从"经济人"向"生态经济人"的转变，最终实现生产发展、生活幸福、生态美好的人与自然和谐的新局面。

事实上，社会主义核心价值观中的"文明、和谐"对生态文化建设已经提出了新要求。其内涵不仅包括人类社会内部，还涵盖人与自然之间的文明和谐，通过对社会主义核心价值观的持续宣传，可以在全社会形成一种生态文化思潮，同时加以政策和法律手段，最终实现生态文化建设的目标。长期以来，生态作

---

[1] 李忠友：《生态文化及当代价值研究》，吉林大学博士学位论文，2016年。
[2] 严立冬、刘加林、陈光炬：《生态资本运营价值问题研究》，载于《中国人口·资源与环境》2011年第1期。

为一种公共品，其供给得不到人类重视，因此在生态文化建设中，生态资本化是一种非常有效的经济手段。在初步确定生态产权之后，通过生态资本运营以内部化的方式解决生态保护与环境建设的外部性问题，进而改变长期以来免费使用生态资本的习惯，用市场手段来规制生态资本滥用的行为。生态资本运营通过合理确定生态资本的消费价值，可以促使生态脆弱地区政府在制定经济发展规划时将生态环境资源的损耗成本纳入重点考虑范围，可以促使企业重视生态环境的成本问题，可以引导消费者的消费行为向绿色化转变，从而推动建立环境友好型、资源节约型社会。生态文化主张重视生态保护与环境建设、提高生态资本利用率、提高资源产出效率、增强消费合理性等，建立生态资本运营机制有利于深化生态文化的影响，促进生态保护与环境建设。①

二、生态文化保护的激励机制

任何人类行为都离不开道德和法律的约束，生态文化保护价值观念的形成有利于人们从思想上进行自我约束，同时形成一定程度上的相互监督。在社会主义生态文明建设新时期，仅仅通过道德的自我约束与相互监督不足以支撑生态文化保护的要求，因此，生态文化保护仍需要借助强制性外力来推动，这种外力就是生态文化保护相关的政策和法律制度。

（一）制定生态文化保护政策

制定和完善生态保护的相关政策，通过政策来鼓励和引导人们参与生态文化保护的积极性。相关政策可大致分为奖励性、惩罚性和规制性三类，对应的情形包括，如对生态脆弱地区长期植树造林者给予奖励，对围湖造田情节严重者给予相应处罚，对个人垦荒面积和方式做出规制性政策。在生态文化建设初期，必须将三种政策手段有机结合，针对不同生态脆弱地区的具体情况灵活运用，强化政策的引导和规范作用。

---

① 刘建、王瑶、王淑军，等：《论生态补偿对生态文化建设的促进作用》，载于《中国软科学》2007年第9期。

(二) 健全生态文化保护的法律法规

法律是"最低限度的道德"。环境保护法以及生态补偿法规的实施,极大地规范了生态文化保护的方法和手段,有力地推动了生态文化的形成和普及。而现有的环境保护法是统筹全局的国家层面的法律,落实到各个地区还需要不断细化,尤其是生态脆弱地区,地处偏远对法律的诠释和落实更需要各级政府因地施策。因此,为了切实推动生态脆弱地区的生态文化建设,必须健全和完善地方性生态文化保护法规,具体到生产生活的各个方面,明确责任主体,细化保护对象,使生态文化保护真正做到有法可依。同时,还要完善监督和核查渠道,实现法律执行的相互监督,做到执法必严、违法必究。

(三) 完善生态文化保护的宣传引导机制

培养公众的生态意识是生态文化建设的重要内容。而一种新的思想意识和行为习惯的养成绝非一日之功,这就需要建立相关宣传引导机制,以促进公众生态意识的养成。[①] 首先,压实各层级政府宣传部门责任,培训高水平的宣传人才队伍。对新出台的生态保护相关政策进行宣传和贯彻,丰富宣传方式、加深政策印象,便于各级各部门对政策的了解和实施。其次,深化生态文明教育结构改革。尤其对偏远地区,除了学校教育之外,强化社区、村委等社会教育模式,通过提升文化水平来提高人们对政策的理解和支持。只有保证宣传到位,才有可能按照规划进行落实。

(四) 构建生态文化保护的共享机制

对生态脆弱地区而言,生活水平相对落后,只有先解决温饱问题,才可能参与更高层面的生态文化建设。因此,要完善"谁污染,谁治理;谁建设,谁受益"的共享机制,通过明确生态资本产权和运营收益分配原则,将外部问题内部化激发人们参与生态文化保护的热情。与此同时,完善外来资本投资生态的分享模式,以自身资源优势和收益交换吸引多方投入,为前期的生态文化建设提供资金保障,而引进的企业运营思维能够以市场化眼光和运作更长久地维

---

① 唐利荣:《建立和完善广西生态文化建设保障机制》,载于《广西日报》2012年11月1日第11版。

持和保护当地生态文化，以期获得可持续的生态收益，最终与当地人共享生态文化保护成果。

三、生态文化保护的补偿政策

在生态文化保护过程中，有可能存在占用村民私产或农村集体资产，甚至是生态移民等使人们利益受损的生态保护手段，因此造成的损失必须加以补偿，这就需要完善生态文化保护的补偿政策，建立有效的生态文化补偿机制。在生态文化建设初期，以政府的财政投入补贴为主，在生态产品市场化运行机制成熟之后，则由受益主体负责补偿受损主体。

（一）政府主导的生态文化补偿

基于生态环境的公共品属性，很难确认明确的生态责任主体。在生态文化建设初期，需要政府来承担更多的生态补偿责任。这种生态文化补偿机制包括：第一，建立和完善财政转移支付制度，由各级政府设立生态文化保护补偿专项基金，并动员社会捐助，建立民间保护基金。第二，彻底转变生态文化保护区所在地的经济发展方式，改变生态文化保护区所在地政府单纯以 GDP 为主的经济考核指标，增加对生态文化保护项目的考核指标等。若能够真正建立起有法可依的生态文化补偿机制，这对生态文化保护是一个永恒的制度保障，它必将促进生态文化保护区内的生态保护与建设步入良性健康的发展轨道。

（二）受益主体的生态文化补偿

除政府主体外，当地居民自身或者引入外来资本投资生态产品造成他人利益受损的，也必须进行补偿。可以根据村集体经济划分的各项财产权益来确认产权所属，结合当前生态市场的生态要素价值来协商产权转让或者使用权让渡，最终将这部分因生态保护或开发需要而损失的利益进行补偿。目前，国家整体上的生态补偿制度尚不完善，只能由参与各方在制度允许下自行协商，通过各种实证案例的积累，初步形成交易规范，降低交易成本，使生态补偿趋于常态化。

第二节 生态脆弱地区生态资本运营式扶贫的生态制度保障

一、源头保护制度

（一）生态保护红线管理制度

生态保护红线是指在生态空间范围内具有特殊重要生态功能，必须强制性严格保护的区域，是保障和维护国家、地方生态安全的底线和生命线。中共中央办公厅、国务院办公厅于 2017 年 2 月 7 日印发了《关于划定并严守生态保护红线的若干意见》指出，中国生态保护红线的总体目标是，2017 年底前，京津冀区域、长江经济带沿线各省（直辖市）划定生态保护红线；2018 年底前，其他省（自治区、直辖市）划定生态保护红线；2020 年底前，全面完成全国生态保护红线划定，勘界定标，基本建立生态保护红线制度，国土生态空间得到优化和有效保护，生态功能保持稳定，国家生态安全格局更加完善。到 2030 年，生态保护红线布局进一步优化，生态保护红线制度有效实施，生态功能显著提升，国家生态安全得到全面保障。

严守生态保护红线现已上升为一项重要的国家战略，体现了国家以强制性手段实施严格生态保护政策的决心，也是中国生态文明制度建设的重要内容。[①] 首先，在国家确定总体目标的基础上，生态脆弱地区各省（市、区）需要统一自身的生态保护红线划定方法，促使各级地方政府对生态保护红线的划分依据和划分目标上达成一致意见，结合生态脆弱地区环境质量实际情况，完善红线划分规划，切实保护地方生态环境。其次，生态保护红线划分要讲究科学方法。

[①] 白冰、李铁英：《关于中国生态红线的研究与思考》，载于《大庆师范学院学报》2017 年第 9 期。

注重因地制宜、分类处理，提前对区域范围内的生态环境质量进行评估，设立不同的指标、标准来分类分级，使政策执行者能根据不同的位置、环境和受损程度进行分级维护，重点关注损害程度深、恢复难度大的区域。

（二）环境影响评价和"三同时"制度

我国在 2002 年通过了《中华人民共和国环境影响评价法》（以下简称《环境影响评价法》），首次以专门立法的形式确立了环境影响评价制度，并于 2003 年 9 月 1 日开始实施。①《环境影响评价法》要求，"在进行新建、改建和扩建工程时，必须提出对环境影响的报告书。"环境影响评价制度是中国环境保护法律体系的重要组成部分，必须严格执行，严把新建项目的环境准入关，切实控制新增污染源。一是要健全和完善环境影响评价制度及其相关法律法规，明确各方权责。二是强化评价机构和从业人员的培训和管理，提升业务水平。三是加强面向企业的宣传和管理，强化执法队伍对环境影响评价的执行过程的监督和执法力度。

《中华人民共和国环境保护法》第 41 条规定："建设项目中防治污染的设施，应当与主体工程同时设计、同时施工、同时投产使用。防治污染的设施应当符合经批准的环境影响评价文件的要求，不得擅自拆除或者闲置。"②这简称"三同时"制度，其目标旨在及时和有效地对污染源进行控制，减少甚至消除人类活动对自然环境的危害。执行"三同时"制度的关键是，加强建设项目"三同时"执行情况的全过程监管，提高督察力度，强化对"三同时"制度的验收工作，确保"三同时"落到实处，实现污染防治的目标。

（三）排污许可证制度与污染物排放总量控制制度

2013 年以来，《环境保护法》《大气污染防治法》《水污染防治法》先后对排污许可制度作出规定，为中国排污许可制度的完善奠定了法律基础。2016 年 11 月 10 日，国务院办公厅正式发布了《控制污染物排放许可制实施方案》。生态环境部（原环境保护部）制定的《排污许可证管理暂行规定》《排污许可管

---

① 王科良：《环境影响评价制度及其完善策略研究》，载于《资源信息与工程》2019 年第 3 期。
② 赵嘉贝：《我国"三同时"制度存在的问题及解决对策研究》，载于《开封教育学院学报》2017 年第 12 期。

理办法（试行）》则为排污许可制度的实施提供了具体指引。[①] 排污许可制度已成为有效控制固定污染源的重要环境保护手段，其控制的污染源种类与覆盖范围也逐步完善。而其与总量控制制度的关联也随之加深，在每年国家计划的污染物排放总量中按照行政单位分解至各地方，各地方生态环境部门再依据辖区内经济发展需求与行业分布数量合理规划，分解各单位的排污许可，最终保证固定污染源在可控范围内。

新时期生态环保的要求更加严格。对生态脆弱地区而言，首先，必须推动建立和完善覆盖所有固定污染源的企业排放许可证制度，结合环境影响评价、总量控制等管理制度，明确排污申报、核定、许可证颁发等管理程序，明确各企业主体责任；其次，设置差异化的减排核算体系，将减排目标切实落实到位；最后，建立排污许可管理信息平台，依法加强发证许可后的监管职能，督促相关单位和个人自觉合规经营，确保排污许可制度与总量控制制度在生态脆弱地区能得到有效维护，促进区域生态环境质量不断改善。

二、过程严管制度

（一）资源开发补偿机制

推动和完善生态脆弱地区生态产权制度建设，准确界定生态产品的属性，坚持"谁开发、谁保护，谁受益、谁补偿，谁污染、谁治理，谁破坏、谁修复"的原则，落实企业和个人在资源开发中的保护、补偿、治理、修复的主体责任，将外部问题内部化。借助法律及相关行政管理手段，推进生态脆弱地区自然资源的开发和补偿市场化运作，明确市场主体在资源利用与补偿、生态环境开发与修复过程中的权利与义务，以直接或间接的经济利益来激励和约束各市场主体合理配置稀缺生态资源，分类制定生态脆弱地区资源科学开发和合理利用规划，整顿和规范开采秩序。

---

① 梁忠、汪劲：《我国排污许可制度的产生、发展与形成——对制定排污许可管理条例的法律思考》，载于《环境影响评价》2018年第1期。

(二) 环境信息公开制度

2014年，全国人大常委会审议并通过《中华人民共和国环境保护法》，第一次以立法的形式，确立了公众的环境知情权、环境参与权及环境监督权，在法律层面保障了公众环境保护的民主参与权的实施。[①] 环境信息公开制度是依据环境保护法赋予的公众知情权，由政府和企业以及其他社会行为主体主动向外界公布自身的环境信息和行为，保证信息的可获得性与准确性，便于外界了解和参与环境质量监督和管理。环境信息公开制度对于加强政府、企业、公众的沟通和协商，形成政府、企业和公众的良性互动关系有重要促进作用。因此，为了使环境信息公开制度在生态脆弱地区得到更好的贯彻落实，必须做到以下几点：一是生态脆弱地区要严格执行政府、企业单位环境信息公开考核制度及相关的责任追究制度，定期对环境信息公开工作进行评估和审核，确保制度实施到位。二是生态脆弱地区要完善环境信息公开组织体系建设和人才队伍培养，合理布局环境信息公开工作，明确责任主体，强化培训和引导，提升组织和工作人员的服务意识和综合能力。三是生态脆弱地区要积极打造简洁高效的环境信息公开平台，完善环境信息数据库，统筹微博、微信及网站等信息平台，做到信息平台同步公开，信息准确及时。

(三) 生态监督管理制度

环境信息公开制度仅仅确保了外界公众的知情权，而生态监督管理制度则保证了公众的监督权和参与权。因此，生态脆弱地区要进一步健全群众监督举报制度，丰富监督和举报途径，完善公众参与渠道，采用适度奖励的方式鼓励公众参与到生态脆弱地区环境保护和治理中来，保护参与公众个人隐私和自身利益不受损害。同时，完善举报反馈机制，查实举报内容之后务必按照制度严惩相关单位，并在信息公开平台及公众媒体上公布，使举报人能认识到生态监督管理的效果，进而激发更多公众参与生态脆弱地区的环境建设。

[①] 杨英：《环境信息公开发展之路浅析》，载于《资源节约与环保》2019年第3期。

三、后果严惩制度

(一) 生态文明建设绩效考核制度

政府政绩的考核指标对地方发展方向具有巨大影响。自改革开放以来，中国坚持以经济建设为中心，政府政绩考核的最主要指标即为地方 GDP 水平，这在很大程度上促使中国经济发展水平稳步提高。然而，部分地区的经济增长是以牺牲生态资源和环境的可持续发展为代价来换取的，这无疑不利于中国的生态文明建设，因此，建立健全绩效考核制度是生态脆弱地区推进生态文明建设的必然选择。在领导干部的绩效考核中引入生态文明建设指标，就能将单纯的 GDP 指标扩展为绿色 GDP 指标来考核。这能够更加全面地评价领导干部的工作成绩，将领导干部从单一的 GDP 经济指标中解放出来，能在经济、社会、生态等问题治理上更自主地发挥统筹协调作用，寻求经济增长新动能，促进地方更全面发展。

完善生态脆弱地区的生态文明建设绩效考核制度需要明确考核主体、考核指标、考核周期、考核结果及运用等主要环节，考核主体除了上级单位和部门、群众之外还可以引入更加权威的第三方组织和个人，构成第三方评估机构；考核指标则须突出生态脆弱地区的生态环境质量、生态文化水平、生态资源的利用以及生态制度和管理的完善等；考核周期则需要合理设定，一般与生态年度周期和干部任期相结合，能够及时发现问题并纠正；考核结果的利用尤为重要，对于表现优异的领导干部要及时鼓励，树立典型，形成示范带头作用，发现问题的领导干部必须按照相关规定严肃问责，进而对其他领导干部起到激励和约束作用。

(二) 自然资源资产离任审计制度

2015 年 11 月，中共中央办公厅、国务院办公厅印发了《开展领导干部自然资源资产离任审计试点方案》，领导干部自然资源资产离任审计的试点工作正式拉开了帷幕。这项审计试点工作为领导干部自然资源资产离任审计制度常态化提供了基础。2017年11月，中共中央办公厅、国务院办公厅印发了《领导干部自然资源资产离任审计规定（试行）》，标志着这项审计工作正式迈向规范化、制度化轨道。[①] 自然资源资产离任审计是以领导干部责任的履行情况为出发点，审查、鉴证其行为对自然资源产生的影响。自然资源资产离任审计作为资源环境审计的一种特殊类型，是对经济责任审计的拓展与延伸，与资源环境审计、经济责任审计交叉协同，其审计范围更加广泛，评价更加详细准确，在生态环境脆弱地区需要更好地贯彻实施。[②]

（三）生态环境损害责任终身追究制度

2015年8月，中共中央办公厅、国务院办公厅颁布了《党政领导干部生态环境损害责任追究办法（试行）》。落实党政领导干部生态环境损害责任追究制度，有利于重塑领导干部正确政绩观，规范领导干部环境决策科学化，是制定环境责任清单的重要依据和保持环境可持续发展的重要手段。生态环境损害责任追究的主体为县级以上地方各级党委和政府及其有关工作部门的领导成员、中央和国家机关有关工作部门领导成员。严格执行生态环境损害问责制，实行"一票否决"制，取消任期内没有完成环境指标的单位和个人评优创先资格，对因决策失误或监管不力造成重大环境事故、严重干扰正常环境执法的领导干部和公职人员，要依法依规追究责任，若为集体决策的，决策参与人均应承担相应责任。

四、环境经济制度

（一）财政资金投入制度

2018年1月1日，中国正式开始征收环境保护税。环境保护税的征收不仅强化了企业单位的责任意识，也为政府加大环境保护财政投入提供了有力保证。因此，要加强对生态脆弱地区环境保护支出的合理规划，扩大专项资金的投入

[①] 沈佳琦：《自然资源资产离任审计评价指标体系构建研究》，南京审计大学硕士学位论文，2018年。
[②] 孙梦迪：《大数据环境下自然资源资产离任审计研究》，载于《产业创新研究》2019年第6期。

规模和范围，划分各环保项目级别，根据级别聚焦重点项目，确保重点项目的资金支持。同时，注意划分中央与地方政府责任主体，避免财政资金投入混乱，出现资金浪费或分配不均的现象。

（二）生态保护补偿制度

2018年12月，国家发展改革委、财政部、自然资源部、生态环境部等联合印发了《建立市场化、多元化生态保护补偿机制行动计划》，提出建立市场化、多元化的生态保护补偿机制，健全资源开发补偿、污染物减排补偿、水资源节约补偿、碳排放权抵消补偿制度，合理界定和配置生态环境权利，健全交易平台，引导生态受益者对生态保护者的补偿。

为了完善生态补偿政策和法律，国家鼓励各地出台规范性文件或地方法规，不断推进生态补偿制度化和法制化。因此，生态脆弱地区要明确生态补偿指标范围和对应补偿力度，强化重点生态功能区转移支付功能，进一步完善重点生态功能区转移支付分配办法，根据补偿制度切实补偿到位，加强资金使用监督和管理，提高资金使用效率。加速推动跨流域生态补偿，明确流域上下游地区责任、权利、义务和利益，由受益者补偿，受损者接受补偿止损。

（三）环境损害赔偿制度

党的十八大报告提出，要加强环境监管，健全生态环境保护责任追究制度和环境损害赔偿制度。建立以环境损害赔偿为基础的环境责任、环境管理体系，合理、合法地追究环境损害者的刑事、民事（经济赔偿）责任，可以使污染者负担的原则落到实处，从而有效分解和传递环境责任，应对环境挑战。将公众的环境诉求纳入制度化、法制化渠道予以保障，有利于维护环境公平正义，保护公众环境权益，维护社会和谐稳定，保护生态脆弱地区的自然生态环境。

（四）绿色信贷机制

在生态脆弱地区要建立和完善绿色信贷机制，加大对节能环保、循环经济、大气污染防治领域技术改造等方面的信贷支持，支持其开展排污权抵押贷款、碳排放权金融信贷等担保贷款业务，构建多元化环保投融资机制。首先，深化绿色信贷政策，建立绿色评级体系，加强与金融监管部门的协调与配合，积极推动银行信息披露机制的建立，及时将企业环境违法违规信息等企业环境信息纳入金融信用信息基础数据库，为金融机构贷款和投资决策提供依据。其次，完善绿色证券债券政策，推动上市公司环境信息公开，培育和发展绿色债券市场。最后，建立规范的地方政府举债融资机制，支持地方政府依法依规发行债券，用于生态脆弱地区的环境保护领域。

（五）税收调节制度

对生态产业、生态旅游资源开发、自然保护区建设、绿色产品生产、秸秆综合利用、畜禽粪便资源化以及生态恢复治理，实行必要的税收优惠政策，使之向有利于生态脆弱地区环境保护的方向发展。对污染物排放量大的企业和对环境造成严重破坏的产品提高其税收，限制其进行生产或减少非环保型产品的流通量。通过梯度税费和征收资源税的方式来迫使企业朝着资源利用更为合理、生产效率更为优化、生产流程更为环保的方向发展。

（六）环境污染责任保险制度

完善环境污染责任保险制度，需要创新生态脆弱地区的环境污染责任保险政策引导及奖罚机制，引导高环境风险企业开展环境风险管理，加强对环境污染强制责任保险试点工作的政策引导和规范，促进环境污染责任保险能力建设。激励生态脆弱地区的企业主动落实环保责任，推进企业环境信用体系建设，建立企业"黑名单"制度。深入推进生态脆弱地区重点行业企业达标整治，定期公布违法企业名单。积极推进绿色保险和环境污染责任保险，在环境高风险领域建立环境污染强制责任保险制度。

五、市场运行机制

（一）排污权交易

建立排污权有偿使用和交易制度，是中国环境资源领域一项重大的、基础性机制创新和制度改革,是生态文明制度建设的重要内容。排污权交易制度的建立有助于充分发挥市场在资源配置中的决定性作用,积极探索建立环境成本合理负担机制和污染减排激励约束机制,促进排污单位树立环境意识,主动减少污染物排放,加快推进产业结构调整,切实改善环境质量。

2014年,国务院办公厅发布了《关于进一步推进排污权有偿使用和交易试点工作的指导意见》,要求到2017年试点地区排污权有偿使用和交易制度基本建立、试点工作基本完成。目前,试点地区已经建立了排污权有偿使用和交易的基本制度。但从排污权交易市场运行效果来看,大部分试点省市交易状况不容乐观,主要存在以下问题:一是政府部门行政干预过强,部分试点在分配初始排污权配额时不科学、不公平,未形成科学的排污权初始价格形成机制。二是缺少技术指导机构,专业技术人员不足。三是法律层面上位法支撑不足,排污权交易监管力度弱。[①] 因此,要更积极完善生态脆弱地区的排污权交易制度,进一步明晰政府在排污权交易工作中的地位,做好"放、管、服",明确企业在排污权交易中的主体地位,通过企业间自主参与交易,让排污权在企业间的自发流转,引导企业实现资源优化配置。研究制定鼓励生态脆弱地区排污权交易的财税等扶持政策,建立排污权储备制度,回购排污单位"富余排污权",强化对排污单位的监督性监测,进一步加大执法监管力度。健全生态脆弱地区地方性法规体系,让政策在法律允许的范围内实施,积极引导排污权交易市场自发有效运行。

(二) 环境污染第三方治理机制

传统的环境污染治理模式通常只涉及排污单位和政府两个主体,遵循"谁污染、谁治理"的原则,但是这两个主体都缺乏专业的环境治理技术,其治污水平和能力都有一定局限性。环境污染第三方治理则另辟蹊径,更加注重公共和私人部门之间的信息共享,优势互补。[②] 环境污染第三方治理是排污者通过缴纳或按合同约定支付费用,委托环境服务公司进行污染治理的新模式。因此,需要坚持污染者付费、市场化运作和政府引导推动的基本原则,以环境公用设施、工业园区等领域为重点,以市场化、专业化、产业化为导向,健全统一规

---

① 赵泽宇等:《我国排污权交易推行的桎梏及摆脱路径探究》,载于《低碳世界》2019年第5期。
② 曾鸿雁:《我国环境污染第三方治理困境及对策》,载于《农村实用技术》2019年第4期。

范、竞争有序、监管有力的第三方治理市场，推动建立排污者付费、第三方治理的治污新机制。在生态脆弱地区要推广运用政府和社会资本合作模式（PPP），完善环境污染治理设施建设与运行的政府补贴、补偿机制，建立社会资本投入风险补偿机制，强化政策引导和支持，研究出台第三方治理项目增值税即征即退政策，进而推进环境污染第三方治理走市场化、专业化、产业化之路。

（三）绿色产品认证

国务院办公厅于2016年12月印发的《关于建立统一的绿色产品标准、认证、标识体系的意见》指出，到2020年，初步建立系统科学、开放融合、指标先进、权威统一的绿色产品标准、认证与标识体系，实现一类产品、一个标准、一个清单、一次认证、一个标识的体系整合目标。旨在增加绿色生态产品有效供给，引导绿色生产和绿色消费，全面提升绿色发展质量和效益，增强社会公众的获得感。对此，在生态脆弱地区需加强以下保障：一是加强部门联动配合，建立绿色产品标准、认证与标识部际协调机制，统筹协调相关政策措施。二是健全绿色产品体系配套政策，加强重要标准研制，建立标准推广和认证采信机制，推行绿色产品领跑者计划和政府绿色采购制度。三是营造绿色产品发展环境，降低制度性交易成本，各有关部门、地方各级政府应结合实际促进绿色产品标准实施、认证结果使用与效果评价，推动绿色产品发展。四是加强绿色产品宣传推广，传播绿色发展理念，引导绿色生活方式。同时，要加速推进绿色环保技术的专利认证，促进技术创新转化为生产力，推动企业进一步提升节能环保意识，主动参与环境治理与保护。

第三节　生态脆弱地区生态资本运营式扶贫的生态技术保障

从产业发展的角度来看，生态脆弱地区生态资本运营式扶贫的技术创新保障主要包括绿色农业技术措施、循环工业技术措施和现代服务业技术措施。

一、绿色农业技术创新

推广绿色农业模式是中国生态导向型现代农业技术进一步发展并与世界接轨的一项重要战略举措。发展绿色农业技术，要明确绿色农业科技创新主攻方向，面向农业科技发展前沿，针对产业发展需求，积极支持基础性、前沿性、公益性绿色农业科技研究，着力突破一批绿色农业重大关键技术和共性技术。立足生态脆弱地区实际，要把提高土地产出率、资源利用率、劳动生产率作为主要目标，将增产增效并重、良种良法配套、农机农艺结合、生产生态协调作为基本要求，促进绿色农业技术集成化、劳动过程机械化、生产经营信息化，构建适应高产、优质、高效、生态、安全要求的新型农业体系。具体而言，要做到"两减两增两低两高"，即减化肥、减农药，增产、增效，低能耗、低排放，高品质和高安全性。

（一）减化肥

即在生态脆弱地区大力改进农业施肥技术，优化农作物养分管理；维护区域绿色农业生态系统的生物多样性，实施测土配方施肥，减少化学肥料施用量，实行有机肥和无机肥的合理配施。

（二）减农药

即通过对病虫草害的生态调控、生物防治、非化学药剂等环境友好型绿色农业技术及制剂的应用，大幅度减少向生态脆弱地区绿色农业生态系统中人工输入化学合成农药，达到绿色农业生态健康、生产安全的目的，要着力研究残留农药的微生物降解技术。

（三）增产

即充分利用人类文明进步特别是科技发展的一切优秀成果，依靠科技进步、物质投入等提高生态脆弱地区绿色农产品的生产能力，并重视绿色农产品的品质和卫生安全,以满足人类对绿色农产品的数量和质量的要求。

(四) 增效

即绿色农业发展的社会效益、经济效益和生态效益的高度统一。绿色农业注重合理开发农业生态资源、保护农业生态环境,注重保障人类食物安全,也注重发展农业和农村经济,特别关注推动发展中国家和地区农村经济社会的全面协调发展。因此,生态脆弱地区的绿色农业发展更应将社会效益、经济效益和生态效益协调起来。

(五) 低能耗

即利用农村丰富的资源发展清洁能源、新型能源,在生态脆弱地区积极推广清洁技术,推进农业废弃物综合利用,促进集能源、环保、资源为一体的绿色农业低碳化发展,重点加强秸秆利用、畜禽废弃物利用和"三沼"(沼气、沼渣、沼液)利用。

(六) 低排放

农业具有碳汇(即碳吸收)和碳源(即碳排放)双重特征,发展绿色农业就是要不断加强农业碳汇功能,尽可能降低其碳排放量,因此,要加强农业碳汇技术研究,增强生态脆弱地区的土壤固碳能力,减少温室气体排放,实行规模化健康养殖,减少畜牧业的污染和碳排放。

(七) 高品质

即将"绿色"要素纳入农业生产全过程,在合理使用工业投入品的前提下,注意利用植物、动物和微生物之间的生物系统中能量的自然转移,把能量转化过程中的损失降低到最低程度,重视生态脆弱地区农业生态资源的合理利用和保护,并维持良好的农业生态环境,提升绿色农产品品质。

(八) 高安全性

绿色农产品认证除要求产地环境、生产资料投入品的使用外,还对产品内在质量、执行生产技术操作规程等都有极其严格的质量标准，可以说从土地到餐桌，从产前、产中、产后的生产、加工、管理、贮运、包装、销售及废弃物利用的全过程都是靠监控实现的。因此，绿色农产品较之其他农产品更具有安全性，是生态脆弱地区农业发展应该努力追求的食物供给目标。

二、循环工业技术创新

（一）中国循环经济发展的实践探索

循环工业是建立在物质不断循环利用的基础上的工业发展模式，是以可持续发展为指导思想，生态、环保地发展工业的一种方式，其本质是生态经济，具有生态资本的低消耗、高利用和废弃物的低排放的特点，有助于化解环境与发展之间的矛盾。在发展循环工业方面，中国进行了许多积极探索：（1）国家相继出台了一系列促进工业循环经济发展的法律和政策。这主要包括：《中华人民共和国循环经济促进法》《中华人民共和国清洁生产促进法》《国家重点行业清洁生产技术导向目录》《中华人民共和国固体废物污染防治法》《资源综合利用目录》《循环经济试点市与生态工业示范园区的申报、命名和管理规定》《关于加快发展循环经济的若干意见》等。此外，一些地方还颁布了有利于地方工业循环经济发展的配套政策法规。（2）积极推进工业循环经济示范项目建设。国家创建了一批循环经济示范项目，如天津经济技术开发区生态工业园区，苏州高新区生态工业园区，大连开发区生态工业园区等。这些示范项目在资源一体化管理、固体废物的高品质利用、工业"三废"综合利用、营造绿色社区等方面都取得了巨大成就，获得了宝贵的经验。（3）在很多关键领域进行了循环经济工业技术创新。中国大力发展了工业循环经济的替代技术、减量技术、再利用技术、资源化技术、系统化技术，以及清洁生产技术、资源综合利用技术、废弃物回收和再循环技术、资源重复利用和替代技术、环境监测技术、环境无害化技术等。政府为这些技术的研发创造了适宜的科研环境，进一步增进了大众对科技的理解和参与。

（二）生态脆弱地区循环工业技术创新措施

目前，经济迅速发展，工业产值节节攀升，但生态环境承载能力也相对下降。应该认识到，在生态脆弱地区发展循环工业是一项长期而艰巨的任务，重点要采取以下政策措施来促进循环工业的发展。

1. 积极促进清洁生产

实施清洁生产不仅需要国家宏观层面的推动，更需要企业微观层面的执行。清洁生产不应仅仅局限于某个生态工业园区、某个行业或某个企业，应在生态脆弱地区积极引导更多的行业、更多的企业改进设计、改善管理、使用清洁的能源和原料、采用先进的工艺与装备、综合利用资源等措施，从源头削减污染源，提高资源利用率和产出率，减少或避免生产、服务和产品使用过程中污染物的产生和排放。

2. 大力推进生态工业园区建设

以开发区为重点建设生态工业园，是推进工业循环经济的重点。生态脆弱地区的相关部门应做好服务工作，为园区生态化建设创造良好的政策环境。对已有的且发展循环经济基础较好的工业园区，应积极进行改造试点；对规划待建的工业园区，要植入建设生态工业园区的理念。此外，还应积极促进其他工业开发区的产业生态化基础建设，为建设生态工业园创造条件。

3. 促进再生资源产业化发展

积极发展再生资源回收和再生资源利用两大产业链，再生资源产业化发展关系到社会经济发展的方方面面，不仅需要政府宏观层面的统筹规划，还需要企业和社会公众的共同参与。为推动生态脆弱地区再生资源产业化，需要各级政府积极发挥宏观调控职能：一是加强法治建设，制定和完善再生资源产业发展的法律法规体系；二是制定并落实科学严谨的行业标准体系；三是完善激励政策，鼓励、引导并扶持经营再生资源的企业；四是针对再生资源产业发展需求，积极支持基础性、前沿性、公益性再生资源科技研究，对于行之有效的技术，应做好推广工作。生态脆弱地区的企业应改进技术，改善管理，提高再生资源利用率，提高产品标准化程度、技术含量和质量。同时，还应加快和完善二手商品市场建设和垃圾分类制度的建设与推广。

三、现代服务业技术创新

与传统服务业不同,现代服务业是在工业化高度发展阶段产生的,主要依托电子信息等高技术和现代管理理念、经营方式和组织形式而发展起来的知识密集型服务业。现代服务业是社会经济发展、产业结构升级的必然结果,是促进经济社会和人的全面发展的客观需要,也是不可逆转的历史潮流。现代服务业的发达程度是衡量经济、社会现代化水平的重要标志。发展现代服务业有利于国民经济又好又快地可持续发展,从一定程度上缓解就业压力,提升国民经济素质和运行质量。现代服务业本身具有资源消耗少、对环境污染小的特点,有利于生态脆弱地区的生态保护与环境建设。

(一)大力发展新兴服务业

在中国经济社会进入高质量发展阶段,节能环保服务业将成为重要投资方向,具有较大发展空间。从发达国家的发展历史来看,在经济危机后,大多通过发展战略性新兴产业来实现经济转型,而节能环保服务业无疑是战略性新兴产业中的一个重要方向。在过去,节能环保产业的发展一直存在一些问题,主要表现在:产业市场化程度低,利润率逐年下降,发展结构不平衡,社会化、专业化程度低,未建立专门用于规范环境服务业发展的法律法规,环境服务业的概念和内涵还没有得到统一认识,自主创新能力不强,总体技术含量不高等。为实现生态脆弱地区环保产业的加速升级和快速发展,需在一系列环保产业关键技术上加大研发力度,争取实现突破。而这些关键技术,也代表了环保产业未来的发展方向,在相关技术领域有所储备的环保企业未来更可能成为行业领头羊。

(二)改造升级传统服务业

服务业是无烟产业,但并不意味着服务业是无污染产业。随着服务业的发展壮大,为国民经济的发展做出了巨大贡献,但是,随之而来的环境问题也日益凸显出来。以旅游业为例,景区开发会占用土地,修路、建索道会破坏山体和植被，一些旅游者践踏草皮、采摘花果，用火不慎酿成森林火灾等；生活垃圾和污水任意排放，改变了土壤营养结构和水质，对旅游区内的昆虫、鱼类、兽类等生物造成致命的灾难；交通工具和饭店、寺庙内香烛排放的废气，常使旅游区内烟雾缭绕，尘埃弥漫，空气污浊不堪。随着社会经济的发展和人们生活水平的提高，以及生态保护意识不断增强，人们提出了改造升级传统服务业的要求。因此，生态脆弱地区的传统服务业要想适应消费者绿色健康环保的消费需求，获得可持续发展，必须进行改造升级，走生态化发展道路。

概括而言，生态脆弱地区的传统服务业一方面要实现服务过程的清洁化、生态化，另一方面要大力发展生态型服务业。首先，为了适应政府环境法规和消费者绿色消费的要求，生态脆弱地区的服务企业应改善管理，改进技术，提高资源的循环利用率，清洁化生产、绿色化营销，合理处置废弃物，保护环境。其次，生态脆弱地区要大力发展生态旅游业、生态文化业等生态服务业，并不断探索创新出新的服务业模式，为人们提供高品质的生态产品和生态服务。最后，生态脆弱地区的传统服务业应推进行业标准实施，促进服务业质量提升。对能够推行标准化生产的，要积极引进和采用国际标准；对不能进行标准化生产的，要以客户为中心，以提高服务满意度为原则，广泛推行服务承诺、服务公约、服务规范等制度，提高服务质量。在一些尚无服务标准的新兴服务行业，要以各类行业协会为主制定相应技术标准、管理标准和工作标准，率先推行标准化服务。

第四节 生态脆弱地区生态资本运营式扶贫的生态治理保障

一、生态环境治理的主体结构

生态环境治理的主体是指生态环境治理过程中所涉及的具有相关权利和义

务的个体、组织和机构。从全球范围看，生态环境治理主体呈现多元化趋势，包括国家、政府间的国际环境组织、非政府国际环境组织等；从国家或区域的范围看，生态环境治理的主体大体分为政府主体、市场主体与社会主体。

（一）生态环境治理的政府主体

政府作为生态环境治理的主体，与市场主体和社会主体相比，具有很大的优越性。政府具有人民赋予的行政权，通过其行政权力、政策规划、治理机制依法对生态环境进行保护和改善，实现人与自然的协调可持续发展。政府通过在生态环境治理中制定各种经济生态政策，使经济发展的机制和过程绿色化，保证国家特殊历史时期工业文明和生态文明同时进行，使社会经济和自然生态保持平衡与可持续发展，进而发展生态型物质文明。当然，政府在生态环境治理上也存在许多缺陷，这主要与生态环境的公共属性有关。因此，需要辩证地看待政府在生态环境治理过程中所扮演的角色。

1. 政府是生态环境治理的核心主体

生态环境作为一种公共资源，与其他公共产品一样也具有产权不明晰、非排他性等公共属性，在其治理过程中，完全依靠市场的调节作用很难起到相应效果，因此需要政府来主导。政府作为生态环境治理的核心主体，主要基于以下原因：

（1）生态环境性质的客观使然。生态环境的特点可以从生态环境资源、生态环境问题以及生态环境治理三个层面考察。第一，作为资源的生态环境具有典型的公共性，具体表现为非排他性、强制性、无偿性和不可分割性等特点。生态环境是无法分割的，全民共同拥有无偿使用并且互不相斥的公共资源，加之人们本身的有限理性，往往只注重眼前与局部利益，而忽视生态环境系统本身的规律和承载能力，必然导致"所有人无节制地争夺有限的环境资源"，而无序的资源"争夺"必然导致对生态环境毁灭性的破坏。第二，生态环境问题具有复杂性，从横向看具有多面性，可以说生态环境问题既是经济问题、社会问题，又是生态问题，甚至是政治问题。从纵向看具有长期性，包括问题潜伏的长期性，不仅人们对生态环境问题的认识需要一个过程，而且生态环境从其遭受破坏到问题的表露也是一个渐进过程，同时还可能包括影响的长期性，因为生态环境问题是一个跨越代际的、关系到人类子孙后代的问题。第三，生态环境治理是一个庞大复杂的工程，包括保护和配置生态环境资源，解决生态环境问题以及协调生态环境治理过程中的各种社会关系等。在许多情况下，一项治理需要涉及多个地区、国家甚至是全球范围内财力、物力、人力各方面的协调合作，比如气候问题、公共河海流域问题等等。生态环境的这些特征决定了能够主导生态环境治理的主体必须具备公共性及强大的社会动员能力，而且具备在全世界范围内普遍存在及合理分布的特征。政府正是这样一个主体，它是公共权力的代表，具有在全社会范围内调动财力、物力以及智力资源的实力和潜力。更为重要的是，横向分布的各国各地区的政府与纵向分布的各级政府交织起来的"政府网络"正是一张普及面最广的"治理网"，这是其他治理主体无法具备的。

（2）政府职责的使命所在。政府作为处理公共事务服务的权力机构，负有管理公共资源的责任和义务，在生态环境治理上有着不可推卸的责任。首先，政府是社会公共行为规则的制定者并具备强制性实施公共行为规则，以及对违反公共规则者采取强制性措施和制裁的权力，所以政府有权力也有义务实施生态环境治理。其次，生态环境治理是一个涉及多个层面的问题，包括政治、经济、社会等方面，而这些方面也正是政府工作的最主要内容。从政治层面看，生态环境治理是提升政府服务职能，健全立法体系，促进监察监督能力的重要实践途径。从经济层面看，生态环境治理涉及了经济活动中生产、消费以及分配等各个环节，它是提供良好的经济发展环境、转变经济增长方式、创新经济增长理念、提高国际竞争力、实现高质量发展的需要。从社会层面看，生态环境治理是衡量政府在调整和协调社会各主体间的利益关系，处理生产与人口、资源、环境、民生关系问题，体现社会公平正义以及社会公共福利等方面是否对等的重要依据。

（3）市场缺陷的必然要求。随着经济全球化的进一步深化，市场这只"看不见的手"在环境资源的配置与生态环境保护中发挥着越来越重要的作用。在生态环境领域中，市场固有的缺陷是其本身无法克服的，即通常说的"市场失灵"。因为市场无法全面反映出生态环境的价值，它所体现的仅仅是被商品化的环境资源的经济价值。同时，在生态环境治理领域，还存在突出的外部性问题，包括外部的经济性和外部的不经济性两个方面。简单地说，就是因为生态环境具有公共性以及非排他性等特征，在资源消费中就会存在"搭便车"的情况，即资源被不参与其中的其他主体无偿使用，而使主体的实际成本增加，收益却减少，这就是外部经济性。反之，外部不经济性就是主体不参与公共资源的保护，但一样能从中受益，生态资源破坏的代价由政府和全社会来承担。市场的缺陷在某种程度上也注定了生态环境治理需要政府来发挥作用。

2. 单一政府主导的生态环境治理的缺陷

生态环境作为公共产品，在治理过程中，单一的政府包办存在的许多缺陷会严重影响治理的效率。其主要缺陷表现为以下两个方面：

(1) 容易越位和缺位，管理不当。所谓越位就是指政府执行了职辖范围之外的事情，即应该交由市场处理的事情，政府没有做到放权或进行职能转变，突出表现为政府对生态环境修复与维护的干预过度，即干预的力度或范围过大。所谓缺位是指政府因力度不够或没有很好地承担本该由自己承担起来的责任。现阶段政府缺位的一个突出表现就是政府对产权的界定与保护尚不完善。如果单一由政府来治理生态环境，会增加人力、物力、财力的投入，增加政府的负担。当政府机构过多、财政压力过大时，就会出现力不从心的现象。而部分区域的生态环境治理，由于当地财政的有限，可能会被搁置。

(2) 成本和收入分离，效率低下。无论政府是怎样的完善，在市场活动中，成本和收入总是通过价格有机地联系在一起，这种联系激励市场活动主体努力降低成本，以最小的耗费获得最大的收益。而在政府活动中，因为维持政府活动的收入如国家税收、外来捐赠等具有非价格来源，与生产这种收入的成本无关，必然导致缺乏降低成本的激励，那么在修复生态环境时，政府的支出就会高于甚至远远高于市场手段的投入。也就是说，从收入与成本的角度来看，单一政府的治理模式效率低下。

(二) 生态环境治理的市场主体

目前，中国生态环境问题治理主要依靠政府的强制管理，治理手段单一，而单一的治理手段已经阻碍了治理效率的提升，因此，生态脆弱地区需要引入市场主体对其生态环境进行治理。这里所说的市场治理主体，是指企业运用市场调节机制，参与生态环境的治理。当前，市场手段的生态环境治理主要是通过政府购买出资，引进一些环保企业参与到环境治理中来，环保企业通过对生态环境的修复来获取相应收益。引入市场机制既可以减轻政府的财政压力，又可以把治理过程中先进的经营理念、管理经验和科学技术引入到其他公共物品供给体系中。通过鼓励和支持国有、民营、社会团体及个人参与环境治理的投资和经营，形成多种经济成分并存、竞争有序的生态脆弱地区环境保护与治理市场体系。

显然，引入市场机制对生态脆弱地区的环境治理具有好处，但是要解决的关键问题是"市场失灵"。由于"生态环境"这一产品的产权界定很难明晰，企业可以肆意排污而不必担心有人会追究责任。经济学中的"科斯定理"是治理环境问题最重要的理论依据之一，该理论认为政府可以通过行政强制力界定"公共物品"的产权，"优质环境"不再是无人认领的，污染环境必须要付出代价，政府通过发放排污许可证或者限定配额来规范企业的行为，引入市场机制在治理环境污染中是大有可为的。引入市场机制，发挥市场主体在配置资源方面的激励和高效作用，让"看不见的手"替代政府相应的职能，不仅可以提高生态脆弱地区的环境治理效率，也大大降低了政府的治理成本。

（三）生态环境治理的社会主体

生态环境治理的社会主体不同于政府主体与市场主体，它本身没有行政执法权，在参与环境治理过程中也不以营利为目的。在生态环境治理实践中，环保组织、社会志愿组织、居民都是相对独立的利益相关者，它们之间通过相互合作、彼此监督共同形成了社会治理主体。生态环境治理的社会主体包含以下类型：第一，个体形式的公众。个体形式的公众是最普遍意义上的公众，亦即狭义的公众。第二，环保组织，又称环保（Non-governmental Organization，NGO），是指那些独立于政府之外的、不以营利为目的的、志愿性的环保社会组织。许多国家的实践证明，在环境保护方面，非政府组织具有政府组织不可替代的作用。公众以个人力量参与往往难以形成声势，而环境保护组织改变了公众的弱势群体地位，成为公众参与最重要的组织形式，并且反过来成为公众参与的有力推动者。但是，活动经费及自身能力不足、组织管理体系不够完善、政府及社会对NGO不够重视，以及对外交流渠道不够通畅等阻碍着中国环境NGO的进一步发展。第三，区域自治组织。区域自治组织包括自治委员会和群众自发组建的、有组织、有目的的生态环境保护组织。区域自治组织同政府和市场相比具有信息获取更加通畅的优势，对于自己居住地生态环境的保护内在愿望极强，对推进生态环境治理模式转变的积极性更高，他们需要付出的成本主要集中在体力方面，对于资金的付出很少。

二、生态环境治理的政府责任

政府不仅要承担政治责任，还有经济责任，如提供公共产品、进行宏观调控等，生态环境的治理本身就是一种公共产品，很难通过市场机制调节解决问题，需要公共部门政府来提供这种公共产品。

（一）政府责任在生态环境治理中的作用

在生态环境治理中，政府责任具有相当重要的作用。一是有利于区域生态环境治理的协调发展。二是有利于居民居住环境的改善。首先，政府推进畜禽粪便污染、生活污水、垃圾固废、化肥农药污染、河沟清洁的整治和环境绿化工程，然后积极跟进配套处理设施的建设，全面开展环境污染综合整治。其次，政府稳妥推进以整体区域为单位的服务性基础设施建设。引导各地全面推进社区设施、社区环境、社区服务、社区文化、社区教育、社区福利、社区管理的建设和发展，改善居民居住环境。最后，政府在整治过程中充分挖掘当地可利用资源，把握每一个可以造福于人民的机会，充分开发山水风光、特色农业等形式的休闲功能，改善当地的自然环境。三是有利于增加收入。政府为了改善脆弱的生态环境，需要对产业结构进行优化调整，鼓励发展少污染高效益的清洁产业，刺激企业自发进行技术创新，获取更多经济利益。

（二）生态环境治理政府责任的主要内容

1. 制度责任

在生态环境治理上，必须明确政府在公共服务相关法规和政策制定方面的主导地位，生态环境治理过程的法治化是政府职能转变的重要内容。一方面，生态环境治理的推行必须要有良好的制度环境，只有在一个有健全的法律法规保障的市场环境中，生态环境的供给才能降低成本和消除不确定性因素，实现良性运行。另一方面，生态环境供给本身也必须逐步法治化，依法进行供给是社会发展的必然趋势。政府必须制定相应的法规、政策严格市场准入，规范市场秩序，通过行政立法来保障公共服务生产者和消费者的共同利益。当前，中国涉及生态环境治理的法律法规有：《环境保护法》《森林法》《草原法》《渔业法》《矿产资源法》《水法》《野生动物保护法》《水土保持法》《气象法》《水污染防治法》《大气污染防治法》《海洋环境保护法》等，而这些法律法规大多是在20世纪颁布的，部分内容已经不能完全适应生态文明新时代环境治理的情况了，需要政府不断对这些法律法规进行完善。

2. 监督责任

政府作为公共部门，要对生态脆弱地区环境治理的事前、事中、事后进行监督。一是政府要加强对生态脆弱地区生态环境治理供给单位的资质审查。政府要对所有进入生态环境治理领域的供给主体进行严格的资质审查，对提供生态环境治理供给单位的法人资格、生产目的、单位规模、信誉度、认定标准以及承担该项环境修复的生产供给能力、生产供给经验、承担违约责任能力等方面进行资质审查。此外，政府还要对生态脆弱地区生态环境治理的供给方案和完整的成本效益指标进行可行性分析，以确认其是否具备供给资格。二是政府要加强对生态脆弱地区生态环境治理供给过程的有效监管。必须加强对生态环境治理供给过程的有效监管，借助国家权力，利用不同的方式和手段，通过不同的途径，建立全方位、多层次的监管体系，实行强有力的监督。政府要加强法制监督，用法制来规定供给的每一个环节，引导社会公众监督，让监督具有广泛的社会基础，同时加强舆论监督，发挥媒体为人民为政府服务的功能。三是政府要加强对生态脆弱地区生态环境治理供给绩效的考核评估。政府要建立完善的生态环境治理的绩效评估体系，对其效果进行全面考核，考核结果可以对前者进行总结和检查，更重要的是可以为政府下一步决策提供依据。同时，政府必须重视治理的结果，对供给的数量、质量以及社会效益是否达到预期目标进行跟踪。

3. 投入责任

政府投入责任，有广义和狭义之分。狭义的政府投入责任是指对生态脆弱地区环境治理的直接财政投入，广义的政府投入则是指政府为了维持良好的生态环境提供的各种投入的总和，它包括狭义的财政投入、免税以及其他的政策性投入，政府要加大财政投入力度，提高生态环境供给水平。由于中国地域面积广阔，政府在生态环境治理上还需要有些偏重。一是优化生态环境治理的投入结构，压缩治理之前的财政补贴，增加对治理有成效的企业补贴力度，减少交叉和中间环节，提高财政资金使用效率。二是利用国债资金增加生态脆弱地区生态环境治理有关的投资支出，同时采取税收优惠、贴息等财政性措施鼓励社会其他力量进入生态脆弱地区的环境治理领域。三是采取因地制宜、区别对待的政府投入政策，重点加大对水源地保护、空气质量监管、污染源固定的地区的财政补助力度。四是适当提高基层从事生态环保人员的薪资水准。对于长期从事生态林防护、荒山荒漠生态修复、荒岛驻守的从业人员，要提高其基本工资待遇，改善其生活环境。

4. 整合责任

政府的整合责任主要是指政府对生态脆弱地区生态环境有关的资源进行有效整合，以提高环境治理的效率。一是需要政府整合与生态环境治理相关的各种组织，形成一个统一协调的机构来对生态脆弱地区生态环境进行治理。二是要科学分配各项财政资金，提高生态脆弱地区环境治理资金的使用效率。三是政府要积极引导民间资本进入生态脆弱地区环境治理。政府可以采取公私合作、风险共担的形式，也可以采取民间资本独资的形式，引进民间资本参与对生态脆弱地区环境的治理与修复。同时，政府还应积极鼓励公益性环保组织参与维护脆弱地区的生态环境。四是政府要积极与周边国家或地区的合作，建立生态环境处理的联合机制，积极学习借鉴其他国家对生态修复的先进做法，协调处理跨国界和跨区域的生态环境问题。

5. 教育责任

政府的教育责任主要是指政府通过教育培训与生态环境治理有关的群体。一是政府通过新闻媒体在生态脆弱地区大力宣传环保知识，邀请专家讲授环境保护的知识，引导全社会公民关注生态环境，积极投入到生态脆弱地区环境保护的志愿活动中去。二是积极教育和培训与生态环境息息相关的企业和农民。政府向生态脆弱地区企业、农民提供免费培训，详细讲解污染物排放标准、农业投入品的用法用量等可能造成重大环境问题的知识。引导他们利用现代生态技术手段，积极走出一条污染少、产量高、绿色化的新型发展道路。三是政府要积极培训与生态环境有关的政府内部机构人员。通过对与生态环境密切相关的人员培训，提高他们的业务水平，增强他们对生态脆弱地区环境治理的重视程度，从而增进生态环境主管部门的整体素质。

三、生态环境治理的府际关系

府际关系是一国政府行政体系内的不同层级之间、不同部门之间、不同地区之间以及部门与地区之间的关系。从主体的角度看，简言之就是"块块关系"、"条条关系"和"条块关系"。府际关系表现在纵向上是府际权限层级关系，横向上是府际分工协作关系，以及多向的府际网络沟通关系。具体到中国是指中央政府与地方政府的纵向关系及地方政府之间的横向关系。

（一）生态环境治理中府际关系的表现

1. 生态环境治理中横向府际关系

地方政府之间的横向关系，彼此间都不存在领导与被领导、管辖与被管辖的关系，而是主要表现为相互交流、竞争与合作的关系。这种横向交流、竞争与合作的关系，使得各级各类地方政府基于复杂的利益纠葛和利益博弈关系，在政策制定和执行过程中，形成相互依赖、资源互惠和利益共生关系，并通过达成制度性的公共政策予以规范，从而形成府际合作的政策网络体系。在生态脆弱地区环境治理上，各地方政府之间互相不受约束，容易各行其是。首先，生态脆弱地区生态环境涉及的范围面较广，参与治理的部门包括农业农村、生态环境、水利、自然资源、气象等各部门。目前，这些部门之间的权力界限并不十分明确，甚至有些问题还存在着治理空白。其次，生态脆弱地区的许多生态问题是跨行政区域的，一旦在某一行政区域发生生态环境问题，不仅会对本区域生态造成影响，而且将会影响扩大到相邻的行政区域。

2. 生态环境治理中纵向府际关系

生态环境治理中纵向府际关系是指上下级政府关系，也就是从属与被从属的关系。由于中国行政级别较多且较复杂，各地区地域差别较大，经济发展水平不一，致使各级政府在生态环境治理上的利益诉求有可能存在不一致。

（二）生态环境治理中府际关系的协调

复杂的府际关系，已经影响到了生态环境治理的效果。对此，应从以下几个方面对其进行协调：

1. 推进政府职能转变

当前，推进政府职能转变有利于提高生态环境的治理效率。对于协调府际关系要求来说：首先，应该根据市场经济和生态文明建设的双重要求重新设计和配置政府权力，强化地方政府宏观管理和区域经济协调功能，促进生态脆弱地区区域经济合作与发展。其次，各地方政府要积极发挥政府的主动性，组建更多的互利双惠的联合体，就经济、政治、社会、文化、环境展开交流与沟通，为府际合作营造良好的氛围。最后，加强地方政府领导之间的沟通与交往，增进相互了解，解决只有通过政府合作才能解决的问题。

2. 完善政绩考核制度

中国现行的政绩考核标准过于单一，迫使地方官员无暇关注本地区经济之外的事务，对府际关系合作也往往采取消极态度。因此，中央政府应制定更为科学的政绩考核制度。首先，在评判地方官员政绩时，除了考核其任内辖区经济发展成绩之外，还应把官员任内成绩放到其任前地方现状和任后地方发展的整个过程中去。其次，注重对其在社会管理、发展教育、社会保障、环境治理等工作中成绩的考查，以引导其注重社会的协调发展。最后，综合考核地方官员对本区域经济和府际合作两个方面的贡献，促进府际关系的协调和发展。

3. 健全法律法规体系

政绩考核的完善是要引导地方政府做正确的事，而法治体系的完善则是要防止地方政府做错误的事。市场经济是法治经济，法律应明确禁止地方政府用行政手段干预微观市场主体的经济活动、搞地方保护和分割市场的行为，并通过法律诉讼、行政诉讼的方式依法对政府直接干预市场运转和区域合作发展造成的经济损失追究相应的法律和经济责任。只有进一步完善法治体系，地方保护主义才能得到根除，府际关系的和谐才能最终实现。

4. 建立多层交流机制

联合协会或行业协会等民间非正式协调组织是较易受政府影响和引导的组织，它们本身不以追求利润为目标，但比政府组织更趋灵活性和主动性。从区域经济的发展过程来看，这些民间和非正式组织间的合作往往要先于官方组织间的合作，在现有发展的基础上，只要政府注重整合这些民间非正式组织的协调资源，建立多层次的交流机制，及时加以指导和激励，就能使这些组织的合作更加紧密和富有成效，就能更有利于政府层面上的府际关系的协调。

参考文献

［1］A·迈里克·弗里曼、曾贤刚：《环境与资源价值评估》，中国人民大学出版社 2002 年版。

［2］Donald R. Leal 著，翁端等译：《环境资本运营：生态效益与经济效益的统一》，清华大学出版社 2000 年版。

［3］白冰、李铁英：《关于中国生态红线的研究与思考》，载于《大庆师范学院学报》2017 年第 5 期。

［4］白增博、孙庆刚、阿依姆妮萨·阿卜杜外力：《农业供给侧结构性改革背景下我国农村三产融合研究——基于日本"六次产业化"经验》，载于《改革与战略》2017 年第 12 期。

［5］毕秀水：《自然资本代际配置研究——可持续发展的产权制度设计》，载于《中国工业经济》2004 年第 8 期。

［6］薄海：《习近平"两山论"与经济欠发达地区的绿色发展》，载于《当代经济》2017 年第 8 期。

［7］薄文广、吴承坤、张琪：《贵州大数据产业发展经验及启示》，载于《中国国情国力》2017 年第 12 期。

［8］蔡荣鑫：《国外贫困理论发展述评》，载于《经济学家》2000 年第 2 期。

［9］陈标平、胡传明：《建国 60 年中国农村反贫困模式演进与基本经验》，载于《求实》2009 年第 7 期。

［10］陈辞：《生态产品的供给机制与制度创新研究》，载于《生态经济》2014 年第 8 期。

［11］陈光炬：《农业生态资本运营：内涵、条件及过程》，载于《云南社会科学》2014 年第 2 期。

［12］陈国阶：《我国生态移民的战略思考与建议》，载于《决策通讯资讯》

2007年第5期。

[13] 陈俊红、陈慈、陈玛琳：《关于农村一二三产融合发展的几点思考》，载于《农业经济》2017年第1期。

[14] 陈昕：《反贫困理论与政策研究综述》，载于《价值工程》2010年第28期。

[15] 陈学明：《"生态马克思主义"对于我们建设生态文明的启示》，载于《复旦学报（社会科学版）》2008年第4期。

[16] 陈烨烽、王艳慧、赵文吉等：《中国贫困村致贫因素分析及贫困类型划分》，载于《地理学报》2017年第10期。

[17] 崔胜辉、李方一、黄静等：《全球变化背景下的敏感性研究综述》，载于《地球科学进展》2009年第9期。

[18] 邓远建、肖锐、陈杰：《生态脆弱地区农业生态资本运营安全调控机理分析》，载于《中国地质大学学报（社会科学版）》2015年第5期。

[19] 邓远建、肖锐、刘翔：《汉江生态经济带水源区生态补偿运行机制研究》，载于《荆楚学刊》2014年第3期。

[20] 邓远建、严立冬：《绿色财富积累论》，中国环境出版社2015年版。

[21] 邓远建、张陈蕊、袁浩：《生态资本运营机制：基于绿色发展的分析》，载于《中国人口·资源与环境》2012年第4期。

[22] 丁开杰、刘英、王勇兵：《生态文明建设：伦理、经济与治理》，载于《马克思主义与现实》2006年第4期。

[23] 段跃芳、张绪宝：《三峡库区农村生态产业及其稳定机制探讨》，载于《农业现代化研究》2012年第6期。

[24] 方达福等：《长江经济带鄂黄阳段生态保护绿色发展的思考》，载于《农村经济与科技》2017年第11期。

[25] 方兰、屈晓娟、王超亚：《陕南南水北调水源地生态补偿与减贫扶贫》，载于《宏观经济管理》2014年第8期。

[26] 方时姣：《绿色经济视野下的低碳经济发展新论》，载于《中国人口·资源与环境》2010年第4期。

[27] 方世南：《社会主义生态文明是对马克思主义文明系统理论的丰富和发展》，载于《马克思主义研究》2008年第4期。

[28] 高红贵、李攀：《新时代生态经济学的一个重大理论问题——生态经济融合发展论》，载于《贵州社会科学》2019 年第 6 期。

[29] 高吉喜、李慧敏、田美荣：《生态资产资本化概念及意义解析》，载于《生态与农村环境学报》2016 年第 1 期。

[30] 高丽娜、马骥：《创新、劳动力要素升级与区域经济增长》，载于《西南民族大学学报（人文社科版）》2019 年第 4 期。

[31] 高园：《生态涵养型贫困区实现生态资本运营式扶贫的路径研究——以海南中部山区茶产业为例》，载于《农村经济与科技》2017 年第 19 期。

[32] 耿翔燕、葛颜祥：《生态补偿式扶贫及其运行机制研究》，载于《贵州社会科学》2017 年第 4 期。

[33] 关琰珠：《加强生态保育制度建设确保生态红线"落地"》，载于《福建林业》2014 年第 1 期。

[34] 国家发展改革委宏观院和农经司课题组：《推进我国农村一二三产业融合发展问题研究》，载于《经济研究参考》2016 年第 4 期。

[35] 何宜庆、张竹君：《鄱阳湖地区生态资本运营目标及发展模式研究》，载于《鄱阳湖学刊》2011 年第 5 期。

[36] 胡鞍钢、周绍杰：《绿色发展：功能界定、机制分析与发展战略》，载于《中国人口·资源与环境》2014 年第 1 期。

[37] 胡卫华、康喜平：《构建科学的生态文明建设绩效评价考核制度》，载于《中国党政干部论坛》2017 年第 10 期。

[38] 黄爱民、张二勋：《环境资本运营——环境保护的新举措》，载于《聊城大学学报》2006 年第 2 期。

[39] 黄成敏、艾南山、姚建等：《西南生态脆弱区类型及其特征分析》，载于《长江流域资源与环境》2003 年第 5 期。

[40] 黄承伟、覃志敏：《我国农村贫困治理体系演进与精准扶贫》，载于《开发研究》2015 年第 2 期。

[41] 黄鹂、严立冬：《生态资本运营构成要素研究：功能论视角》，载于《河南社会科学》2013 年第 3 期。

[42] 黄铭、白林：《生态资本价值的计量》，载于《特区经济》2008 年第 12 期。

[43] 霍艳丽、刘彤：《生态经济建设：我国实现绿色发展的路径选择》，载于《企业经济》2011年第10期。

[44] 姬晓辉、汪健莹：《基于面板门槛模型的环境规制对区域生态效率溢出效应研究》，载于《科技管理研究》2016年第3期。

[45] 季娜：《农村基础设施建设现状分析研究》，载于《经济研究导刊》2017年第24期。

[46] 蒋依依、张敏：《基于PSR模型的旅游地生态持续性空间差异评价——以云南省玉龙纳西族自治县为例》，载于《资源科学》2013年第2期。

[47] 经济合作与发展组织：《环境项目和政策的经济评价指南》，中国环境科学出版社1996年版。

[48] 孔凡斌、许正松、陈胜东：《建立中国生态扶贫共建共享机制：理论渊源与创新方向》，载于《现代经济探讨》2019年第4期。

[49] 匡远配、杨洋：《农业产业化带动湖南一二三产业融合》，载于《湖南社会科学》2017年第5期。

[50] 黎元生：《生态产业化经营与生态产品价值实现》，载于《中国特色社会主义研究》2018年第4期。

[51] 李赶顺：《发展循环经济实现经济与环境的"双赢"》，载于《河北大学学报（哲学社会科学版）》2002年第3期。

[52] 李民、谢炳庚、刘春腊、邓楚雄：《生态与文化协同发展助推长江经济带集中连片贫困地区精准扶贫的思路与对策——以湘西州为例》，载于《经济地理》2017年第10期。

[53] 李明贤、唐文婷：《地域特点、资源整合与农村一二三产业深度融合——来自湖南省涟源市的经验》，载于《农业现代化研究》2017年第6期。

[54] 李茜、胡昊、李名升、张殷俊、宋金平、张建辉、张凤英：《中国生态文明综合评价及环境、经济与社会协调发展研究》，载于《资源科学》2015年第7期。

[55] 李世聪、易旭东：《期权交易下的生态资本价值计量模型研究》，载于《工业技术经济》2006年第3期。

[56] 李双成、郑度、张镱锂：《环境与生态系统资本价值评估的区域范式》，载于《地理科学》2002年第3期。

[57] 李小玉：《生态资本运营与生态补偿耦合机制构建理论研究》，载于《企业经济》2013 年第 12 期。

[58] 李小玉、孟召博：《基于外部性视角的生态资本运营》，载于《南通大学学报（社会科学版）》2014 年第 4 期。

[59] 李亚：《论经济发展中政府的生态责任》，载于《中共中央党校学报》2005 年第 2 期。

[60] 李苑：《生态资本与资产是一回事？》，载于《环境经济》2014 年第 7 期。

[61] 李兆前：《发展循环经济是实现区域可持续发展的战略选择》，载于《中国人口·资源与环境》2002 年第 4 期。

[62] 李治、王东阳：《交易成本视角下农村一二三产业融合发展问题研究》，载于《中州学刊》2017 年第 9 期。

[63] 李忠友：《生态文化及当代价值研究》，吉林大学博士学位论文，2016 年。

[64] 李周：《中国生态经济理论与实践的进展》，载于《江西社会科学》2008 年第 6 期。

[65] 梁立华：《农村地区第一、二、三产业融合的动力机制、发展模式及实施策略》，载于《改革与战略》2016 年第 8 期。

[66] 梁忠、汪劲：《我国排污许可制度的产生、发展与形成》，载于《环境影响评价》2018 年第 1 期。

[67] 刘春腊、徐美、周克杨等：《精准扶贫与生态补偿的对接机制及典型途径——基于林业的案例分析》，载于《自然资源学报》2019 年第 5 期。

[68] 刘海洋：《农村一二三产业融合发展的案例研究》，载于《经济纵横》2016 年第 10 期。

[69] 刘加林：《生态资本运营最低安全标准探析》，载于《统计与决策》2013 年第 12 期。

[70] 刘加林、康娉娉、朱强等：《绿色发展理念视角下民族地区生态资本运营与生态补偿耦合问题探讨》，载于《生态经济（中文版）》2016 年第 12 期。

[71] 刘加林、周发明、刘辛田等：《生态资本运营机制探讨——基于生态补偿视角》，载于《科技管理研究》2015 年第 14 期。

[72] 刘建、王瑶、王淑军、王仁卿：《论生态补偿对生态文化建设的促进作用》，载于《中国软科学》2007 年第 9 期。

[73] 刘丽敏、申玉兰、王红英：《生态环境损害责任终身追究制研究》，载于《中共石家庄市委党校学报》2017 年第 5 期。

[74] 刘清臻、楚纯洁、于长立：《河南省农村生态产业发展研究》，载于《安徽农业科学》2010 年第 21 期。

[75] 刘世梁、尹艺洁、安南南等：《有机产业对生态环境影响的全过程分析与评价体系框架构建》，载于《中国生态农业学报》2015 年第 7 期。

[76] 刘思华：《对建设社会主义生态文明论的若干回忆——兼述我的"马克思主义生态文明观"》，载于《中国地质大学学报（社会科学版）》2008 年第 4 期。

[77] 刘思华：《中国特色社会主义生态文明发展道路初探》，载于《马克思主义研究》2009 年第 3 期。

[78] 刘希刚、王永贵：《习近平生态文明建设思想初探》，载于《河海大学学报（哲学社会科学版）》2014 年第 4 期。

[79] 刘湘溶：《经济发展方式的生态化与我国的生态文明建设》，载于《南京社会科学》2009 年第 6 期。

[80] 刘潇凌：《生态经济化与经济生态化问题》，载于《西部皮革》2016 年第 16 期。

[81] 刘燕、梁双陆、张利军：《生态资本积累、创新与地区经济增长》，载于《资源开发与市场》2018 年第 3 期。

[82] 刘义圣、许彩玲：《习近平反贫困思想及对发展中国家的理论借鉴》，载于《东南学术》2016 年第 2 期。

[83] 柳杨青：《生态需要的经济学研究》，中国财政经济出版社 2004 年版。

[84] 娄晓洁：《浅析环保"三同时"验收工作中存在的问题及对策》，载于《能源与环境》2019 年第 1 期。

[85] 芦千文、姜长云：《关于推进农村一二三产业融合发展的分析与思考——基于对湖北省宜昌市的调查》，载于《江淮论坛》2016 年第 1 期。

[86] 吕岩威、刘洋：《推动农村一二三产业融合发展的路径探究》，载于《当代经济管理》2017 年第 10 期。

[87] 骆世明：《中国生态农业制度的构建》，载于《中国生态农业学报》2018年第5期。

[88] 《马克思恩格斯全集》：第20卷，人民出版社1972年版。

[89] 梅怡明、邓远建：《民族山区农业生态资本运营式扶贫机制构建研究——以湖北省恩施州为例》，载于《荆楚学刊》2018年第1期。

[90] 孟丽、钟永玲：《我国新型农业经营主体功能定位及结构演变研究》，载于《农业现代化研究》2015年第1期。

[91] 孟露露：《一二三产业融合视角下发展现代农业》，载于《农业经济》2017年第5期。

[92] 米玛顿珠：《西藏生态脆弱区绿色矿业经济发展模式研究》，中国地质大学博士学位论文，2017年。

[93] 莫光辉：《精准扶贫：中国扶贫开发模式的内生变革与治理突破》，载于《中国特色社会主义研究》2016年第2期。

[94] 牛文元：《生态环境脆弱带（ECOTONE）的基础判定》，载于《生态学报》1989年第2期。

[95] 欧阳胜：《贫困地区农村一二三产业融合发展模式研究——基于武陵山片区的案例分析》，载于《贵州社会科学》2017年第10期。

[96] 彭斯震、孙新章：《中国发展绿色经济的主要挑战和战略对策研究》，载于《中国人口·资源与环境》2014年第3期。

[97] 屈健：《我国污染物总量控制制度改革的思考》，载于《环境监控与预警》2018年第3期。

[98] 屈志光：《生态资本投资收益研究》，中国社会科学出版社2015年版。

[99] 冉圣宏、金建君：《脆弱生态区评价的理论与方法》，载于《自然资源学报》2002年第1期。

[100] 任勇：《地方政府竞争：中国府际关系中的新趋势》，载于《人文杂志》2005年第3期。

[101] 沈佳琦：《自然资源资产离任审计评价指标体系构建研究》，南京审计大学硕士学位论文，2018年。

[102] 沈茂英、杨萍：《生态扶贫内涵及其运行模式研究》，载于《农村经济》2016年第7期。

[103] 史培军、张淑英、潘耀忠等：《生态资产与区域可持续发展》，载于《北京师范大学学报（社会科学版）》2005 年第 2 期。

[104] 宋文飞：《中国地区生态非正式制度对生态文明建设效率的溢出效应分析》，载于《华东经济管理》2019 年第 7 期。

[105] 宋宪萍、张剑军：《基于能力贫困理论的反贫困对策构建》，载于《海南大学学报（人文社会科学版）》2010 年第 1 期。

[106] 苏毅清、游玉婷、王志刚：《农村一二三产业融合发展：理论探讨、现状分析与对策建议》，载于《中国软科学》2016 年第 8 期。

[107] 孙梦迪：《大数据环境下自然资源资产离任审计研究》，载于《产业创新研究》2019 年第 6 期。

[108] 孙志：《生态价值的实现路径与机制构建》，载于《政策与管理研究》2017 年第 1 期。

[109] 索世帅：《习近平生态文明建设思想探析》，南京师范大学硕士学位论文，2017 年。

[110] 谭鑫：《西部弱生态地区环境修复问题研究》，云南大学博士学位论文，2010 年。

[111] 汤洪俊、朱宗友：《农村一二三产业融合发展的若干思考》，载于《宏观经济管理》2017 年第 8 期。

[112] 唐安来、翁贞林、吴登飞等：《乡村振兴战略与农业供给侧结构性改革——基于江西的分析》，载于《农林经济管理学报》2017 年第 6 期。

[113] 唐利荣：《建立和完善广西生态文化建设保障机制》，载于《广西日报》2012 年 11 月 1 日，第 11 版。

[114] 屠凤娜：《生态文化发展战略规划的必要性、内容及保障体系》，载于《理论界》2011 年第 1 期。

[115] 王海滨：《生态资本运营：生态涵养发展区走向生态文明的价值观和方法论》，中国农业大学出版社 2009 年版。

[116] 王宏斌：《生态文明：理论来源、历史必然性及其本质特征——从生态社会主义的理论视角谈起》，载于《当代世界与社会主义》2009 年第 1 期。

[117] 王科：《中国贫困地区自我发展能力研究》，兰州大学博士学位论文，2008 年。

[118] 王科良:《环境影响评价制度及其完善策略研究》,载于《资源信息与工程》2019年第3期。

[119] 王力年:《区域经济系统协同发展理论研究》,东北师范大学博士学位论文,2012年。

[120] 王万山:《可持续发展理论与资本观的变革》,载于《中国人口·资源与环境》2003年第3期。

[121] 王昕坤:《产业融合——农业产业化的新内涵》,载于《农业现代化研究》2007年第3期。

[122] 王兴国:《推进农村一二三产业融合发展的思路与政策研究》,载于《东岳论丛》2016年第2期。

[123] 王赞新:《集中连片特困地区的生态补偿式扶贫标准与思路——以大湘西地区为例》,载于《湖湘论坛》2015年第4期。

[124] 卫小将:《精准扶贫与主体性塑造:再认识与再反思》,载于《中国行政管理》2018年第4期。

[125] 温铁军、罗士轩、董筱丹、刘亚慧:《乡村振兴背景下生态资源价值实现形式的创新》,载于《中国软科学》2018年第12期。

[126] 温宗霖:《基于农民生计视角的梵净山生态保护溢出效应研究》,载于《铜仁学院学报》2017年第2期。

[127] 文芳:《贵州省产业结构发展现状及对策研究》,载于《企业导报》2009年第2期。

[128] 吴清华:《当代中外贫困理论比较研究》,载于《人口与经济》2004年第1期。

[129] 武晓明:《西部地区生态资本价值评估与积累途径研究》,西北农林科技大学硕士学位论文,2005年。

[130] 习近平:《之江新语》,浙江人民出版社2007年版。

[131] 肖笃宁、布仁仓、李秀珍:《生态空间理论与景观异质性》,载于《生态学报》1997年第5期。

[132] 解安:《三产融合:构建中国现代农业经济体系的有效路径》,载于《河北学刊》2018年第2期。

[133] 解安、周英:《农村三产融合的学理分析》,载于《学习与探索》

2017 年第 12 期。

[134] 谢高地: 曹淑艳:《发展转型的生态经济化和经济生态化过程》, 载于《资源科学》2010 年第 4 期。

[135] 谢高地、鲁春霞、成升魁:《全球生态系统服务价值评估研究进展》, 载于《资源科学》2001 年第 6 期。

[136] 谢庆奎:《中国政府的府际关系研究》, 载于《北京大学学报》2000 年第 1 期。

[137] 熊天慧、黄玥: 全国 14 个集中连片特困地区, 习近平都去了 [EB/OL]. http: //www. xinhuanet. com//politics/2017 – 08/15/c_1121487037. htm, 2017 – 05 – 15.

[138] 严立冬: 环境管理战略转型中的生态资本投资方式探讨 [A]. 中国环境科学学会, 2013 中国环境科学学会学术年会论文集 (第三卷) [C]. 中国环境科学学会: 中国环境科学学会, 2013: 6。

[139] 严立冬、陈光炬、刘加林等:《生态资本构成要素解析——基于生态经济学文献的综述》, 载于《中南财经政法大学学报》2010 年第 5 期。

[140] 严立冬、陈胜、邓力:《绿色农业生态资本运营收益的持续量: 规律约束与动态控制》, 载于《中国地质大学学报 (社会科学版)》2015 年第 5 期。

[141] 严立冬、邓远建、屈志光:《绿色农业生态资本积累机制与政策研究》, 载于《中国农业科学》2011 年第 5 期。

[142] 严立冬、刘加林、陈光炬:《生态资本运营价值问题研究》, 载于《中国人口·资源与环境》2011 年第 1 期。

[143] 严立冬、刘新勇、孟慧君等:《绿色农业生态发展论》, 人民出版社 2008 年版。

[144] 严立冬、麦琮翎、屈志光:《生态资本运营视角下的农地整理》, 载于《中国人口·资源与环境》2012 年第 12 期。

[145] 严立冬、屈志光、方时姣:《水资源生态资本化运营探讨》, 载于《中国人口·资源与环境》2011 年第 12 期。

[146] 严立冬、谭波、刘加林:《生态资本化: 生态资源的价值实现》, 载于《中南财经政法大学学报》2009 年第 2 期。

[147] 杨英:《环境信息公开发展之路浅析》, 载于《资源节约与环保》

2019年第3期。

[148] 杨博文:《政策导向下我国农林碳汇交易生态扶贫监管框架研究》,载于《农业经济与管理》2019年第3期。

[149] 杨冬民、韦苇:《贫困理论中若干问题的比较研究及对西部反贫困实践的启示》,载于《经济问题探索》2005年第1期。

[150] 杨晗:《乡村旅游发展中利益相关主体行为博弈分析与对策建议》,载于《中华文化论坛》2017年第7期。

[151] 杨赫姣:《生态文化建设的当代构思》,载于《社会经纬理论月刊》2014年第3期。

[152] 杨宏山:《府际关系论》,中国社会科学出版社2005年版。

[153] 杨筠:《生态公共产品价格构成及其实现机制》,载于《经济体制改革》2005年第3期。

[154] 杨林:《我国农业生态补偿制度研究》,西北农林科技大学硕士学位论文,2018年。

[155] 杨清震、周晓燕:《民族地区的反贫困与经济可持续发展》,载于《黑龙江民族丛刊》2001年第4期。

[156] 杨文静:《绿色发展框架下精准扶贫新思考》,载于《青海社会科学》2016年第3期。

[157] 姚予龙、谷树忠:《资源安全机理及其经济学解释》,载于《资源科学》2002年第5期。

[158] 银马华、王群、杨兴柱、司新新:《区域旅游扶贫类型与模式研究——以大别山集中连片特困区36个县(市)为例》,载于《经济地理》2018年第4期。

[159] 尤飞、王传胜:《生态经济学基础理论、研究方法和学科发展趋势探讨》,载于《中国软科学》2003年第3期。

[160] 袁青、王雪:《生态资本投资》,载于《环境保护与循环经济》2014年第9期。

[161] 曾鸿雁:《我国环境污染第三方治理困境及对策》,载于《农村实用技术》2019年第4期。

[162] 曾以禹、吴柏海、周彩贤、陈峻崎:《碳交易市场设计支持森林生态

补偿研究》，载于《农业经济问题》2014年第6期。

［163］张兵生：《绿色经济学探索》，中国环境科学出版社2005年版。

［164］张成福：《责任政府论》，载于《中国人民大学学报》2000年第2期。

［165］张驰、沈建新：《江苏省无锡市洛社镇一二三产业融合模式现状分析》，载于《江苏农业科学》2017年第24期。

［166］张佳华、姚凤梅：《从科尔沁沙地分析不同生态水平因子对脆弱生态环境景观扰动的响应》，载于《地理科学进展》1998年第1期。

［167］张林波、虞慧怡、李岱青等：《生态产品内涵与其价值实现途径》，载于《农业机械学报》2019年第4期。

［168］张首魁：《一二三产业融合发展推动农业供给侧结构性改革路径探讨》，载于《理论导刊》2016年第5期。

［169］张伟：《发挥绿色金融在生态产品价值实现中的作用》，载于《光明日报》2018年6月19日第11版。

［170］张文明、张孝德：《生态资源资本化：一个框架性阐述》，载于《改革》2019年第1期。

［171］张永恒：《要素禀赋与区域经济增长动力关系的实证分析》，载于《统计与决策》2019年第10期。

［172］张勇：《提高认识，找准定位，深入推进农村一二三产业融合发展》，载于《宏观经济管理》2017年第2期。

［173］张玉强、李祥：《我国集中连片特困地区精准扶贫模式的比较研究——基于大别山区、武陵山区、秦巴山区的实践》，载于《湖北社会科学》2017年第2期。

［174］张志强、徐中民、程国栋：《可持续发展下的生态经济学理论透视》，载于《中国人口·资源与环境》2003年第6期。

［175］张志强、徐中民、程国栋：《生态系统服务与自然资本价值评估》，载于《生态学报》2001年第11期。

［176］赵昌文、郭晓鸣：《贫困地区扶贫模式：比较与选择》，载于《中国农村观察》2000年第6期。

［177］赵嘉贝：《我国"三同时"制度存在的问题及解决对策研究》，载于《开封教育学院学报》2017年第12期。

[178] 赵江龙：《生态修复法律制度研究》，西南科技大学硕士学位论文，2016年。

[179] 赵晶晶、葛颜祥：《生态补偿式扶贫：问题分析与政策优化》，载于《福建农林大学学报（哲学社会科学版）》2019年第1期。

[180] 赵世鑫：《基于网络开发理论的农村经济发展模式分析》，南京农业大学硕士学位论文，2016年。

[181] 赵曦：《人力资本理论与反贫困问题研究》，载于《改革与战略》1997年第4期。

[182] 赵霞、韩一军、姜楠：《农村三产融合：内涵界定、现实意义及驱动因素分析》，载于《农业经济问题》2017年第4期。

[183] 赵霞、姜利娜：《荷兰发展现代化农业对促进中国农村一二三产业融合的启示》，载于《世界农业》2016年第11期。

[184] 赵兴玲：《领导干部生态文明建设考核评价的思考》，载于《管理观察》2014年第1期。

[185] 赵泽宇等：《我国排污权交易推行的桎梏及摆脱路径探究》，载于《低碳世界》2019年第5期。

[186] 郑克强、徐丽媛：《生态补偿式扶贫的合作博弈分析》，载于《江西社会科学》2014年第8期。

[187] 郑湘、任春晓：《农村生态产业发展机制与政策建议——以浙江省宁波市为例》，载于《江西农业大学学报（社会科学版）》2012年第3期。

[188] 周爱萍：《合作型反贫困视角下贫困成因及治理——以重庆市武陵山区为例》，载于《云南民族大学学报（哲学社会科学版）》2013年第2期。

[189] 周炳中、杨浩、包浩生：《PSR模型及在土地可持续利用评价中的应用》，载于《自然资源学报》2002年第5期。

[190] 朱霞梅：《反贫困的理论与实践研究》，复旦大学博士学位论文，2010年。

[191] 朱震达：《中国的脆弱生态带与土地荒漠化》，载于《中国沙漠》1991年第4期。

[192] 宗文君、蒋德明、阿拉木萨：《生态系统服务价值评估的研究进展》，载于《生态学杂志》2006年第2期。

[193] 邹雄智：《鄱阳湖生态经济区生态资本运营策略研究》，载于《企业经济》2014 年第 8 期。

[194] Azqueta D., Sotelsek D. Valuing Nature: From Environmental Impacts to Natural Capital [J]. *Ecological Economics*, 2007, 63 (01).

[195] Barrow. *Land Degradation* [M]. New York: Cambridge University Press, 1991: 96 – 105.

[196] Cavendish W. Empirical Regulaities in the Poverty – Environment Relationship of Rural Households: Evidence from Zimbabwe [J]. *World Development*, 2000, 28 (11) 1979 – 2003.

[197] Chenery H. B., Ahluwalia M., Laurence C., etc. *Redistribution with Growth* [M]. Oxford University Press, 1974.

[198] Choi, Y. A Green GNP Model and Sustainable Growth [J]. *Journal of Economic Studies*, 1994 (21).

[199] Daly, H. E. *Beyond Growth the Economics of Sustainable Development* [M]. Boston: Beacon Press, 1996: 25 – 76.

[200] Epstein, M. J. and Roy, M. – J. Integrating Environmental Impacts into Capital Investment Decisions [J]. *Greener Management International*, 1997 (17).

[201] Hartwuck, J. M., Degradation of Environmental Capital and National Accounting Procedure [J]. *European Economic Review*, 1991 (35).

[202] Hartwuck, J. M. Natural Resources, National Accounting and Economic Depreciation [J]. *Journal of Public Economics*, 1990 (43).

[203] Kakwani N., Son H. H. *Evaluating Targeting Efficiency of Government Programmes: International Comparisons* [M]. Advancing Development, 2007.

[204] Pagiola S., Agustin Arcenas and Gunars Platais. Can Payments for Environmental Services Help Reduce Poverty? An Exploration of the Issues and the Evidence to Date from Latin America [J]. *World Development*, 2005, 33 (2): 237 – 253.

[205] Pagiola S. Payments for Environmental Services in Costa Rica [J]. *Ecological Economics*, 2008, 65 (4): 712 – 724.

[206] Pearce, D. Economics, Equity and Sustainable Development [J]. *Futures*, 1998, 20 (06).

[207] Pearce, D. W., Turner, R K. *Economics of Natural Resources and the Environment* [M]. Baltimore: Johns Hopkins University Press, 1990: 51-53.

[208] Qing He, Junyi Liu, Chang Xue, Shaojie Zhou. Bureaucratic Integration and Synchronization of Regional Economic Growth: Evidence from China [J]. *China Economic Review*, 2019.

[209] Sarageldin I. *Sustainability and the Wealth of Nations: First Steps in an Ongoing Journey* [M]. Washington. DC: World Bank, 1995.

[210] Shah A. Remoteness and Chronic Poverty in a Forest Region of Southern Orissa [J]. *Social Science Electronic Publishing*, 2010, 20 (35): 171-192.

[211] Smith. V. Kreey. *Resource Evaluation at the Crossroads* [M]. Baltimore: Research of Future. 1988.

[212] The World Bank. *World Development Report* [M]. The World Bank, Washington, D. C., 1992.

后 记

"PPE 怪圈"（即人口—环境—贫困之间的恶性循环）是生态脆弱地区实现经济社会高质量发展的瓶颈制约因素。生态资本对生态文明新时代生态脆弱地区减贫的抑制作用日益明显，有必要采取措施实现生态资本积累、贫困人口就业、增收和脱贫，而科学的生态资本运营与管理对缓解和脱离贫困具有重要意义。本书结合生态经济理论、生态文明理论、区域经济理论、贫困与反贫困理论等，运用定性与定量相结合等多种研究方法，以典型生态脆弱地区为样本区，在阐明生态资本与贫困之间关系的基础上，提出生态资本运营式扶贫新构想。通过构建生态脆弱地区生态资本运营式扶贫模式，加强生态资本投资与积累，阐明生态资本运营收益形成机理与政策创新，提出生态资本运营补偿式扶贫机制与政策，健全生态资本运营安全调控机制与产业发展政策，完善生态资本运营式扶贫保障机制，旨在让生态资本运营收益惠及生态脆弱地区贫困人口，实现生态脆弱地区生态资本积累与脱贫双重目标。本书力图有机结合相关学科的经典理论与现实问题，提出具有较强针对性的生态脆弱地区反贫困路径，为生态脆弱地区扶贫提供可借鉴的模式、机制与政策支持，使生态脆弱地区摆脱贫穷与生态资本退化的恶性循环。

编写组成员为中南财经政法大学的严立冬教授、方时姣教授、屈志光博士，湖北省农业科学院的陈杰博士、黄其振副研究员等，以及团队的博士、硕士研究生李立、肖锐、潘世磊、梅怡明、刘昊欣、罗梦丽、田甜、雷恒、马翼飞、金海林、余祖鹏、颜瑾、杨旭等。他们为本著作的撰写工作顺利开展献计献策，部分成员合作发表过一些科研成果，有些成果的主要观点也被吸纳在本著作中。全书基本框架由课题负责人邓远建设计拟定，课题组重要成员严立冬、屈志光、肖锐、马翼飞、余祖鹏、杨旭等对写作提纲进行了讨论后定稿。本著作的出版是项目组成员集体智慧的结晶，凝聚了许多人的辛勤劳动和汗水。撰写分工如下：第一章由邓远建、马翼飞撰写；第二章由邓远建、杨旭撰写；第三章由邓远建、佘祖鹏撰写；第四章、第六章、第七章、第八章由邓远建撰写，汪凯达、秦一菲、马安妮、胡文峰、汤彪等参加了该部分的资料收集、文字组织及撰写工作；第五章由屈志光、邓远建撰写，徐曼等参加了该部分的资料收集、文字组织及撰写工作；邓远建对全书进行了最后的统稿与定稿，屈志光、张陈蕊、杨旭、肖锐等在全书最后的定稿中协助做了大量工作。在此，对他们所做出的积极贡献表示感谢！

在撰写过程中，本书参阅并引用了许多专家、学者的相关研究成果，并以注释、参考文献等形式予以注明，在此表示诚挚的谢意！生态资本运营式扶贫研究是一个全新的课题，其理论观点还处在初创与形成阶段。因此，写作难度较大，书中界定的核心概念、扶贫模式、基本原理、政策体系等是我们对生态资本运营与反贫困结合研究和进行理论探索的阶段性总结，提出的一些新观点和新主张不一定完全正确，尚需进一步深入研究与探索。本书难免存在一些错误与缺点，恳请同行及广大读者批评指正。

作　者

2019 年 7 月于武汉